Manque de temps?
Envie de réussir?
Besoin d'aide?

La solution

Le *Compagnon Web:*
www.erpi.com/lapointe.cw

Il contient des outils en ligne qui vous permettront de tester ou d'approfondir vos connaissances.

✔ **Pour chaque chapitre, deux minitests interactifs qui portent sur les contextes historique et littéraire et qui vous permettent d'évaluer ce que vous avez retenu de votre lecture.**

ENSEIGNANTS, vous avez accès aux outils suivants:

✔ Une série de questions sur le contexte historique, avec corrigé;
✔ Une série de questions sur le contexte littéraire, avec corrigé;
✔ Une série de questions pour chaque extrait littéraire présenté dans l'ouvrage, avec corrigé;
✔ Une série de questions sur un extrait d'œuvre de la littérature mondiale, avec corrigé;
✔ Une présentation PowerPoint comportant l'analyse d'un extrait de l'ouvrage.

Comment accéder
au Compagnon Web de votre manuel?

Étudiants

Étape 1: Allez à l'adresse www.erpi.com/lapointe.cw
Étape 2: Lorsqu'ils seront demandés, entrez le nom d'usager et le mot de passe ci-dessous:

Nom d'usager

Mot de passe

Ce livre **ne peut être retourné** si les cases ci-contre sont découvertes.

◢ **SOULEVEZ ICI**

Étape 3: Suivez les instructions à l'écran
Assistance technique: tech@erpi.com

Enseignants

Veuillez communiquer avec votre représentant pour obtenir un mot de passe.

E RPi

20383W

MONIQUE LAPOINTE

ANTHOLOGIE **DE LA** LITTÉRATURE

DU ROMANTISME À AUJOURD'HUI

MONIQUE LAPOINTE

Avec la participation, pour le chapitre 4,
de Jean-François Chénier

ANTHOLOGIE DE LA LITTÉRATURE
DU ROMANTISME À AUJOURD'HUI

ÉDITIONS DU RENOUVEAU PÉDAGOGIQUE INC.

5757, RUE CYPIHOT, SAINT-LAURENT (QUÉBEC) H4S 1R3

TÉLÉPHONE: (514) 334-2690   TÉLÉCOPIEUR: (514) 334-4720

erpidlm@erpi.com   www.erpi.com

Développement de produits
Pierre Desautels

Supervision éditoriale
Jacqueline Leroux

Révision linguistique
Claire St-Onge

Correction d'épreuves
Carole Laperrière et Philippe Sicard

Recherche iconographique
Chantal Bordeleau

Direction artistique
Hélène Cousineau

Coordination de la production
Muriel Normand

Conception graphique
Martin Tremblay

Photographie de la couverture
Gustav Klimt (1862-1918). *Portrait d'Adèle Bloch-Bauer 1re* (1907).
Neue Galerie, New York, États-Unis – akg-images

Illustrations
voir p. 189

Édition électronique
Infoscan Collette, Québec

Dépôt légal – Bibliothèque et Archives nationales du Québec, 2008
Dépôt légal – Bibliothèque et Archives Canada, 2008
Imprimé au Canada

ISBN : 978-2-7613-1924-9

4567890   LIC   13 12
20383 ABCD   GUS12

Avant-propos

La présente anthologie est consacrée au deuxième cours de littérature au collégial, intitulé *Littérature et imaginaire*. Elle rend compte de ce qui, dans la littérature, offre une vision représentative du monde à une époque donnée. Et même si elle déborde largement ce cadre, la littérature reflète souvent, en effet, une civilisation, une société, une époque. Parfois même, elle initie certaines transformations sociales fondamentales. Elle est alors visionnaire et influente.

Notre société actuelle a un pressant besoin de vérités, de choses vérifiables. Or, les vérités que transmet la littérature sont rarement de l'ordre du vérifiable ou du quantifiable. Bien sûr, on peut analyser les œuvres littéraires, observer les liens qui unissent leur forme et leur propos, ou reconnaître en elles des préoccupations qui leur sont contemporaines. Mais au-delà de ces constats, tout à fait valables et légitimes par ailleurs, ce que propose la littérature est de l'ordre de la délivrance et du bonheur. La littérature touche. Elle émeut, à la fois la société dans son ensemble et chacun de ses individus intimement. Et c'est à force d'avancer dans le long parcours de la vie qu'on s'aperçoit combien la littérature dit le vrai.

Ce qu'on s'est évertué à démontrer dans cette anthologie, c'est que la littérature n'est pas un luxe, mais une nécessité. La fiction est non seulement désirable, mais essentielle. Qu'il s'agisse de plaisir intellectuel, esthétique ou émotif, la littérature unit le lecteur et l'écrivain dans ce qu'ils ont de profondément commun : leur humanité. Dans ses inquiétudes, ses joies et ses souffrances.

Remerciements

Un tel ouvrage n'aurait pu être réalisé sans le précieux concours de nombreux intervenantes et intervenants. Je tiens donc à remercier les membres de l'équipe d'ERPI, dont la constante préoccupation de qualité et d'excellence a été remarquable : Jacqueline Leroux, Chantal Bordeleau, Isabelle de la Barrière et Mélanie Migneault, ainsi que leur collaboratrice, Claire St-Onge. Un merci tout spécial à Pierre Desautels, directeur, développement de produits, pour sa confiance, ses encouragements et son soutien indéfectible. Je remercie également les lectrices et les lecteurs : Jean Bélanger (Cégep du Vieux Montréal), Stéphane X. Amyot (Cégep Marie-Victorin), Josée Simard (Collège Montmorency), Nathalie Ste-Marie (Collège de Bois-de-Boulogne), Martin Sylvestre (Collège Ahuntsic) et Marc Simard, professeur d'histoire (Collège François-Xavier-Garneau). Je souhaite remercier aussi Michel Nepveu (Collège Lionel-Groulx) pour ses judicieux conseils, ainsi que Stéphan Gibeault (Collège Lionel-Groulx) pour le travail de synthèse accompli. Merci enfin à Dominique Cyr (Collège de Bois-de-Boulogne), pour sa contribution essentielle et déterminante. C'est grâce à la collaboration de toutes ces personnes que le présent ouvrage a pu voir le jour.

Monique Lapointe

Table des matières

Chapitre 3   Guerre et paix : le temps des engagements   95

Chapitre 1

Le romantisme :
un demi-siècle de tourmente

Delacroix (1798-1863). *Dante et Virgile aux enfers* dit aussi : *La barque de Dante*
(1822). Musée du Louvre, Paris, France.

Au fil du temps

	1710	1720	1730	1735	1745	1755	1760	1770

Littérature française

Jean-Jacques Rousseau (1712-1778)

Madame de Staël (1766-1817)

Autres littératures

Les souffrances du jeune Werther – 1774

Histoire et société

Napoléon Bonaparte nommé consul

Défaite

Guizot, ministre de l'Instruction

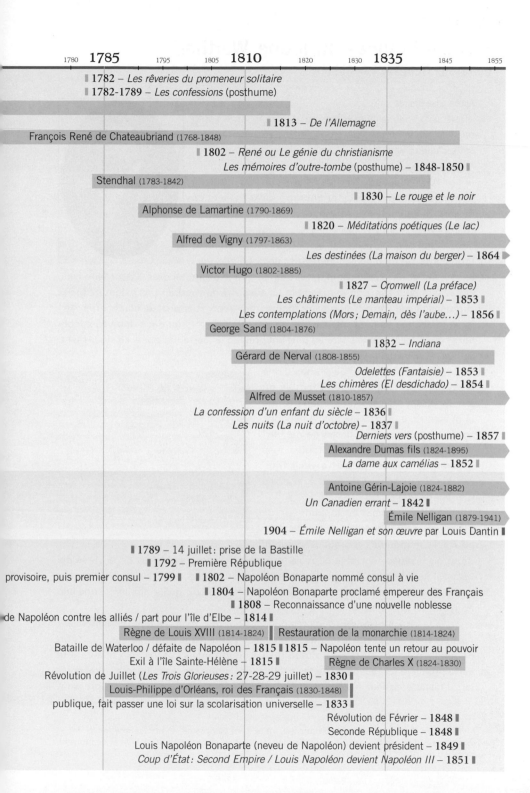

1780   **1785**   1795   1805   **1810**   1820   1830   **1835**   1845   1855

▌ 1782 – *Les rêveries du promeneur solitaire*
▌ 1782-1789 – *Les confessions* (posthume)

▌ 1813 – *De l'Allemagne*

François René de Chateaubriand (1768-1848)

▌ 1802 – *René ou Le génie du christianisme*
Les mémoires d'outre-tombe (posthume) – **1848-1850** ▌

Stendhal (1783-1842)

▌ 1830 – *Le rouge et le noir*

Alphonse de Lamartine (1790-1869)

▌ 1820 – *Méditations poétiques (Le lac)*

Alfred de Vigny (1797-1863)

Les destinées (La maison du berger) – **1864** ▶

Victor Hugo (1802-1885)

▌ 1827 – *Cromwell (La préface)*
Les châtiments (Le manteau impérial) – **1853** ▌
Les contemplations (Mors ; Demain, dès l'aube…) – **1856** ▌

George Sand (1804-1876)

▌ 1832 – *Indiana*

Gérard de Nerval (1808-1855)

Odelettes (Fantaisie) – **1853** ▌
Les chimères (El desdichado) – **1854** ▌

Alfred de Musset (1810-1857)

La confession d'un enfant du siècle – **1836** ▌
Les nuits (La nuit d'octobre) – **1837** ▌
Derniers vers (posthume) – **1857** ▌

Alexandre Dumas fils (1824-1895)
La dame aux camélias – **1852** ▌

Antoine Gérin-Lajoie (1824-1882)
Un Canadien errant – **1842** ▌

Émile Nelligan (1879-1941)
1904 – *Émile Nelligan et son œuvre* par Louis Dantin ▌

▌ 1789 – 14 juillet : prise de la Bastille
▌ 1792 – Première République
provisoire, puis premier consul – **1799** ▌   ▌ 1802 – Napoléon Bonaparte nommé consul à vie
▌ 1804 – Napoléon Bonaparte proclamé empereur des Français
▌ 1808 – Reconnaissance d'une nouvelle noblesse
de Napoléon contre les alliés / part pour l'île d'Elbe – **1814** ▌
Règne de Louis XVIII (1814-1824) ▌ Restauration de la monarchie (1814-1824)
Bataille de Waterloo / défaite de Napoléon – **1815** ▌ **1815** – Napoléon tente un retour au pouvoir
Exil à l'île Sainte-Hélène – **1815** ▌   Règne de Charles X (1824-1830)
Révolution de Juillet (*Les Trois Glorieuses* : 27-28-29 juillet) – **1830** ▌
Louis-Philippe d'Orléans, roi des Français (1830-1848) ▌
publique, fait passer une loi sur la scolarisation universelle – **1833** ▌
Révolution de Février – **1848** ▌
Seconde République – **1848** ▌
Louis Napoléon Bonaparte (neveu de Napoléon) devient président – **1849** ▌
Coup d'État : Second Empire / Louis Napoléon devient Napoléon III – **1851** ▌

EXTRAIT

Les souffrances du jeune Werther[1]
De Johann Wolfgang Von Goethe

Après onze heures.

«Tout est si calme autour de moi! et mon âme est si paisible! Je te remercie, ô mon Dieu, de m'avoir accordé cette chaleur, cette force, à ces derniers instants!

[...]

«Ô silhouette chérie! Je te la lègue, Charlotte, et
5   je te prie de l'honorer. J'y ai imprimé mille milliers de baisers; je l'ai mille fois saluée lorsque je sortais de ma chambre, ou que j'y rentrais.

«J'ai prié ton père, par un petit billet, de protéger mon corps. Au fond du cimetière sont deux tilleuls, vers
10 le coin qui donne sur la campagne: c'est là que je désire reposer. Il peut faire cela, et il le fera pour son ami. Demande-le-lui aussi. Je ne voudrais pas exiger de pieux chrétiens que le corps d'un pauvre malheureux reposât auprès de leurs corps. Ah! je voudrais que vous m'enterrassiez auprès d'un chemin ou dans une vallée solitaire; que le prêtre et le lévite en passant près de la pierre marquée, se signassent,
15 et que le samaritain y versât une larme!

«Donne Charlotte! Je prends d'une main ferme la coupe froide et terrible où je vais puiser l'ivresse de la mort! Tu me la présentes, et je n'hésite pas. Ainsi donc
20 sont accomplis tous les désirs de ma vie! Voilà donc où aboutissaient toutes mes espérances! toutes! toutes! à venir frapper avec cet engourdissement à la porte d'airain de la vie!

25 «Ah! si j'avais eu le bonheur de mourir pour toi, Charlotte, de me dévouer pour toi! Je mourrais courageusement, je mourrais joyeusement, si je pouvais te rendre le repos, les délices de ta vie. Mais hélas! il ne fut donné qu'à quelques hommes privilégiés de verser leur sang pour
30 les leurs, et d'allumer par leur mort, au sein de ceux qu'ils aimaient, une vie nouvelle et centuplée.

«Je veux être enterré dans ces habits; Charlotte, tu les as touchés, sanctifiés: j'ai demandé aussi cette faveur à ton père. Mon âme plane sur le cercueil. Que l'on ne fouille pas mes poches. Ce nœud rose, que tu portais sur ton sein quand je te
35 vis la première fois au milieu de tes enfants (oh! embrasse-les mille fois, et raconte-leur l'histoire de leur malheureux ami; chers enfants, je les vois, ils se pressent

Johann Wolfgang Von Goethe naît en Allemagne en 1749. Ses poèmes, rédigés antérieurement aux *Souffrances du Jeune Werther* – son œuvre de jeunesse –, et quelques autres textes ont contribué au courant littéraire allemand appelé *Sturm und Drang* (tempête et passion), qui précède le romantisme français. Goethe revient ensuite au classicisme. Il meurt en 1832, laissant une œuvre essentielle dans l'histoire universelle de la littérature.

---

1. Même s'il ne s'agit pas d'une œuvre française, on ne peut passer sous silence *Les souffrances du jeune Werther*, à la fois à cause de l'influence littéraire de ce roman paru en 1774 et de l'impact social qu'il a eu sur l'Europe entière.

autour de moi : ah ! comme je m'attachai à toi ! dès le premier instant, je ne pouvais
plus te laisser)... ce nœud sera enterré avec moi ; tu m'en fis présent à l'anniversaire
de ma naissance ! comme je dévorais tout cela ! Hélas ! je ne pensais guère que ma
40   route me conduirait ici !... Sois calme, je t'en prie ; sois calme.

« Ils sont chargés... Minuit sonne, ainsi soit-il donc ! Charlotte ! Charlotte, adieu !
adieu ! »

Un voisin vit l'éclair de l'amorce, et entendit l'explosion ; mais comme tout resta
tranquille, il ne s'en mit pas plus en peine.

Quand il publie *Les souffrances du jeune Werther*, en 1774,
Goethe ne se doute pas du déchaînement de passions qu'en-
traînera son roman. Les jeunes hommes de toute l'Europe se
reconnaissent dans le héros et s'habillent « à la Werther ». On assiste
bientôt à une vague inquiétante de suicides, et certains pays, notamment le Danemark, vont alors interdire l'œuvre et obliger l'auteur
à ajouter, dans les éditions subséquentes, une mise en garde – sous
la forme d'un poème – destinée à détourner les lecteurs de la tentation d'imiter Werther.

C'est dire combien la jeunesse d'alors, malgré la raison qui
règne sur le XVIIIe siècle, ne diffère en rien de celle des autres époques et demeure encline aux débordements émotifs et aux élans
excessifs. En fait, jamais une société n'avait eu jusqu'alors une
vision du monde aussi proche de celle de sa jeunesse qu'à l'époque
romantique. Mais ne sommes-nous pas, à cette époque, à l'aube
du renouveau de la civilisation occidentale ?

UNE HISTOIRE DIGNE DES GRANDES ÉPOPÉES

Entre la prise de la Bastille[1], le 14 juillet 1789, et le sacre de l'empereur Napoléon Ier, en 1804, le peuple français vit des heures de liesse, mais aussi de terreur et de déroute sociale. La République, établie en 1792 après trois années d'instabilité et d'incertitude, ne pourra assurer la paix et la stabilité à l'intérieur des frontières, pas plus qu'à l'extérieur, où la guerre contre les royaumes coalisés est à la fois économique et idéologique. Bientôt la France républicaine propose « fraternité et secours à tous les peuples qui voudront recouvrer leur liberté ». Ironie à peine voilée, c'est aussi au nom de cette liberté que Napoléon tentera d'envahir l'Europe entière jusqu'en 1815.

Napoléon Bonaparte se fait connaître par ses nombreuses victoires dès 1796, alors qu'il est général en chef de l'armée d'Italie. Quand il rentre à Paris[2], en 1799, il est bien décidé à gouverner le peuple français comme il avait mené ses troupes. Le 10 novembre, il devient consul provisoire à la suite d'un coup d'État. Nommé quelques semaines plus tard premier consul pour une période de 10 ans, il est proclamé consul à vie par un plébiscite et un avis du Sénat[3], en 1802, puis empereur des Français par cette même autorité, le 18 mai 1804.

Jacques Louis David (1748-1825). *Sacre de l'Empereur Napoléon et Couronnement de l'Impératrice Joséphine à Notre-Dame le 2 décembre 1804* (1806-1807). Musée du Louvre, Paris, France.

---

1. Située au cœur de Paris, la Bastille est une prison politique qui symbolise le joug monarchique sur les habitants de la ville. Au lendemain de la Révolution, elle sera entièrement rasée, ce qui était d'ailleurs l'intention du roi depuis longtemps.
2. Il réprime l'insurrection royaliste de Paris, en 1795, avant de partir pour l'Italie.
3. Sénatus-consulte.

Caspar David Friedrich (1774-1840). *La mer de glace* (vers 1823-1824). Kunsthalle, Hambourg, Allemagne.

Dès lors, rien ne l'arrête. Bonaparte est un conquérant et l'Europe entière l'apprendra à ses dépens. Comme ses intentions officielles (libérer les peuples du joug monarchique) sont louables, et qu'il parvient par ailleurs à instaurer un calme relatif dans une France épuisée par les conflits intérieurs, Bonaparte va représenter jusqu'en 1813[1] le symbole de l'espoir, pour bon nombre de Français. Certains personnages illustres vont d'ailleurs vanter ses mérites. Beethoven lui dédie sa troisième symphonie (1802-1804), qu'il titre *Bonaparte*[2], mais c'était avant que ce dernier soit proclamé empereur. En effet, profondément déçu par la proclamation de Bonaparte au titre d'empereur, le compositeur renommera finalement son œuvre : *Symphonie héroïque*. François René de Chateaubriand, dans ses *Mémoires d'outre-tombe* (1848), témoigne du double sentiment d'attirance et de haine – dans tous les cas de fascination – que fait naître l'empereur chez ses contemporains.

En se défaisant de la monarchie, la France avait voulu se libérer de la tyrannie, du despotisme ; or l'Empire rétablit cette situation, substituant une noblesse à une autre[3], un souverain à un autre. Toutefois, bien qu'il semble ébranler pour de bon le pouvoir monarchique, ce changement se révèle éphémère. En 1815, après la défaite de Napoléon contre l'armée anglo-prussienne à Waterloo (Belgique), qui met un terme aux Cent-Jours, et la restauration de la monarchie, les efforts révolutionnaires sont tout à coup anéantis.

---

1. Le vent tourne en effet en 1813, à partir du moment où l'Autriche déclare la guerre à la France. Paris est envahi en 1814 par une coalition de nations en guerre contre la France, et Napoléon capitule. Il est contraint de s'exiler sur l'île d'Elbe, qu'il quittera pour une ultime reprise du pouvoir. Son règne va durer 100 jours, d'où le nom de Cent-Jours donné à cette période de l'histoire.
2. Le titre entier est *Sinfonia Grande intitulata Bonaparte*.
3. Cette noblesse, constituée de la famille impériale, de membres éminents de la bourgeoisie, de militaires célèbres pour leurs faits d'armes et d'aristocrates de l'Ancien Régime, est officiellement reconnue par décret en 1808, l'objectif étant de renforcer l'Empire par la stabilisation de son élite.

L'Empire fait donc place à la Restauration, d'abord menée par Louis XVIII (de 1814 à 1824) – le frère aîné de Louis XVI – puis par Charles X (de 1824 à 1830) – son frère cadet. La France espère un peu de répit. Mais elle traîne avec elle un profond sentiment d'échec : tout le carnage de la Révolution n'aura-t-il donc servi qu'à revenir au point de départ ? Si Louis XVIII a marqué son règne du sceau de la modération, Charles X, son successeur, tente plutôt d'occulter les trente années qui le séparent de Louis XVI[1] en cherchant à rétablir l'Ancien Régime. Quand, en juillet 1830, il s'avise de vouloir contrôler la presse par le retour de la censure, Charles X déclenche une nouvelle révolution, celle de juillet 1830, qui va durer trois jours (les 27, 28 et 29 juillet) et qui sera dès lors surnommée *Les Trois Glorieuses*.

Louis-Philippe d'Orléans devient alors roi des Français. Son règne est marqué par un libéralisme économique qui laisse présager le triomphe du capitalisme, dont les abus seront plus tard dénoncés par certains penseurs tels que Karl Marx et Émile Zola. Ses tentatives pour étouffer la voix républicaine provoquent, en février 1848, une autre révolution, qui est à l'origine de la Deuxième République. Louis Napoléon Bonaparte, le neveu de Napoléon Ier, est nommé président en 1849, mais il rétablit l'Empire par un coup d'État dès 1851. Devenu Napoléon III, il dirige le Second Empire jusqu'en 1870.

La Révolution française sert donc considérablement la bourgeoisie, peut-être davantage que le peuple. Depuis Louis XIV, la noblesse de l'Ancien Régime avait laissé le soin à la bourgeoisie d'administrer le royaume, préférant l'oisiveté de Versailles aux préoccupations régionales. Les soulèvements populaires seront donc menés par des hommes issus de cette classe sociale instruite, qui regroupe des médecins, des avocats et d'autres pro-fessions libérales. Quant à la grande bourgeoisie, constituée principale-ment d'industriels et de banquiers, elle tirera profit des années du règne de Louis-Philippe, qui lui est favorable. Encouragée par l'appel du ministre François Guizot : « Enrichissez-vous par le profit et par l'épargne », la grande bourgeoisie contribuera de façon décisive à la montée du capi-talisme.

Bien que l'issue de la Révolution n'ait pas répondu à toutes les attentes du peuple, il n'en demeure pas moins que celui-ci devient un acteur qu'on ne pourra plus ignorer dorénavant. La nouvelle réalité sociale et cultu-

Eugène Delacroix (1798-1863). *Le 28 juillet 1830 : la Liberté guidant le peuple* (1830). Kunsthalle, Hambourg, Allemagne.

---

1. C'est sous le règne de Louis XVI qu'a lieu la Révolution de 1789.

François Gérard (1800). *Ossian* (1800). Kunsthalle, Hambourg, Allemagne.

relle en fait foi. Dès le début du XIXᵉ siècle, Napoléon essaie tant bien que mal d'encourager l'ouverture d'écoles primaires dans le pays afin de réduire l'analphabétisme. Mais c'est Guizot, ministre de l'Instruction publique, qui fait passer en 1833 une loi visant à moderniser l'enseignement primaire et à favoriser la scolarisation universelle.

Par ailleurs, le progrès technique permet une diffusion plus large des connaissances. C'est ce qu'on observe dans le domaine de l'imprimerie, où les innovations rendent possible l'émergence de ce que l'on appelle la *littérature de masse*. On voit en effet apparaître, à la fin des années 1830, le roman-feuilleton, œuvre populaire présentée en courts épisodes dans les journaux. Cette nouvelle réalité influera considérablement sur le domaine des lettres au cours des décennies suivantes, en accroissant de façon marquée le nombre de lecteurs et en assurant ainsi un revenu, maigre parfois, mais régulier, à certains écrivains.

LES ROMANTIQUES PRÉCURSEURS

Si le romantisme est présent en Allemagne et en Angleterre dès les années 1770, en France ce n'est qu'après 1820 qu'on commence à qualifier ainsi le courant qui va bientôt imprégner une partie importante des textes littéraires. Précisément à cause de ses origines étrangères, le romantisme est associé aux peuples en guerre contre le peuple français. Par conséquent, encourager ce courant est perçu par les autorités comme un manque de patriotisme. Madame de Staël l'apprend à ses dépens quand, en 1810, Napoléon interdit son œuvre intitulée *De l'Allemagne*. Il lui faudra attendre 1813 pour la voir publiée, hors frontière, par surcroît[1]. Paradoxalement, bien que le mouvement romantique ait pris naissance ailleurs, c'est un écrivain français, Jean-Jacques Rousseau[2], qui sera le principal inspirateur de Goethe. Son œuvre épistolaire *Julie ou La nouvelle Héloïse*, considérée comme la toute première œuvre romantique, paraît dès 1761. Après lui, François René de Chateaubriand, au tournant du siècle, puis Madame de Staël publieront des œuvres dont la facture sera résolument romantique. C'est donc par une présentation de ces trois auteurs que nous aborderons le XIXᵉ siècle.

---

1. Elle le sera en France l'année suivante.
2. D'origine suisse, Jean-Jacques Rousseau s'installe rapidement en France.

Jean-Jacques Rousseau (1712-1778)

Citoyen de Genève, comme on s'entend à l'appeler[1], Jean-Jacques Rousseau étonne encore par l'avant-gardisme de sa pensée, autant politique, sociale, philosophique, pédagogique que littéraire. Ses œuvres *Julie ou La nouvelle Héloïse* (1761) et *Les confessions* (1770, mais publiée en 1782 et en 1789) influencent Goethe et le mouvement romantique allemand en général. En révolte contre les valeurs rationalistes de son siècle, Rousseau finit par s'isoler de ses contemporains et devient un modèle de l'être persécuté. Dans *Les confessions*, *Les rêveries du promeneur solitaire* et *Rousseau juge de Jean-Jacques*, il sent la nécessité de rétablir, pour la postérité, une image plus juste de lui-même. Ces textes augurent, par leur aspect autobiographique et le lyrisme qui en émane, le romantisme des décennies à venir.

Parallèlement à cet épanchement d'un «moi» souffrant qui ne trouve le repos que dans l'union avec la nature, s'affirme le penseur qui initiera le discours démocratique de la Révolution: le traité *Du contrat social ou principes du droit politique* (1762) et le *Discours sur l'origine et les fondements de l'inégalité parmi les hommes* (1755) remettent en question, trente ans avant la Révolution, la légitimité des gouvernements et la nécessaire entente entre ceux qui dirigent et ceux qui sont dirigés. Son *Émile ou De l'éducation* (1762) déclenche les premières attaques de ses contemporains contre lui, malgré le fait que cette œuvre suscite en même temps un engouement immédiat chez de nombreux aristocrates, qui le prennent alors comme guide pour l'éducation de leurs enfants.

Les confessions (1782 et 1789)

EXTRAIT

Je forme une entreprise qui n'eut jamais d'exemple, et dont l'exécution n'aura point d'imitateur. Je veux montrer à mes semblables un homme
5 dans toute la vérité de la nature; et cet homme, ce sera moi.

Moi seul. Je sens mon cœur, et je connais les hommes. Je ne suis fait comme aucun de ceux que j'ai vus; j'ose croire n'être fait comme aucun de
10 ceux qui existent. Si je ne vaux pas mieux, au moins je suis autre. Si la nature a bien ou mal fait de briser le moule dans lequel elle m'a jeté, c'est ce dont on ne peut juger qu'après m'avoir lu.

Cette œuvre autobiographique de Rousseau situe l'auteur d'entrée de jeu en marge du monde, seul face au reste des hommes, ce qui lui permet à la fois de mettre en lumière son unicité et de justifier la complexité des rapports qu'il entretient avec ses contemporains. Dans ce court extrait, on peut observer un changement soudain d'interlocuteur, qui laisse présager une proximité grandissante entre le narrateur et celui qu'il nomme l'«Être éternel» à mesure que se précise l'acte de confession.

---

1. Cette expression fait référence au texte politique de Rousseau intitulé *Du contrat social*, dans lequel l'auteur prend Genève comme modèle afin d'établir les conditions d'une société idéale.

Que la trompette du jugement dernier sonne quand elle voudra ; je viendrai ce livre à la main me présenter devant le souverain juge. Je dirai hautement :
15 Voilà ce que j'ai fait, ce que j'ai pensé, ce que je fus. J'ai dit le bien et le mal avec la même franchise. Je n'ai rien tu de mauvais, rien ajouté de bon ; et s'il m'est arrivé d'employer quelque ornement indifférent, ce n'a jamais été que pour remplir un vide occasionné par mon défaut de mémoire. J'ai pu supposer vrai ce que je savais avoir pu l'être, jamais ce que je savais être faux. Je
20 me suis montré tel que je fus : méprisable et vil quand je l'ai été ; bon, généreux, sublime, quand je l'ai été : j'ai dévoilé mon intérieur tel que tu l'as vu toi-même. Être éternel, rassemble autour de moi l'innombrable foule de mes semblables ; qu'ils écoutent mes confessions, qu'ils gémissent de mes indignités, qu'ils rougissent de mes misères. Que chacun d'eux découvre à son
25 tour son cœur au pied de ton trône avec la même sincérité, et puis qu'un seul te dise, s'il l'ose : *Je fus meilleur que cet homme-là.*

Jean Baptiste Siméon Chardin (1699-1779). *Le château de cartes* (1737).
Galerie des Offices, Florence, Italie.

François René de Chateaubriand (1768-1848)

François René de Chateaubriand est vicomte. Il vit une jeunesse heureuse dans le château familial à Combourg, en Bretagne. Il est attaché pour cette raison à la monarchie, même si les débats entamés par la Révolution l'enthousiasment. Il remplira régulièrement des fonctions politiques, principalement pendant le règne de Louis XVIII, qu'il suivra dans sa fuite en 1815[1].

Chateaubriand voyage beaucoup : en Amérique, en Allemagne – où il rejoint l'armée contre-révolutionnaire –, en Angleterre – où il publie son *Essai historique, politique et moral sur les révolutions anciennes, considérées dans leurs rapports avec la Révolution française* (1797) –, et en Orient. Ses premières œuvres littéraires sont imprégnées de christianisme (*Atala*, en 1801, et *René ou Le génie du christianisme*, en 1802[2]) et d'autres grands thèmes chers aux romantiques. René[3], le personnage éponyme[4] de cette œuvre et homonyme de l'auteur, et Chateaubriand lui-même traînent avec eux une souffrance intérieure qu'ils peinent à faire partager à leurs interlocuteurs.

Chateaubriand est élu à la Chambre en 1811, mais son discours condamnant le régicide et appelant la nation française à recouvrer sa liberté lui vaut d'être exilé par Napoléon. Après de multiples vicissitudes politiques, il se retire et rédige, entre 1809 et 1841, son œuvre maîtresse, *Les mémoires d'outre-tombe* (1848-1850), qui paraîtra après sa mort, comme son titre d'ailleurs l'annonce.

Les mémoires d'outre-tombe
(1848-1850)

EXTRAIT

J'ai présent à la mémoire, comme si je le voyais encore, le spectacle dont je fus témoin lorsque Louis XVIII, entrant dans Paris le 3 mai, alla des-
5 cendre à Notre-Dame : on avait voulu épargner au Roi l'aspect des troupes étrangères ; c'était un régiment de la vieille garde à pied qui formait la haie depuis le Pont-Neuf jusqu'à Notre-
10 Dame, le long du quai des Orfèvres.

Cette œuvre ultime, divisée en quatre grandes parties, est autant la présentation des souvenirs de l'auteur que le récit d'une véritable épopée de la France contemporaine. L'extrait proposé ici décrit l'entrée triomphante de Louis XVIII à Paris en 1814, cependant que Napoléon, empereur déchu, est conduit en exil à l'île d'Elbe.

« Napoléon était toutes les misères et toutes les grandeurs de l'homme. »
Les mémoires d'outre-tombe

---

1. Louis XVIII se réfugie à Gand, en Belgique, pendant les Cent-Jours, dont l'aboutissement est la bataille de Waterloo, qui devait mettre un terme aux velléités de pouvoir de Napoléon.
2. Elles paraissent en fait toutes deux en 1802 dans une œuvre plus générale, véritable apologie chrétienne, intitulée *Le génie du christianisme*.
3. Voir l'extrait de l'œuvre à la page 38.
4. On appelle « éponyme » un personnage dont le nom est aussi le titre de l'œuvre.

Je ne crois pas que figures humaines aient jamais exprimé quelque chose d'aussi menaçant et d'aussi terrible. Ces grenadiers couverts de blessures, vainqueurs de l'Europe, qui avaient vu tant de milliers de boulets passer sur leurs têtes, qui sentaient le feu et la poudre ; ces mêmes hommes, privés de
15 leur capitaine, étaient forcés de saluer un vieux roi, invalide du temps, non de la guerre, surveillés qu'ils étaient par une armée de Russes, d'Autrichiens et de Prussiens, dans la capitale envahie de Napoléon. Les uns, agitant la peau de leur front, faisaient descendre leur large bonnet à poil sur leurs yeux comme pour ne pas voir ; les autres abaissaient les deux coins de leur bou-
20 che dans le mépris de la rage ; les autres, à travers leurs moustaches, lais-saient voir leurs dents comme des tigres. Quand ils présentaient les armes, c'était avec un mouvement de fureur, et le bruit de ces armes faisait trem-bler. Jamais, il faut en convenir, hommes n'ont été mis à une pareille épreuve et n'ont souffert un tel supplice. Si dans ce moment ils eussent été appelés
25 à la vengeance, il aurait fallu les exterminer jusqu'au dernier, ou ils auraient mangé la terre.

Anne-Louis Girodet de Roussy-Trioson (1767-1824). *Atala au tombeau,* dit aussi *Funérailles d'Atala* (1808). Musée du Louvre, Paris, France.

Madame de Staël (1766-1817)

Anne Louise Germaine Necker, fille du ministre de Louis XVI –, dont le renvoi après l'échec des États généraux avait précipité les troubles de 1789 qui ont mené à la Révolution –, devient baronne de Staël-Holstein en épousant l'ambassadeur de Suède. Très jeune, elle côtoie les encyclopédistes[1], qui fréquentent le salon littéraire que tient sa mère. Grande intellectuelle, féministe convaincue, précurseure d'une approche nouvelle de la littérature, Madame de Staël représente le milieu intellectuel qui oppose la passion au rationalisme ambiant. Son essai intitulé *De la littérature considérée dans ses rapports avec les institutions sociales* (1800) et ses œuvres romanesques *Delphine* (1802) et *Corinne ou L'Italie* (1807) rendent avec justesse cette nouvelle vision du monde.

Son implication dans la politique lui fait bientôt ouvrir son propre salon. Mais son enthousiasme pour le système démocratique anglais et pour l'Allemagne (l'un des quatre chapitres de son essai sur la littérature est consacré au romantisme allemand) la rend suspecte aux yeux du pouvoir en place (le Directoire, puis l'Empire). Elle se voit forcée pour cette raison de quitter la France et d'errer à travers l'Europe. Elle doit se réfugier en Suisse en 1792, puis vivre en exil de 1795 à 1800. Elle est à nouveau condamnée à l'exil en 1804 par Napoléon. Son œuvre *De l'Allemagne* est prête dès 1810, mais Napoléon l'interdit. Parue d'abord en Angleterre en 1813, elle sera éditée en France en 1814.

Ce texte est en fait un traité qui couvre différents aspects essentiels d'une nation, en l'occurrence la nation allemande : les mœurs, la littérature et les arts, la philosophie et la morale, la religion et ce que l'auteure nomme l'*enthousiasme*. En saisissant, dans l'extrait proposé ici, ce qui distingue la poésie allemande de la poésie française, Madame de Staël définit ce qu'est le romantisme et encourage, indirectement, le passage de l'art classique à l'art romantique chez les poètes français. Les conflits politiques avec l'Allemagne et la menace d'une infiltration de ses mœurs en France n'aident en rien les relations déjà tendues entre l'auteure et l'empereur.

De l'Allemagne (1813)

EXTRAIT

[...] La poésie des anciens est plus pure comme art, celle des modernes fait verser plus de larmes ; mais la question pour nous n'est pas entre la poésie classique
5 et la poésie romantique, mais entre l'imitation de l'une et l'inspiration de l'autre.

[...]

---

1. On appelle « encyclopédistes » le groupe de penseurs qui, au XVIIIᵉ siècle, élaborèrent la première grande encyclopédie de langue française. À leur tête se trouvaient Denis Diderot, écrivain et philosophe, et Jean le Rond d'Alembert, philosophe et mathématicien.

La poésie française, étant la plus classique de toutes les poésies modernes, elle est la seule qui ne soit pas répandue parmi le peuple. Les stances du Tasse[1] sont chantées par les gondoliers de Venise ; les Espagnols et les Portugais de
10 toutes les classes savent par cœur les vers de Calderon et de Camoëns. Shakespeare est autant admiré par le peuple en Angleterre que par la classe supérieure. Des poèmes de Gœthe et de Bürger sont mis en musique, et vous les entendez répéter des bords du Rhin jusqu'à la Baltique. Nos poètes français sont admirés par tout ce qu'il y a d'esprits cultivés chez nous et dans le
15 reste de l'Europe ; mais ils sont tout à fait inconnus aux gens du peuple et aux bourgeois même des villes, parce que les arts en France ne sont pas, comme ailleurs, natifs du pays même où leurs beautés se développent.

Quelques critiques français ont prétendu que la littérature des peuples germaniques était encore dans l'enfance de l'art ; cette opinion est tout à fait
20 fausse ; les hommes les plus instruits dans la connaissance des langues et des ouvrages des anciens n'ignorent certainement pas les inconvénients et les avantages du genre qu'ils adoptent ou de celui qu'ils rejettent ; mais leur caractère, leurs habitudes et leurs raisonnements les ont conduits à préférer la littérature fondée sur les souvenirs de la chevalerie, sur le merveilleux du Moyen
25 Âge, à celle dont la mythologie des Grecs est la base. La littérature romantique est la seule qui soit susceptible encore d'être perfectionnée, parce qu'ayant ses racines dans notre propre sol, elle est la seule qui puisse croître et se vivifier de nouveau : elle exprime notre religion ; elle rappelle notre histoire : son origine est ancienne, mais non antique.

L'ÂME ROMANTIQUE

> « Qui dit romantisme dit art moderne, – c'est-à-dire intimité, spiritualité, couleur, aspiration vers l'infini, exprimés par tous les moyens que contiennent les arts. »
> *Charles Baudelaire*

Ainsi s'exprime Baudelaire pour définir, dans ses essais sur l'art, ce qui différencie le romantisme de ce qui le précède. Il établit en effet une coupure distincte entre la vision romantique du monde et la vision rationaliste des XVIIe et XVIIIe siècles. Car le romantisme est plus qu'un courant littéraire ou artistique ; il est, comme on l'a souvent affirmé, un « état d'âme ».

Les arts et l'histoire

Parallèlement à l'art néoclassique que diffuse et encourage l'Empire, le XIXe siècle voit se distinguer des peintres tourmentés comme Delacroix et Géricault, dont les œuvres sont le reflet le plus fidèle de cette sensibilité nouvelle. Malgré la résistance

---

1. Poète italien du XVIe siècle. Tous les noms qui figurent dans cet extrait sont ceux de poètes originaires des pays dont il est question.

de la forme classique en littérature, où des règles strictes régissent chacun des genres littéraires, on trouve des œuvres qui cherchent à libérer et la forme et l'âme de leur auteur. Et si les musiciens romantiques sont plus nombreux en Allemagne (qu'on pense à Beethoven ou à Wagner), la France peut compter sur des compositeurs aussi réputés que Berlioz pour incarner le mouvement général. Le domaine politique et l'écriture de l'histoire aussi seront teintés de l'âme romantique. Jules Michelet, écrivain et historien, proposera son *Histoire universelle*, et par la suite son *Histoire de la Révolution,* où le passé devient une véritable épopée dans laquelle apparaît un tout nouveau héros : le peuple. À propos de la révolution de 1830, il écrira qu'il s'agissait « d'une révolution sans héros, sans noms propres ; point d'individu en qui la gloire ait pu se localiser. La société a tout fait. Après la victoire on a cherché le héros, on a trouvé un peuple[1]. »

Théodore Géricault (1791-1824). *Le radeau de la Méduse* (Musée du Louvre, Paris, France.

L'âme romantique influence donc à la fois l'histoire et la politique, la musique, la peinture et la littérature. À la raison classique elle oppose la passion ; à la vision mécaniste de l'univers, la vision organique, où le divin reprend sa place au centre d'une nature dont il est constitué. Ce rétablissement d'une vision apparentée au panthéisme[2] confère aussi à l'homme en tant qu'individu une valeur tout autre que celle qui était proposée aux siècles précédents, alors qu'il n'était qu'un simple rouage dans la grande mécanique universelle que Dieu avait animée par une « chiquenaude[3] » pour la laisser ensuite seule à elle-même. L'homme redevient libre et autonome, à la fois distinct et faisant corps avec une nature vivante. C'est pourquoi il semble mieux la comprendre et s'y retrouver. Comme elle, il participe au grand mystère de la Création. Comme elle aussi, il s'apaise et se déchaîne. On comprend alors que les romantiques allemands se soient donné le nom de *Sturm und Drang* (« tempête et passion ») et que Victor Hugo, dans un élan digne de cet « état d'âme » exacerbé qu'est le romantisme, ait imploré ses contemporains en ces termes : « Enivrez-vous de tout ! enivrez-vous, poètes ![4] »

1. *Histoire universelle,* Jules Michelet.
2. Doctrine selon laquelle Dieu est en tout (*Le Robert*) ; couramment, divinisation de la nature.
3. C'est Blaise Pascal qui, au XVIIe siècle, utilise cette expression pour reprocher à Descartes le peu de pouvoir qu'il accorde à Dieu dans la création du monde.
4. Tiré du poème « Pan » dans *Les feuilles d'automne* (1831).

La génération des poètes

Q uand on parle du romantisme comme de la « génération des poètes », on ne doit pas supposer que tous les poètes romantiques sont congénères ou qu'ils publient en même temps. Dans les faits, Alfred de Musset (1810-1857) est beaucoup plus jeune qu'Alphonse de Lamartine (1790-1869) ou Alfred de Vigny (1797-1863). Les œuvres de Gérard de Nerval (*Les chimères*, 1854) et d'Aloysius Bertrand (*Gaspard de la nuit*, 1842) paraissent beaucoup plus tard que celles des trois premiers. Il arrive même parfois qu'on inclue une partie de l'œuvre de Charles Baudelaire (*Les fleurs du mal*, 1857) dans le courant romantique. Pourquoi parler dans ce cas de génération ?

Encore une fois, la sensibilité particulière que partagent ces auteurs importe bien davantage que leur contemporanéité. En fait, on peut prétendre que l'époque romantique est celle des poètes. C'est que le genre poétique est le lieu privilégié de l'émotion, à cause de sa forme, qui ne nécessite pas de mise en situation, de logique du récit, mais aussi de la force évocatrice créée par la densité des images.

La poésie « comme existence »

> « Ce qui apparaît avec le romantisme, c'est la poésie comme existence. »
> *Histoire des littératures*

Si c'est le poète que Victor Hugo exhorte dans son « Enivrez-vous de tout ! enivrez-vous, poètes ! », c'est que le romantisme *est* poésie. Il tient de cette sensibilité qu'on dit propre au poète, dans ses transports, dans son extase. Et si chaque écrivain de cette période est à certains moments poète, il est aussi dramaturge et romancier, mais à l'émotivité poétique.

C'est aussi que ce genre littéraire, délaissé par le siècle précédent, marque une coupure historique avec le passé, caractéristique fondamentale du romantisme. Les thèmes romantiques y sont puissamment illustrés : l'être lyrique, l'être mystique y sont présents ; la nature, l'amour, le sentiment profond de solitude, la nostalgie de l'enfance ou d'un ailleurs idéalisé sont de véritables leitmotiv[1] pour ces écrivains. Et si de grands poètes comme Alphonse de Lamartine, Alfred de Musset et Alfred de Vigny sont le plus souvent associés à cette *génération de poètes* – ils sont à tout le moins ceux qu'on retient le plus souvent sous ce vocable –, c'est peut-être parce qu'on trouve essentiellement dans leurs œuvres les caractéristiques de ce courant, tandis que des auteurs comme Victor Hugo (1802-1885), Gérard de Nerval ou même Aloysius Bertrand[2] transcendent davantage leur époque et ouvrent la voie aux poètes des générations suivantes.

---

1. D'origine allemande, ce terme, d'abord usité dans le domaine musical, signifie qu'une idée est reprise sans cesse.
2. Moins connu que les précédents, Aloysius Bertrand a été, au dire même de Baudelaire, d'une influence décisive pour son œuvre, tout comme Théophile Gautier.

AUTEUR

Alphonse de Lamartine (1790-1869)

Issu de la petite noblesse, Lamartine est attaché au passé comme à un moment de calme et de stabilité. Il devient très tôt tourmenté par le désœuvrement et l'errance amoureuse. Après une carrière politique mouvementée, après la grande tristesse que lui fait vivre la mort de sa fille, il trouve finalement le repos auprès de sa famille et dans une vie dorénavant consacrée à la littérature. Son œuvre *Méditations poétiques* (1820) est la première et la plus connue de sa production littéraire. Et de ce recueil, le poème intitulé « Le lac » est probablement le plus célèbre.

Le lac (1817) dans
Méditations poétiques (1820)

EXTRAIT

Ainsi, toujours poussés vers de nouveaux rivages,
Dans la nuit éternelle emportés sans retour,
Ne pourrons-nous jamais sur l'océan des âges
    Jeter l'ancre un seul jour ?

5 Ô lac ! l'année à peine a fini sa carrière,
Et près des flots chéris qu'elle devait revoir,
Regarde ! je viens seul m'asseoir sur cette pierre
    Où tu la vis s'asseoir !

Tu mugissais ainsi sous ces roches profondes ;
10 Ainsi tu te brisais sur leurs flancs déchirés ;
Ainsi le vent jetait l'écume de tes ondes
    Sur ses pieds adorés.

Un soir, t'en souvient-il ? nous voguions en silence ;
On n'entendait au loin, sur l'onde et sous les cieux,
15 Que le bruit des rameurs qui frappaient en cadence
    Tes flots harmonieux.

Tout à coup des accents inconnus à la terre
Du rivage charmé frappèrent les échos ;
Le flot fut attentif, et la voix qui m'est chère
20   Laissa tomber ces mots :

« Ô temps, suspends ton vol, et vous, heures propices,
    Suspendez votre cours !
Laissez-nous savourer les rapides délices
    Des plus beaux de nos jours !

Ce poème adopte le ton élégiaque, c'est-à-dire qu'il exprime la mélancolie et la plainte. Le poète s'adresse à la fois à *Elvire* – héroïne symbole de l'amour qu'incarne, pour le poète, Julie Charles, rencontrée en 1816 au lac du Bourget, et qu'il attend vainement l'année suivante[1] –, et au lac lui-même, comme si la femme et le lac se confondaient. Il fait ici le constat de la fugacité du bonheur et de la profonde douleur dans laquelle sa perte nous plonge.

---

1. Elle meurt de phtisie entre-temps.

25 «Assez de malheureux ici-bas vous implorent;
         Coulez, coulez pour eux;
    Prenez avec leurs jours les soins[1] qui les dévorent;
         Oubliez les heureux.

    «Mais je demande en vain quelques moments encore,
30   Le temps m'échappe et fuit;
    Je dis à cette nuit: «Sois plus lente»; et l'aurore
         Va dissiper la nuit.

    «Aimons donc, aimons donc! de l'heure fugitive,
         Hâtons-nous, jouissons!
35 L'homme n'a point de port, le temps n'a point de rive;
         Il coule, et nous passons!»

    Temps jaloux, se peut-il que ces moments d'ivresse,
    Où l'amour à longs flots nous verse le bonheur,
    S'envolent loin de nous de la même vitesse
40   Que les jours de malheur?

    Hé quoi! n'en pourrons-nous fixer au moins la trace?
    Quoi! passés pour jamais? quoi! tout entiers perdus?
    Ce temps qui les donna, ce temps qui les efface,
         Ne nous les rendra plus?

45 Éternité, néant, passé, sombres abîmes,
    Que faites-vous des jours que vous engloutissez?
    Parlez: nous rendrez-vous ces extases sublimes
         Que vous nous ravissez?

    Ô lac! rochers muets! grottes! forêt obscure!
50 Vous que le temps épargne et qu'il peut rajeunir,
    Gardez de cette nuit, gardez, belle nature,
         Au moins le souvenir!

    Qu'il soit dans ton repos, qu'il soit dans tes orages,
    Beau lac, et dans l'aspect de tes riants coteaux,
55 Et dans ces noirs sapins, et dans ces rocs sauvages
         Qui pendent sur tes eaux!

    Qu'il soit dans le zéphyr qui frémit et qui passe,
    Dans les bruits de tes bords par tes bords répétés,
    Dans l'astre au front d'argent qui blanchit ta surface
60   De ses molles clartés!

    Que le vent qui gémit, le roseau qui soupire,
    Que les parfums légers de ton air embaumé,
    Que tout ce qu'on entend, l'on voit ou l'on respire;
         Tout dise: «Ils ont aimé!»

---

1. Le terme «soins» ici signifie «inquiétudes».

Alfred de Vigny (1797-1863)

AUTEUR

Alfred de Vigny est issu de la noblesse. C'est un enfant surprotégé par sa mère – elle a perdu trois autres fils –, qui lui accorde une attention obsessive. Son passage dans le monde adulte sera de ce fait particulièrement difficile et ses rapports amoureux seront souvent décevants. Il fréquente pendant sept ans une actrice, Marie Dorval, et l'échec de cette relation le laisse profondément amer. Devant la souffrance qui émane de la condition humaine, il entreprend une quête mystique qui se solde par une perpétuelle désillusion et un antithéisme[1] vengeur. Son œuvre est empreinte de cette douleur, à la fois individuelle et universelle, qui fait naître en l'homme la compassion.

La maison du berger dans *Les destinées* (1864)

EXTRAIT

Lettre à Éva

Si ton cœur gémissant du poids de notre vie
Se traîne et se débat comme un aigle blessé,
Portant comme le mien, sur son aile asservie,
Tout un monde fatal, écrasant et glacé ;
5 S'il ne bat qu'en saignant par sa plaie immortelle,
S'il ne voit plus l'amour, son étoile fidèle,
Éclairer pour lui seul l'horizon effacé ;

Si ton âme enchaînée, ainsi que l'est mon âme,
Lasse de son boulet et de son pain amer,
10 Sur sa galère en deuil laisse tomber la rame,
Penche sa tête pâle et pleure sur la mer,
Et, cherchant dans les flots une route inconnue,
Y voit, en frissonnant, sur son épaule nue
La lettre sociale écrite avec le fer ;

15 Si ton corps frémissant des passions secrètes
S'indigne des regards, timide et palpitant,
S'il cherche à sa beauté de profondes retraites
Pour la mieux dérober au profane insultant ;
Si ta lèvre se sèche au poison des mensonges,
20 Si ton beau front rougit de passer dans les songes
D'un impur inconnu qui te voit et t'entend,

Cette œuvre, qui comprend pas moins de 336 vers, est le seul poème d'amour de l'auteur. Il est adressé à Marie Dorval, désignée ici sous le nom d'Éva, qui évoque la femme idéale. Nommant, dans ces premiers vers, le mal qui assaille l'être aimé, le poète invite celui-ci à chercher le réconfort dans la nature, ainsi qu'on le voit souvent dans la poésie romantique.

---

1. Qui s'oppose au théisme, c'est-à-dire à la croyance en l'existence de Dieu.

Pars courageusement, laisse toutes les villes,
Ne ternis plus tes pieds aux poudres du chemin,
Du haut de nos pensers vois les cités serviles
25 Comme les rocs fatals de l'esclavage humain.
Les grands bois et les champs sont de vastes asiles,
Libres comme la mer autour des sombres îles.
Marche à travers les champs une fleur à la main.

Arthur Hughes (1832-1915). *La sieste* (1890).

Alfred de Musset (1810-1857)

À l'instar de Vigny et de Lamartine, Alfred de Musset est un aristocrate idéaliste, sans cesse déçu par ce que la vie peut lui offrir, d'une part, et par les êtres, d'autre part, qui ne peuvent répondre à la grandeur de ses aspirations. Sa relation amoureuse avec George Sand[1] semble constamment réaffirmer son impossible accès au bonheur, son nécessaire échec. Le poète est lentement rongé par la souffrance et, dans la *Confession d'un enfant du siècle* (1836), il laisse sourdre le profond mal de vivre d'une génération dont il fait partie. Le désespoir prend ici l'allure d'un côtoiement constant avec la mort.

Derniers vers poésie posthume (1857)

EXTRAITS

L'heure de ma mort, depuis dix-huit mois,
De tous les côtés sonne à mes oreilles,
Depuis dix-huit mois d'ennuis et de veilles,
Partout je la sens, partout je la vois.

5 Plus je me débats contre ma misère,
Plus s'éveille en moi l'instinct du malheur;
Et, dès que je veux faire un pas sur terre,
Je sens tout à coup s'arrêter mon cœur.

Ma force à lutter s'use et se prodigue.
10 Jusqu'à mon repos, tout est un combat;
Et, comme un coursier brisé de fatigue,
Mon courage éteint chancelle et s'abat.

> La relation déchirante qu'il a entretenue avec George Sand lui a inspiré des vers profondément douloureux. S'adressant à sa muse, le poète témoigne à la fois de son amertume et de sa volonté de s'extraire de la souffrance dans laquelle l'a plongé cet échec amoureux.

Pierre-Paul Prud'hon (1758-1823).
La Justice et la Vengeance divine poursuivant le Crime (1808).
Musée du Louvre, Paris, France.

1. Aurore Dupin, dite Georges Sand, choisit un pseudonyme masculin pour écrire. Sa relation
avec Alfred de Musset est célèbre et devient pour la postérité un véritable symbole romantique.

La nuit d'octobre dans *Les nuits* (1837)

La muse

L'image d'un doux souvenir
Vient de s'offrir à ta pensée.
Sur la trace qu'il a laissée
Pourquoi crains-tu de revenir ?
5 Est-ce faire un récit fidèle
Que de renier ses beaux jours ?
Si ta fortune fut cruelle,
Jeune homme, fais du moins comme elle,
Souris à tes premiers amours.

Le poète

Non, – c'est à mes malheurs que je prétends sourire.
Muse, je te l'ai dit : je veux, sans passion,
Te conter mes ennuis, mes rêves, mon délire,
Et t'en dire le temps, l'heure et l'occasion.
5 C'était, il m'en souvient, par une nuit d'automne,
Triste et froide, à peu près semblable à celle-ci ;
Le murmure du vent, de son bruit monotone,
Dans mon cerveau lassé berçait mon noir souci.
J'étais à la fenêtre, attendant ma maîtresse ;
10 Et, tout en écoutant dans cette obscurité,
Je me sentais dans l'âme une telle détresse,
Qu'il me vint le soupçon d'une infidélité.
La rue où je logeais était sombre et déserte ;
Quelques ombres passaient, un falot à la main ;
15 Quand la bise sifflait dans la porte entrouverte,
On entendait de loin comme un soupir humain.
Je ne sais, à vrai dire, à quel fâcheux présage
Mon esprit inquiet alors s'abandonna.
Je rappelais en vain un reste de courage,
20 Et me sentis frémir lorsque l'heure sonna.
Elle ne venait pas. Seul, la tête baissée,
Je regardai longtemps les murs et le chemin, –
Et je ne t'ai pas dit quelle ardeur insensée
Cette inconstante femme allumait en mon sein ;
25 Je n'aimais qu'elle au monde, et vivre un jour sans elle
Me semblait un destin plus affreux que la mort.
Je me souviens pourtant qu'en cette nuit cruelle
Pour briser mon lien je fis un long effort.
Je la nommai cent fois perfide et déloyale,
30 Je comptai tous les maux qu'elle m'avait causés.
Hélas ! au souvenir de sa beauté fatale,

Quels maux et quels chagrins n'étaient pas apaisés !
Le jour parut enfin. – Las d'une vaine attente,
Sur le bord du balcon je m'étais assoupi ;
35 Je rouvris la paupière à l'aurore naissante,
Et je laissai flotter mon regard ébloui.
Tout à coup, au détour de l'étroite ruelle,
J'entends sur le gravier marcher à petit bruit...
Grand Dieu ! préservez-moi ! je l'aperçois, c'est elle ;
40 Elle entre. – D'où viens-tu ? Qu'as-tu fait cette nuit ?
Réponds, que me veux-tu ? qui t'amène à cette heure ?
Ce beau corps, jusqu'au jour, où s'est-il étendu ?
Tandis qu'à ce balcon, seul, je veille et je pleure,
En quel lieu, dans quel lit, à qui souriais-tu ?
45 Perfide ! audacieuse ! est-il encor possible
Que tu viennes offrir ta bouche à mes baisers ?
Que demandes-tu donc ? par quelle soif horrible
Oses-tu m'attirer dans tes bras épuisés ?
Va-t'en, retire-toi, spectre de ma maîtresse !
50 Rentre dans ton tombeau, si tu t'en es levé ;
Laisse-moi pour toujours oublier ma jeunesse,
Et, quand je pense à toi, croire que j'ai rêvé !

AUTEUR   Gérard de Nerval (1808-1855)

Orphelin de mère, Gérard Labrunie, dit Gérard de Nerval, est d'abord mis en nourrice, puis accueilli par un oncle à Mortefontaine. Il manquera cruellement d'affection pendant toute sa jeunesse. Nerval entre dans l'histoire de la littérature par la traduction qu'il fait de *Faust*, de Goethe, en 1840. L'auteur allemand ne manque pas d'ailleurs d'en faire l'éloge. Quelques *Odelettes* (1831) ont précédé ses œuvres majeures : *Les chimères* et *Sylvie* (1854) ainsi qu'*Aurélia* (1855). Atteint de crises de folie dès 1841, il est sporadiquement interné à la clinique du docteur Blanche, qui l'incite en 1855 à publier sa dernière œuvre, l'année même où il met fin à ses jours.

L'oscillation entre le réel et l'imaginaire dans sa vie se transpose dans sa création pour donner une œuvre onirique et teintée de mystère, d'étrangeté. Nerval donne à la littérature, une œuvre hermétique qui influencera la poésie jusqu'aux surréalistes du début du XXe siècle.

El desdichado dans *Les chimères* (1854)

EXTRAIT

Je suis le ténébreux[1], – le veuf, – l'inconsolé,
Le prince d'Aquitaine[2] à la tour abolie :
Ma seule *étoile* est morte, – et mon luth constellé
Porte le *Soleil noir*[3] de la *Mélancolie*.

5 Dans la nuit du tombeau, toi qui m'as consolé,
Rends-moi le Pausilippe[4] et la mer d'Italie,
La *fleur* qui plaisait tant à mon cœur désolé,
Et la treille où le pampre à la rose s'allie.

Suis-je Amour[5] ou Phébus[6] ?... Lusignan[7] ou Biron[8] ?
10 Mon front est rouge encor du baiser de la reine ;
J'ai rêvé dans la grotte où nage la sirène...

Et j'ai deux fois vainqueur traversé l'Achéron[9] ;
Modulant tour à tour sur la lyre d'Orphée[10]
Les soupirs de la sainte et les cris de la fée.

Ce titre en espagnol du poème le plus célèbre de Nerval signifie « Le déshérité » (nom donné à un chevalier par Walter Scott dans *Ivanhoé*). L'hermétisme du texte tient ici de la fusion entre symbolique, ésotérisme, histoire et mythologie. Son propos donne au lecteur l'impression d'entrer dans un univers onirique. Pour y accéder complètement, il faut décrypter les références nombreuses et diverses qui le parsèment.

Louis Jacquesson de la Chevreuse (1839-1903). *Orphée aux enfers*, (1863). Musée des Augustins, Toulouse, France.

1. Le ténébreux est lié à l'enfer et est en lien avec le Soleil noir.
2. Le prince d'Aquitaine est le Prince noir, vainqueur de Poitiers.
3. À mettre en lien avec le ténébreux et le prince d'Aquitaine.
4. Colline à l'ouest de Naples d'où l'on peut contempler le Vésuve, non loin du tombeau de Virgile, grand poète latin.
5. Dieu Amour, fils de Vénus.
6. Phébus est un autre nom d'Apollon, dieu du soleil et de la beauté.
7. Comte de Poitou qui devient roi de Chypre.
8. Compagnon d'armes d'Henri IV, prince Bourbon, roi de Navarre.
9. Fleuve qui entoure les enfers.
10. Poète et musicien, Orphée descend aux enfers dans l'espoir de sauver sa femme Eurydice.

Victor Hugo (1802-1885)

AUTEUR

Victor Hugo se découvre très jeune une passion pour la littérature. À 15 ans, il remporte des prix littéraires et publie en 1822 *Odes et poésies diverses*, qui deviendront *Odes et ballades* en 1828. Tour à tour romancier, dramaturge et poète, c'est dans ce dernier genre que sa production est la plus considérable. Parallèlement à ses fonctions d'écrivain, il mène une carrière politique qui s'achèvera avec l'arrivée de Napoléon III.

Son implication sociale est à la fois politique et littéraire. En politique, il est d'abord conservateur, puis libéral. Il aide même à l'élection de Louis Napoléon Bonaparte, mais se ligue contre lui quand ce dernier se proclame empereur. Il quitte alors la scène politique et doit s'exiler pour avoir participé à une tentative de soulèvement contre celui qu'il surnomme «Napoléon le petit». En littérature, il devient le chef de file du mouvement romantique dès les années 1820. Il fonde en 1827 le Cénacle, lieu de réflexion et d'échanges intellectuels et littéraires que fréquenteront la majorité des poètes de l'époque.

Son œuvre littéraire est colossale. Parfois intime (*Les feuilles d'automne*, 1831), parfois engagée (*Les châtiments*, 1853), ou l'une et l'autre à la fois (*Les voix intérieures*, 1837), parfois encore historique (*Les chants du crépuscule*, 1835), mythique (*La fin de Satan*, œuvre posthume, 1886) ou exotique (*Les Orientales*, 1829), sa poésie est la plus vaste que la littérature française ait connue. *Les contemplations* (1856) constituent une œuvre lyrique magistrale qui couvre la vie entière du poète. Quant à *La légende des siècles* (1859-1883), elle est la réalisation d'une œuvre épique qu'ont rêvé d'accomplir plusieurs romantiques avant lui.

Le manteau impérial dans *Les châtiments* (1853)

EXTRAIT

    Ô! vous dont le travail est joie,
    Vous qui n'avez pas d'autre proie
    Que les parfums, souffles du ciel,
    Vous qui fuyez quand vient décembre,
5 Vous qui dérobez aux fleurs l'ambre
    Pour donner aux hommes le miel,

    Chastes buveuses de rosée,
    Qui, pareilles à l'épousée,
    Visitez le lys du coteau,
10 Ô sœurs des corolles vermeilles,
    Filles de la lumière, abeilles,
    Envolez-vous de ce manteau !

Le manteau que portait Napoléon Ier, lors de son sacre, était orné d'abeilles, symbole de détermination et de volonté pacifique. Napoléon III le porte à son tour. Mais comme il s'agit d'une insulte pour les abeilles, autrement plus méritoires, selon le poète, que celui qui porte le vêtement, Hugo exhorte celles-ci à la révolte.

Ruez-vous sur l'homme, guerrières !
Ô généreuses ouvrières,
15 Vous le devoir, vous la vertu,
Ailes d'or et flèches de flamme,
Tourbillonnez sur cet infâme !
Dites-lui : " Pour qui nous prends-tu ?

« Maudit ! nous sommes les abeilles !
20 Des chalets ombragés de treilles
Notre ruche orne le fronton ;
Nous volons, dans l'azur écloses,
Sur la bouche ouverte des roses
Et sur les lèvres de Platon.

25 « Ce qui sort de la fange y rentre.
Va trouver Tibère en son antre,
Et Charles neuf sur son balcon.
Va ! sur ta pourpre il faut qu'on mette,
Non les abeilles de l'Hymette,
30 Mais l'essaim noir de Montfaucon ! »

Et percez-le toutes ensemble,
Faites honte au peuple qui tremble,
Aveuglez l'immonde trompeur,
Acharnez-vous sur lui, farouches,
35 Et qu'il soit chassé par les mouches
Puisque les hommes en ont peur !

Jean-Auguste-Dominique
Ingres (1780-1867).
*Napoléon 1er sur le trône
impérial* (1806). Musée
de l'Armée, Paris, France.

Demain, dès l'aube (1847)
dans *Les contemplations* (1856)

EXTRAIT

Demain, dès l'aube, à l'heure où blanchit la campagne,
Je partirai. Vois-tu, je sais que tu m'attends.
J'irai par la forêt, j'irai par la montagne.
Je ne puis demeurer loin de toi plus longtemps.

5 Je marcherai les yeux fixés sur mes pensées,
Sans rien voir au dehors, sans entendre aucun bruit,
Seul, inconnu, le dos courbé, les mains croisées,
Triste, et le jour pour moi sera comme la nuit.

Je ne regarderai ni l'or du soir qui tombe,
10 Ni les voiles au loin descendant vers Harfleur,
Et quand j'arriverai, je mettrai sur ta tombe
Un bouquet de houx vert et de bruyère en fleur.

Profondément meurtri par le décès tragique de sa fille Léopoldine, Hugo lui a dédié ce poème. La souffrance ici se solde par le repliement du poète sur lui-même. Il veut ne garder que le contact avec l'être cher.

Mors dans *Les contemplations* (1856)

E X T R A I T

Je vis cette faucheuse. Elle était dans son champ.
Elle allait à grands pas moissonnant et fauchant,
Noir squelette laissant passer le crépuscule.
Dans l'ombre où l'on dirait que tout tremble et recule,
5 L'homme suivait des yeux les lueurs de la faux.
Et les triomphateurs sous les arcs triomphaux
Tombaient ; elle changeait en désert Babylone,
Le trône en échafaud et l'échafaud en trône,
Les roses en fumier, les enfants en oiseaux,
10 L'or en cendre, et les yeux des mères en ruisseaux.
Et les femmes criaient : – Rends-nous ce petit être.
Pour le faire mourir, pourquoi l'avoir fait naître ? –
Ce n'était qu'un sanglot sur terre, en haut, en bas ;
Des mains aux doigts osseux sortaient des noirs grabats ;
15 Un vent froid bruissait dans les linceuls sans nombre ;
Les peuples éperdus semblaient sous la faux sombre
Un troupeau frissonnant qui dans l'ombre s'enfuit ;
Tout était sous ses pieds deuil, épouvante et nuit.
Derrière elle, le front baigné de douces flammes,
20 Un ange souriant portait la gerbe d'âmes.

> Cette allégorie sur la mort laisse transparaître autant la cruelle destinée humaine que la souffrance ressentie à l'occasion d'un deuil.

DES GENRES SECONDAIRES, DES ŒUVRES MAJEURES

On a déjà observé que l'époque romantique était empreinte de lyrisme et que le genre poétique se voyait nettement privilégié par les auteurs. Ceux-ci ont toutefois créé des œuvres majeures appartenant aux deux autres grands genres littéraires que sont le théâtre et le roman.

LE THÉÂTRE

Bien que le théâtre soit un genre assez répandu dans cette première moitié du XIXe siècle, on ne retient aujourd'hui qu'une faible quantité des œuvres de l'époque. Cela s'explique en partie par le fait que le drame romantique se rapproche trop, dans ses procédés, du mélodrame, auquel assiste un public qui demande davantage à se divertir qu'à s'éduquer. Les œuvres sont, pour cette raison, souvent légères et leur propos, en général d'un intérêt peu universel, ne justifie peut-être pas leur pérennité. C'est du moins ce que la postérité semble avoir décidé.

On retient toutefois des œuvres majeures telles que *Lorenzaccio* (1834), d'Alfred de Musset, *La dame aux camélias* (1852)[1], d'Alexandre Dumas fils (1824-1895), et *Hernani* (1830), de Victor Hugo. Cette dernière pièce est devenue célèbre par ce qu'on a appelé la « bataille d'*Hernani* », chacune de ses représentations provoquant

---

1. Parue d'abord sous la forme romanesque en 1848, l'œuvre est adaptée pour le théâtre, par l'auteur, en 1852.

en effet de véritables affrontements. Le public, partagé entre les tenants de la forme classique et les défenseurs de la vision nouvelle présentée sur scène, passe le plus clair de son temps à vilipender la pièce – on en vient même aux coups certains soirs – ou à l'encenser.

Dans la préface de sa pièce *Cromwell* (1827), Hugo présente sa vision de la dramaturgie nouvelle et encourage l'exaltation des passions au théâtre. Son texte devient le tournant de cette dramaturgie qui refuse dorénavant de se confiner à la règle des trois unités[1] et à la distinction rigide entre comédie et tragédie.

Préface de *Cromwell* (1827)

De Victor Hugo

[...] si nous avions le droit de dire quel pourrait être, à notre gré, le style du drame, nous voudrions un vers libre, franc, loyal, osant tout dire sans pruderie, tout exprimer sans recherche ; passant d'une naturelle allure de la comédie à la tragédie, du sublime au grotesque ; tour à tour positif et poétique, tout
5 ensemble artiste et inspiré, profond et soudain, large et vrai ; sachant briser à propos et déplacer la césure pour déguiser sa monotonie d'alexandrin ; plus ami de l'enjambement qui l'allonge que de l'inversion qui l'embrouille ; fidèle à la rime, cette esclave reine, cette suprême grâce de notre poésie, ce générateur de notre mètre ; inépuisable dans la variété de ses tours, insaisissable
10 dans ses secrets d'élégance et de facture ; prenant, comme Protée, mille formes sans changer de type et de caractère, fuyant la *tirade* ; se jouant dans le dialogue ; se cachant toujours derrière le personnage ; s'occupant avant tout d'être
15 à sa place, et lorsqu'il lui adviendrait d'être *beau*, n'étant beau en quelque sorte que par hasard, malgré lui et sans le savoir ; lyrique, épique, dramatique, selon le besoin ; pouvant parcourir toute la gamme
20 poétique, aller de haut en bas, des idées les plus élevées aux plus vulgaires, des plus bouffonnes aux plus graves, des plus extérieures aux plus abstraites, sans jamais sortir des limites d'une scène parlée ; en un mot tel que le ferait l'homme qu'une fée aurait doué de l'âme
25 de Corneille et de la tête de Molière. Il nous semble que ce vers-là serait bien *aussi beau que de la prose*.

Il n'y aurait aucun rapport entre une poésie de ce genre et celle dont nous faisions tout à l'heure l'autopsie cadavérique. La nuance qui les sépare sera facile à indiquer, si un homme d'esprit, auquel l'auteur de ce livre doit
30 un remerciement personnel, nous permet de lui en emprunter la piquante distinction : l'autre poésie était descriptive, celle-ci serait pittoresque.

À l'instar de Madame de Staël[2], Victor Hugo oppose la vision romantique de l'art à la vision classique. Il appelle au mélange des genres tragique et comique, ainsi qu'au dépouillement du texte dramatique, écrit en vers jusqu'à l'époque de l'auteur – des artifices de la forme, qui cachent trop souvent le propos de l'œuvre plutôt que de le renforcer.

---

1. La règle des trois unités, établie à l'époque classique (XVIIe siècle), impose au théâtre qu'une pièce soit réservée à une seule action principale (unité d'action), que celle-ci se déroule en 24 heures (unité de temps) et dans un seul endroit (unité de lieu).
2. Voir cette auteure en début de chapitre, p. 14.

AUTEUR

Alexandre Dumas fils (1824-1895)

La vie d'Alexandre Dumas fils est marquée par une double souffrance : la reconnaissance tardive (à sept ans) de la paternité d'Alexandre Dumas, et la magnificence de ce père qui laisse peu de place à l'émergence d'un second écrivain du même nom. L'œuvre du fils rappelle donc inlassablement les conséquences néfastes des pères égoïstes. En plus de ses œuvres littéraires, Dumas fils écrit de courts ouvrages sur le divorce et la paternité. La gloire lui vient pourtant assez tôt, dès la parution du roman *La dame aux camélias*, en 1848. Il termine sa carrière à l'Académie française.

La dame aux camélias (1852)
Acte III, scène 4

EXTRAIT

M. DUVAL. — Écoutez-moi bien, mon enfant, et faisons franchement ce que nous avons à faire ; une absence momentanée ne suffit pas.

5 MARGUERITE. — Vous voulez que je quitte Armand tout à fait ?

M. DUVAL. — Il le faut !

MARGUERITE. — Jamais ! ... Vous ne savez donc pas comme nous nous aimons ?

10 Vous ne savez donc pas que je n'ai ni amis, ni parents, ni famille ; qu'en me pardonnant il m'a juré d'être tout cela pour moi, et que j'ai enfermé ma vie dans la sienne ? Vous ne savez donc pas, enfin, que je suis atteinte d'une maladie mortelle, que je n'ai que quelques années à vivre ? Quitter Armand, monsieur, autant me tuer tout de suite.

15 M. DUVAL. — Voyons, voyons, du calme et n'exagérons rien... Vous êtes jeune, vous êtes belle, et vous prenez pour une maladie la fatigue d'une vie un peu agitée ; vous ne mourrez certainement pas avant l'âge où l'on est heureux de mourir. Je vous demande un sacrifice énorme, je le sais, mais que vous êtes fatalement forcée de me faire. Écoutez-moi ; vous connaissez Armand depuis

20 trois mois, et vous l'aimez ! mais un amour si jeune a-t-il le droit de briser tout un avenir ? et c'est tout l'avenir de mon fils que vous brisez en restant avec lui ! Êtes-vous sûre de l'éternité de cet amour ? Ne vous êtes-vous pas déjà trompée ainsi ? Et si tout à coup, – trop tard, – vous alliez vous apercevoir que vous n'aimez pas mon fils, si vous alliez en aimer un autre ? Pardon,

25 Marguerite, mais le passé donne droit à ces suppositions,

La version théâtrale du roman vaut à son auteur le plus grand succès dramatique de son époque. Cette œuvre avait déjà conquis le public sous sa forme romanesque, à cause du symbole romantique incarné par Marguerite Gautier, courtisane[1], qui se voit contrainte de quitter celui qu'elle aime, Armand Duval, car la famille de celui-ci tient à préserver sa réputation. Tiré d'un fait divers, l'histoire de Dumas est reprise par Giuseppe Verdi, en 1853, dans son opéra *La traviata*.

---

1. Les courtisanes sont des femmes de mœurs légères, qui se font entretenir par un ou des hommes en échange de faveurs sexuelles surtout.

MARGUERITE. — Jamais, monsieur, jamais je n'ai aimé et je n'aimerai comme j'aime.

M. DUVAL. — Soit! mais, si ce n'est vous qui vous trompez, c'est lui qui se trompe, peut-être. A son âge, le cœur peut-il prendre un engagement défi-
30 nitif? Le cœur ne change-t-il pas perpétuellement d'affections? C'est le même cœur qui, fils, aime ses parents au-delà de tout, qui, époux, aime sa femme plus que ses parents, qui père plus tard, aime ses enfants plus que parents, femme et maîtresses. La nature est exigeante, parce qu'elle est prodigue. Il se peut donc que vous vous trompiez, l'un comme l'autre, voilà les probabilités.
35 Maintenant, voulez-vous voir les réalités et les certitudes? Vous m'écoutez, n'est-ce pas?

MARGUERITE. — Si je vous écoute, mon Dieu!

M. DUVAL. — Vous êtes prête à sacrifier tout à mon fils; mais quel sacrifice égal, s'il acceptait le vôtre, pourrait-il vous faire en échange? Il prendra vos
40 belles années, et, plus tard, quand la satiété sera venue, car elle viendra, qu'arrivera-t-il? Ou il sera un homme ordinaire, et, vous jetant votre passé au visage, il vous quittera, en disant qu'il ne fait qu'agir comme les autres; ou il sera un honnête homme, et vous épousera ou tout au moins vous gardera auprès de lui. Cette liaison, ou ce mariage qui n'aura eu ni la chasteté pour
45 base, ni la religion pour appui, ni la famille pour résultat, cette chose excu- sable peut-être chez le jeune homme, le sera-t-elle chez l'homme mûr? Quelle ambition lui sera permise? Quelle carrière lui sera ouverte? Quelle conso- lation tirerai-je de mon fils, après m'être consacré vingt ans à son bonheur? Votre rapprochement n'est pas le fruit de deux sympathies pures, l'union de
50 deux affections innocentes; c'est la passion dans ce qu'elle a de plus terrestre et de plus humain, née du caprice de l'un et de la fantaisie de l'autre. Qu'en restera-t-il quand vous aurez vieilli tous deux? Qui vous dit que les premières rides de votre front ne détacheront pas le voile de ses yeux, et que son illusion ne s'évanouira pas avec votre jeunesse?

55 MARGUERITE. — Oh! la réalité!

M. DUVAL. — Voyez-vous d'ici votre double vieillesse, doublement déserte, dou- blement isolée, doublement inutile? Quel souvenir laisserez-vous? Quel bien aurez-vous accompli? Vous et mon fils avez à suivre deux routes complè- tement opposées, que le hasard a réunies un instant, mais que la raison sépare
60 à tout jamais. Dans la vie que vous vous êtes faite volontairement, vous ne pouviez prévoir ce qui arrive. Vous avez été heureuse trois mois, ne tachez pas ce bonheur dont la continuité est impossible; gardez-en le souvenir dans votre cœur; qu'il vous rende forte, c'est tout ce que vous avez le droit de lui demander. Un jour, vous serez fière de ce que vous aurez fait, et, toute votre
65 vie, vous aurez l'estime de vous-même. C'est un homme qui connaît la vie qui vous parle, c'est un père qui vous implore. Allons, Marguerite! Prouvez-moi que vous aimez véritablement mon fils, et du courage!

MARGUERITE, *à elle-même.* — Ainsi, quoi qu'elle fasse, la créature tom-
70 bée ne se relèvera jamais! Dieu lui pardonnera peut-être, mais le monde sera inflexible! Au fait, de quel droit veux-tu prendre dans le cœur des familles une place que la vertu
75 seule doit y occuper? Tu aimes! qu'importe? et la belle raison! Quelques preuves que tu donnes de cet amour, on n'y croira pas, et c'est justice. Que viens-tu nous par-
80 ler d'amour et d'avenir? Quels sont ces mots nouveaux? Regarde donc la fange de ton passé! Quel homme voudrait t'appeler sa femme? Quel enfant voudrait t'appeler sa mère?
85 Vous avez raison, monsieur, tout ce que vous me dites, je me le suis dit

Eugène Delacroix (1798-1863). *Jeune orpheline au cimetière* (sans date). Musée du Louvre, Paris, France.

bien des fois avec terreur; mais, comme j'étais seule à me le dire, je parve-
nais à ne pas m'entendre jusqu'au bout. Vous me le répétez, c'est donc bien
réel; il faut obéir. Vous me parlez au nom de votre fils, au nom de votre fille,
90 c'est encore bien bon à vous d'invoquer de pareils noms. Eh bien, monsieur,
vous direz un jour à cette belle et pure jeune fille, car c'est à elle que je veux
sacrifier mon bonheur, vous lui direz qu'il y avait quelque part une femme qui
n'avait plus qu'une espérance, qu'une pensée, qu'un rêve dans ce monde, et
qu'à l'invocation de son nom cette femme a renoncé à tout cela, a broyé son
95 cœur entre ses mains et en est morte, car j'en mourrai, monsieur, et peut-
être, alors, Dieu me pardonnera-t-il.

M. DUVAL, *ému malgré lui.* — Pauvre femme!

LE ROMAN

Outre le roman autobiographique ou personnel, que représentent Chateaubriand (*Atala*, 1801, et *René*, 1802), Madame de Staël (*Delphine*, 1802, et *Corinne ou l'Italie*, 1807) et Benjamin Constant[1] (*Adolphe*, 1816), et que perpétuent après eux Stendhal[2] (*Le rouge et le noir*, 1830), George Sand (*Indiana*, 1832), Théophile Gautier[3] (*Mademoiselle de Maupin*, 1835) et Alfred de Musset (*La confession d'un enfant*

---

1. Benjamin Constant, 1767-1830.
2. Henri Beyle, dit Stendhal, 1783-1842.
3. Théophile Gautier, 1811-1872.

du siècle, 1836), le genre romanesque connaît diverses formes. Le roman populaire, noir ou sentimental, profite de ce qu'une partie importante de la population est dorénavant lettrée et se passionne pour la fiction. L'essor de l'imprimerie dans les années 1830 fait en sorte que la production des journaux s'accroît substantiellement et que l'on y publie des récits d'aventures sous la forme de romans-feuilletons, notamment *Les mystères de Paris* (1842-1843), d'Eugène Sue[1], et *Les trois mousquetaires,* d'Alexandre Dumas père (1844).

L'intérêt généralisé pour l'histoire favorise l'émergence des romans historiques ou qui prennent leur source dans l'histoire. C'est le cas du roman de Balzac, *Les chouans* (1829), ainsi que de *La chartreuse de Parme* (1839), de Stendhal, où l'histoire est en fait prétexte à la recherche du moi intime du personnage et, par conséquent, de l'auteur. Le roman social permet, quant à lui, une analyse de la société d'alors, qui voit surgir de nouvelles entités, par exemple celle du peuple. *Les mystères de Paris,* d'Eugène Sue, et *Les misérables* (1862), de Victor Hugo, en sont des exemples éloquents. *Les misérables* est l'une des trois œuvres aussi monumentales que célèbres d'Hugo, avec *Notre-Dame de Paris* (1831) et *Les travailleurs de la mer* (1866). Ces romans accueillis très favorablement par le public contemporain de l'auteur ont continué de susciter l'enthousiasme chez les générations qui ont suivi.

Honoré Daumier (1808-1879). *Le wagon de 3ᵉ classe* (1860). Collection Oskar Reinhart, Winterthur, Suisse.

---

1. Eugène Sue, 1804-1857.

AUTEUR

Stendhal (1783-1842)

Grand admirateur de Napoléon, Henri Beyle, alias Stendhal, choisit de suivre l'empereur en Italie au tout début du XIXᵉ siècle. Il retournera y vivre après 1814, au moment de la Restauration. Ses ennuis financiers et ses amours malheureuses, son conflit intérieur surtout entre l'ambition et l'élan sentimental alimentent son aversion pour l'hypocrisie sociale et se répercutent dans les propos d'œuvres majeures comme *Le rouge et le noir* (1830) et *La chartreuse de Parme* (1839). Sa prose, caractéristique à la fois du romantisme et du réalisme qu'on verra s'étendre dans la seconde moitié du siècle, est constamment imprégnée d'éléments autobiographiques et d'une inlassable recherche du moi.

Le rouge et le noir (1830)

EXTRAIT

Déchiré entre son ambition et sa sensibilité naturelle, Julien Sorel voit son avenir brisé le jour où madame de Rênal, avec qui il avait partagé un amour interdit, écrit une lettre incendiaire au père de mademoiselle de la Mole, enceinte de lui et qu'il souhaite épouser. Cette lettre trace du héros un portrait tel que son bouleversement et sa révolte l'amènent à tirer des coups de pistolet sur son ancienne amante et à accepter, presque avidement, la condamnation à mort qui en résulte. Julien profite de son incarcération pour s'interroger sur lui-même.

Ce fut après avoir fait partir cette lettre que, pour la première fois, Julien, un peu revenu à lui, fut très malheureux. Chacune des espérances de l'ambition
5 dut être arrachée successivement de son cœur par ce grand mot: Je mourrai. La mort, en elle-même, n'était pas *horrible* à ses yeux. Toute sa vie n'avait été qu'une longue préparation au malheur, et il n'avait eu garde
10 d'oublier celui qui passe pour le plus grand de tous.

Quoi donc! se disait-il, si dans soixante jours je devais me battre en duel avec un homme très fort sur les armes, est-ce que j'aurais la faiblesse d'y penser sans cesse, et la terreur dans l'âme?

Il passa plus d'une heure à chercher à se bien connaître sous ce rapport.

15 Quand il eut vu clair dans son âme, et que la vérité parut devant ses yeux aussi nettement qu'un des piliers de sa prison, il pensa au remords!

Pourquoi en aurais-je? J'ai été offensé d'une manière atroce; j'ai tué, je mérite la mort, mais voilà tout. Je meurs après avoir soldé mon compte envers l'humanité. Je ne laisse aucune obligation non remplie, je ne dois rien à personne;
20 ma mort n'a rien de honteux que l'instrument: cela seul, il est vrai, suffit richement pour ma honte aux yeux des bourgeois de Verrières; mais sous le rapport intellectuel quoi de plus méprisable! Il me reste un moyen d'être considérable à leurs yeux; c'est de jeter au peuple des pièces d'or en allant au supplice. Ma mémoire, liée à l'idée de l'*or*, sera resplendissante pour eux.

25 Après ce raisonnement, qui au bout d'une minute lui sembla évident : Je n'ai plus rien à faire sur la terre, se dit Julien, et il s'endormit profondément.

[...]

Grand Dieu ! elle n'est pas morte ! s'écria Julien ; et il tomba à genoux, pleurant à chaudes larmes.

Dans ce moment suprême, il était croyant. Qu'importent les hypocrisies des 30 prêtres ? peuvent-elles ôter quelque chose à la vérité et à la sublimité de l'idée de Dieu ?

Seulement alors, Julien commença à se repentir du crime commis. Par une coïncidence qui lui évita le désespoir, en cet instant seulement, venait de cesser l'état d'irritation physique et de demi-folie où il était plongé depuis son 35 départ de Paris pour Verrières.

Ses larmes avaient une source généreuse, il n'avait aucun doute sur la condamnation qui l'attendait.

Ainsi elle vivra ! se disait-il... Elle vivra pour me pardonner et pour m'aimer...

LES THÈMES DU ROMANTISME

Si l'on peut parler d'une vision romantique de la réalité, comme on l'a vu précédemment, il convient d'observer que cette vision s'articule, en littérature, autour de thèmes majeurs qui rallient la plupart des écrivains et des œuvres. Ainsi, on peut faire des observations générales, établir des constantes. À cela s'ajoute la fréquente utilisation de certains procédés littéraires d'analogie, tels que la métaphore, la comparaison et la personnification, mais aussi d'opposition, comme l'antithèse, qui contribuent à concrétiser, à matérialiser les déchirements intérieurs de l'être. Cette partie propose un survol des thèmes fréquemment observés.

LE MAL DU SIÈCLE

« Tout me lasse. Je remorque avec peine mon ennui avec mes jours.
Et je vais partout bâillant ma vie. »
François René de Chateaubriand

Cette affirmation, d'un lyrisme exacerbé, illustre bien l'un des aspects morbides de l'âme romantique. Le profond ennui manifesté dans les œuvres de cette époque est le résultat du désœuvrement dans lequel est plongée la jeune génération du début du siècle. L'enthousiasme né des bouleversements sociaux au lendemain de la

Révolution, alimenté ensuite par les changements radicaux qu'imposait à la société française et à toute l'Europe le nouvel Empire, s'effrite bientôt devant la restauration de la monarchie. La génération montante, à la fois consciente de s'inscrire dans l'Histoire et impuissante à poursuivre la marche accélérée de celle-ci, se désespère de mener à bien le grand projet de ses pères.

Jean-Léon Gérôme (1824-1904). *Pygmalion et Galatea* (vers 1890). Metropolitan Museum of Art, New York, États-Unis.

La confession d'un enfant du siècle (1836)

D'Alfred de Musset

Trois éléments partageaient donc la vie qui s'offrait alors aux jeunes gens : derrière eux, un passé à jamais détruit, s'agitant encore sur ses ruines, avec tous les fossiles des siècles de l'absolutisme ; devant eux l'aurore d'un immense horizon, les premières clartés de l'avenir ; et entre ces deux mon-
5   des… quelque chose de semblable à l'Océan qui sépare le vieux continent de la jeune Amérique, je ne sais quoi de vague et de flottant, une mer houleuse et pleine de naufrages, traversée de temps en temps par quelque blanche voile lointaine ou par quelque navire soufflant une lourde vapeur ; le siècle pré-
10   sent, en un mot, qui sépare le passé de l'avenir, qui n'est ni l'un ni l'autre et qui ressemble à tous deux à la fois, et où l'on ne sait, à chaque pas qu'on fait, si l'on marche sur une semence ou sur un débris.
15   Voilà dans quel chaos il fallut choisir alors ; voilà ce qui se présentait à des enfants pleins de force et d'audace, fils de l'Empire et petit-fils de la Révolution.
        Or, du passé, il n'en voulait plus,
20   car la foi en rien ne se donne ; l'avenir, ils l'aimaient, mais quoi ! Comme Pygmalion Galathée : c'était pour eux comme une amante de marbre, et ils attendaient qu'elle s'animât, que le sang colorât ses veines.
        Il leur restait donc le présent, l'esprit du siècle, ange du crépuscule qui
25   n'est ni la nuit ni le jour ; ils le trouvèrent assis sur un sac de chaux plein d'ossements, serré dans le manteau des égoïstes, et grelottant d'un froid terrible.

Cette œuvre expose au départ ce mal du siècle que partagent les jeunes gens de la génération de Musset, leur sentiment d'avoir été trahis par l'Histoire. C'est en quelque sorte la fatalité qui décide de l'avenir. L'instabilité du présent s'incarne ici dans les procédés d'analogie (la comparaison, la métaphore et la personnification) ayant trait au monde marin (l'*Océan*), en rupture avec les espaces terrestres que sont le passé (le *vieux continent*) et l'avenir (la *jeune Amérique*).

Outre l'abîme historique qui surgit tout à coup, il en est un encore plus étouffant pour l'être romantique : le gouffre intérieur. C'est ce qu'exprime déjà Rousseau par son cri : « J'étouffe dans l'univers ! », qui fait surgir l'angoisse intérieure, l'ennui absolu, ce qu'on a aussi nommé « le Mal de la vie ». Le poète romantique se fera le chantre de cette souffrance intime, par ailleurs partagée par toutes les âmes humaines. Madame de Staël l'avait très tôt observé en affirmant que ce qui poussait le romantique à écrire était le « sentiment douloureux de l'incomplet de sa destinée ».

LE LYRISME

> « Rien ne nous rend si grand qu'une grande douleur. »
> *Alfred de Musset*

Jean-Jacques Rousseau, le premier à avoir manifesté dans ses œuvres l'état d'âme romantique (*Julie ou La nouvelle Héloïse* paraît en 1761), plus répandu dans les générations qui lui succèdent, parle de « l'art de concentrer ses sentiments autour de son cœur ». L'être romantique, en effet, privilégie ce qu'il y a d'unique en lui. C'est donc de lui essentiellement qu'il s'agira dans les textes lyriques. Une quantité considérable d'œuvres de cette époque ne portent-elles pas les titres éloquents de *mémoires*, de *confessions*[1] ? Centré sur lui-même (« égocentrique » serait le terme approprié s'il n'avait pas une connotation résolument péjorative), le romantique tente de faire partager aux autres hommes son unicité, sa singularité, dans des textes caractérisés par l'abondance du « je » – qui souligne l'omniprésence du « moi » unique – et de sentiments intimes.

L'être romantique pénètre donc en lui-même, ausculte son âme, cherche en lui la source des maux qui le consument. Le lyrisme, comme le terme le laisse présager (il vient de « lyre » qui signifie « chant »[2]), est une complainte, voire une lamentation. Et ce qu'on entend de ce chant est la présence de forces contradictoires qui habitent le cœur de l'homme. Car autant sa douleur est profonde, autant l'absence de douleur plonge le romantique dans un état de désœuvrement. Et la souffrance qui l'assaille est perçue à la fois comme une fatalité et comme un privilège.

Le romantique est en quelque sorte responsable et victime de sa subjectivité exaltée. L'intensité qui caractérise sa vie fait que celle-ci s'achève souvent prématurément. En effet, les cas de suicide et de folie chez les jeunes adultes sont exceptionnellement nombreux à cette époque[3], comme si la fin tragique était l'aboutissement naturel d'une vie intérieure profondément intense.

---

1. *Les mémoires d'outre-tombe*, de François René de Chateaubriand, ainsi que *Les confessions*, de Jean-Jacques Rousseau, sont parmi les exemples les plus célèbres.
2. La lyre est par ailleurs l'instrument de musique qui symbolise la poésie.
3. On a vu déjà l'influence morbide qu'exerce *Werther* sur la jeune génération.

EXTRAIT

René ou Le génie du christianisme (1802)

De François René de Chateaubriand

Mais comment exprimer cette foule de sensations fugitives que j'éprouvais dans mes promenades? Les sons que rendent les passions dans le vide d'un cœur solitaire ressemblent au murmure que les vents et les eaux font entendre dans le silence d'un désert: on en jouit, mais on ne peut les peindre.

5   L'automne me surprit au milieu de ces incertitudes: j'entrai avec ravissement dans les mois des tempêtes. Tantôt j'aurais voulu être un de ces guerriers errant au milieu des vents, des nuages et
10   des fantômes; tantôt j'enviais jusqu'au sort du pâtre que je voyais réchauffer ses mains à l'humble feu de broussailles qu'il avait allumé au coin d'un bois. J'écoutais ses chants mélancoliques, qui me rappe-
15   laient que dans tout pays le chant naturel de l'homme est triste, lors même qu'il exprime le bonheur. Notre cœur est un instrument incomplet, une lyre où il manque des cordes et où nous sommes forcés de rendre les accents de la joie
20   sur le ton consacré aux soupirs.

René est un être exalté qui cherche sans relâche à faire comprendre à ses compagnons, Chactas et le père Souël, la puissance de ses transports. Dans le présent extrait, l'usage fréquent de la personnification, la comparaison entre les sentiments de l'homme et la nature, les figures d'opposition même permettent l'expression du trouble profond ressenti par le personnage. Le lyrisme s'exprime dans la fusion, grâce aux figures d'analogie, entre la plainte de l'homme, celle de la nature et celle de la lyre.

Le jour, je m'égarais sur de grandes bruyères terminées par des forêts. Qu'il fallait peu de chose à ma rêverie! une feuille séchée que le vent chassait devant moi, une cabane dont la fumée s'élevait dans la cime dépouillée des arbres, la mousse qui tremblait au souffle du nord sur le tronc d'un chêne,
25   une roche écartée, un étang désert où le jonc flétri murmurait! Le clocher solitaire s'élevant au loin dans la vallée a souvent attiré mes regards; souvent j'ai suivi des yeux les oiseaux de passage qui volaient au-dessus de ma tête. Je me figurais les bords ignorés, les climats lointains où ils se rendent; j'aurais voulu être sur leurs ailes. Un secret instinct me tourmentait; je sentais que
30   je n'étais moi-même qu'un voyageur, mais une voix du ciel semblait me dire: «Homme, la saison de ta migration n'est pas encore venue; attends que le vent de la mort se lève, alors tu déploieras ton vol vers ces régions inconnues que ton cœur demande.»

Levez-vous vite, orages désirés qui devez emporter René dans les
35   espaces d'une autre vie! Ainsi disant, je marchais à grands pas, le visage enflammé, le vent sifflant dans ma chevelure, ne sentant ni pluie, ni frimas, enchanté, tourmenté et comme possédé par le démon de mon cœur.

La nuit lorsque l'aquilon ébranlait ma chaumière, que les pluies tombaient en torrent sur mon toit, qu'à travers ma fenêtre je voyais la lune sillon-
40   ner les nuages amoncelés, comme un pâle vaisseau qui laboure les vagues, il me semblait que la vie redoublait au fond de mon cœur, que j'aurais la puissance de créer des mondes.

L'ÉCHO ROMANTIQUE AU QUÉBEC

Antoine Gérin-Lajoie (1824-1882) est journaliste, avocat et écrivain. Il manifeste très tôt un intérêt pour la poésie et compose, à la mémoire des Patriotes déportés en Australie après la Rébellion de 1837-1838, les célèbres vers qui suivent. Chantés d'abord dans son collège puis dans tout le Bas-Canada, ces vers, empreints d'un lyrisme personnel et patriotique, marquent dorénavant l'imaginaire québécois de la nostalgie liée à l'exil.

Un Canadien errant (1842)

Un Canadien errant,
Banni de ses foyers,
Parcourait en pleurant
Des pays étrangers.

5   Un jour, triste et pensif,
Assis au bord des flots,
Au courant fugitif,
Il adressa ces mots :

Si tu vois mon pays,
10 Mon pays malheureux,
Va dire à mes amis
Que je me souviens d'eux.

Ô jours si plein d'appas,
Vous êtes disparus...
15 Et mon pays, hélas !
Je ne le verrai plus.

Plongé dans les malheurs,
Loin de mes chers parents,
Je passe dans les pleurs
20 D'infortunés moments.

Pour jamais séparé
Des amis de mon cœur,
Hélas ! oui je mourrai,
Je mourrai de douleur.

25 Non, mais en expirant,
Ô mon cher Canada,
Mon regard languissant,
Vers toi se portera.

LA NATURE

Dans sa conception organique de l'univers, le romantique redonne à la nature son aspect autonome et vivant. Loin de chercher à la répertorier comme le faisait l'homme du XVIIIᵉ siècle, il reconnaît et apprécie en elle sa diversité infinie, sa capacité de renouvellement et son unité intrinsèque. Elle se présente ainsi affranchie de l'intervention humaine. Elle s'oppose à la culture, et cette grande dichotomie[1] (nature/culture) permet au romantique de la décrire comme vraie et saine, comme un rempart contre la tromperie et la corruption sociales. Elle devient l'alliée du romantique : alliée dans sa révolte contre la raison qui règne sur tout, et même sur l'âme ; alliée contre la forme classique qui réglemente et assujettit les élans chaotiques de la sensibilité humaine.

Alliée, la nature l'est aussi par sa conformité avec la nature humaine. S'il arrive parfois qu'on rencontre dans les textes, comme c'est le cas avant le romantisme, une nature calme et sereine, celle-ci est plus souvent fougueuse et déchaînée, et ce n'est pas un hasard si l'automne est la saison de prédilection de l'écrivain romantique. Dans ses élans intempestifs, la nature est souvent assimilée aux sentiments humains et sert ainsi dans les textes à rendre perceptibles les bouleversements intérieurs.

Alliée, la nature l'est enfin quand elle sert de refuge et de confidente au romantique qui, incompris de ses contemporains, cherche à fuir leur compagnie. Il trouve alors en elle la sérénité nécessaire à l'apaisement des transports de son cœur.

EXTRAIT — Les rêveries du promeneur solitaire (1782, écrit de 1776 à 1778)

De Jean-Jacques Rousseau

De toutes les habitations où j'ai demeuré (et j'en ai eu de charmantes), aucune ne m'a rendu si véritablement heureux et ne m'a laissé de si tendres regrets que l'île de Saint-Pierre au milieu du lac de Bienne[2]. Cette petite île qu'on appelle à Neuchâtel l'île de La Motte est bien peu
5 connue, même en Suisse. Aucun voyageur, que je sache, n'en fait mention. Cependant elle est très agréable et singulièrement située pour le bonheur d'un homme qui aime à se circonscrire ; car
10 quoique je sois peut-être le seul au monde à qui sa destinée en ait fait une loi, je ne puis croire être le seul qui ait un goût si naturel, quoique je ne l'aie trouvé jusqu'ici chez nul autre.

> Le réconfort que Jean-Jacques Rousseau ressent dans son refuge du lac de Bienne se traduit par un véritable hymne à la nature, où l'on perçoit à chaque instant la blessure infligée par la persécution dont il est l'objet. Les énumérations de cet extrait permettent au lecteur d'accompagner le narrateur dans ses promenades, ses rêveries.

1. Opposition binaire d'éléments abstraits complémentaires. (*Le Robert*)
2. En Suisse.

15   Les rives du lac de Bienne sont plus sauvages et romantiques[1] que celles du lac de Genève, parce que les rochers et les bois y bordent l'eau de plus près, mais elles ne sont pas moins riantes. S'il y a moins de culture de champs et de vignes, moins de villes et de maisons, il y aussi plus de verdure naturelle, plus de prairies, d'asiles ombragés de bocages, des contras-
20   tes plus fréquents et des accidents plus rapprochés. Comme il n'y a pas sur ces heureux bords de grandes routes commodes pour les voitures, le pays est peu fréquenté par les voyageurs ; mais il est intéressant pour des contemplatifs solitaires qui aiment à s'enivrer à loisir des charmes de la nature, et à se recueillir dans un silence que ne trouble aucun autre bruit que le cri des
25   aigles, le ramage entrecoupé de quelques oiseaux, et le roulement des torrents qui tombent de la montagne !
        [...]
        C'est dans cette île que je me réfugiai après la lapidation de Motiers[2]. J'en trouvai le séjour si charmant, j'y menais une vie si convenable à mon humeur que, résolu d'y finir mes jours, je n'avais d'autre inquiétude sinon qu'on ne me
30   laissât pas exécuter ce projet qui ne s'accordait pas avec celui de m'entraîner en Angleterre, dont je sentais déjà les premiers effets. Dans les pressentiments qui m'inquiétaient j'aurais voulu qu'on m'eût fait de cet asile une prison perpétuelle, qu'on m'y eût confiné pour toute ma vie, et qu'en m'ôtant toute puissance et tout espoir d'en sortir on m'eût interdit toute espèce de communication
35   avec la terre ferme de sorte qu'ignorant tout ce qui se faisait dans le monde j'en eusse oublié l'existence et qu'on y eût oublié la mienne aussi.

L'ÉVASION

Dans cette période d'agitation et d'incertitude qu'est la première moitié du XIXᵉ siècle, le romantique ressent une double inquiétude qui tient à la fois d'un vide existentiel et d'une nécessité de donner un sens au présent. C'est ce qui l'incite à chercher des assises stables dans le passé ou l'ailleurs. L'évasion, sous de multiples formes, lui permet de lutter contre cette angoisse.

L'attrait pour les voyages en terres nouvelles, par exemple, témoigne chez lui autant du désir de s'évader que de celui de reprendre contact avec une terre originelle, exempte des troubles du vieux continent, dorénavant mutilé par l'intervention de l'homme. L'évasion dans sa propre enfance ou dans celle de la civilisation traduit d'autre part un malaise par rapport au temps présent, tandis que c'est par l'imaginaire, dans ses rêveries ou ses fantaisies, que le romantique espère combler l'angoisse et le vide existentiel qui lui pèsent.

---

1. Ici, pour la première fois, le terme « romantique » est utilisé dans la langue française.
2. Depuis la parution de son *Émile ou De l'éducation*, Jean-Jacques Rousseau subit les foudres d'une partie de ses concitoyens. Chassé de France et de Genève, il fuit à Môtiers (en Suisse), qu'il devra bientôt quitter aussi.

EXTRAIT

Fantaisie dans *Odelettes* (1853)

De Gérard de Nerval

Il est un air pour qui je donnerais
Tout Rossini, tout Mozart et tout Weber,
Un air très vieux, languissant et funèbre,
Qui pour moi seul a des charmes secrets !
5   Or, chaque fois que je viens à l'entendre,
De deux cents ans mon âme rajeunit...
C'est sous Louis treize ; et je crois voir s'étendre
Un coteau vert, que le couchant jaunit.
Puis un château de briques à coins de pierre,
10 Aux vitraux teints de rougeâtres couleurs,
Ceints de grands parcs, avec une rivière
Baignant ses pieds, qui coule entre des fleurs ;
Puis une dame, à sa haute fenêtre,
Blonde aux yeux noirs, en ses habits anciens,
15 Que, dans une autre existence, peut-être,
J'ai déjà vue – et dont je me souviens !

Dans ce poème, l'auteur, propulsé au XVIIe siècle – la référence à Louis XIII nous situe sans doute possible – par un air de musique qui le touche personnellement, montre à la fois sa sensibilité propre et son intimité avec l'imaginaire universel. La description ici, moins métaphorique que réaliste, n'en est pas moins entièrement onirique à cause de cette référence au passé.

L'AMOUR

> « Quand j'en serais le maître,
> je t'aime trop pour te posséder jamais. »
> *Jean-Jacques Rousseau*

Parce que l'être romantique est un être de passion, il n'est pas étonnant que l'amour occupe une place de choix dans son œuvre. À l'opposé du libertinage du siècle précédent, où la frivolité caractérisait les rapports amoureux, l'amour romantique est puissant et troublant, mais tombe plus souvent qu'autrement sous le coup de la fatalité. Vouée à l'échec en effet pour des raisons de convention sociale (le refus de la mésalliance du père de Julie dans *Julie ou La nouvelle Héloïse*, de Jean-Jacques Rousseau) ou de convictions religieuses (Atala, dans l'œuvre éponyme de Chateaubriand, ne pourra épouser Chactas parce qu'il n'est pas chrétien), la relation amoureuse supporte mal les impératifs de la réalité et demeure souvent au stade du désir. Elle se limite alors à une admiration sans borne de l'être aimé, à une complicité spirituelle et sentimentale. L'union ne s'accomplit que rarement, ou très brièvement, et engendre le drame presque à tout coup.

Giuseppe Fraschen (1809-1886). *Dante et Virgile rencontrant les ombres de Francesca da Mimini et de Paolo Malatesta* (1846). Galleria d'arte moderna, Musei di Nervi, Gênes, Italie.

AUTEURE

George Sand (1804-1876)

La double origine d'Aurore Dupin, baronne Dudevant, née d'un père issu de la noblesse et d'une mère paysanne, n'est sûrement pas étrangère à la soif de liberté de George Sand, comme à son souci de justice et d'équité. Elle prétend hériter de sa mère un regard passionné sur la vie et une insoumission acharnée aux conventions. Vêtue en homme, cette femme étonnamment moderne, qui veut vivre librement dans la France du XIXᵉ siècle, choisit un pseudonyme masculin, fume la pipe et revendique l'indépendance, autant financière qu'amoureuse. Ses relations célèbres avec Alfred de Musset et le compositeur Frédéric Chopin, entre autres, ont largement contribué au mythe George Sand.

Indiana (1832)

E X T R A I T

[...] Indiana, vous m'eussiez trouvé là, à vos pieds, vous gardant en maître jaloux, vous servant en esclave, épiant votre premier sou-
5 rire, m'emparant de votre première pensée, de votre premier regard, de votre premier baiser...

— Assez, Assez ! dit Indiana toute éperdue, toute palpitante ; vous me
10 faites mal.

Indiana est la première œuvre d'Aurore Dupin signée du pseudonyme de George Sand. Elle permet à l'auteure de se faire connaître et de s'engager dans une carrière littéraire qui va durer plus de 45 ans.

Indiana, mariée à monsieur Delmare, homme rustre et beaucoup plus vieux qu'elle, voit sa vie bouleversée par l'arrivée de Raymon, qu'on amène un jour blessé et inconscient auprès d'elle. Dans la déclaration amoureuse que fait Raymon à Indiana, on retrouve à la fois l'amour interdit, qu'on repousse et qu'on désire ardemment, et l'image quasi irréelle de l'être aimé, qui, par les procédés d'analogie constants, prend davantage l'aspect sublime de l'ange, de la déesse, que de la femme.

Et pourtant, si l'on mourait de bonheur, Indiana serait morte en ce moment.

— Ne me parlez pas ainsi, lui dit-elle, à moi qui ne dois pas être heureuse ; ne me montrez pas le ciel sur la terre, à moi qui suis marquée pour mourir.

— Pour mourir ! s'écria Raymon avec force en la saisissant dans ses bras ; toi,
15 mourir ! Indiana ! mourir avant d'avoir vécu, avant d'avoir aimé !... Non, tu ne mourras pas ; ce n'est pas moi qui te laisserai mourir, car ma vie maintenant est liée à la tienne. Tu es la femme que j'avais rêvée, la pureté que j'adorais ; la chimère qui m'avait toujours fui, l'étoile brillante qui luisait devant moi pour me dire : « Marche encore dans cette vie de misère, et le ciel t'enverra un de
20 ses anges pour t'accompagner. » De tout temps, tu m'étais destinée, ton âme était fiancée à la mienne, Indiana ! Les hommes et leurs lois de fer ont disposé de toi ; ils m'ont arraché la compagne que Dieu m'eût choisie, si Dieu n'oubliait parfois ses promesses. Mais que nous importent les hommes et les lois, si je t'aime encore au bras d'un autre, si tu peux encore m'aimer, maudit et mal-
25 heureux que je suis de t'avoir perdue ! Vois-tu, Indiana, tu m'appartiens, tu es

la moitié de mon âme, qui cherchait depuis longtemps à rejoindre l'autre. Quand tu rêvais d'un ami à l'île Bourbon, c'était de moi que tu rêvais ; quand, au nom d'époux, un doux frisson de crainte et d'espoir passait dans ton âme, c'est que je devais être ton époux. Ne me reconnais-tu pas ? ne te semble-t-il
30 pas qu'il y a vingt ans que nous ne nous sommes vus ? Ne t'ai-je pas reconnue, ange, lorsque tu étanchais mon sang avec ton voile, lorsque tu plaçais ta main sur mon cœur éteint pour y ramener la chaleur et la vie ? Ah ! je m'en souviens bien, moi. Quand j'ouvris les yeux, je me dis : « La voilà ! c'est ainsi qu'elle était dans tous mes rêves, blanche, mélancolique et bienfaisante. C'est
35 mon bien, à moi, c'est elle qui doit m'abreuver de félicités inconnues. » Et déjà la vie physique que je venais de retrouver était ton ouvrage. Car ce ne sont pas des circonstances vulgaires qui nous ont réunis, vois-tu ; ce n'est ni le hasard ni le caprice, c'est la fatalité, c'est la mort, qui m'ont ouvert les portes de cette vie nouvelle. C'est ton mari, c'est ton maître qui, obéissant à son des-
40 tin, m'a apporté tout sanglant dans sa main, et qui m'a jeté à tes pieds en te disant : « Voilà pour vous. » Et maintenant, rien ne peut nous désunir...

UN PASSAGE DISCRET POUR DES CHANGEMENTS DÉCISIFS

Les dernières années de cette première moitié du XIXe siècle voient émerger une autre sensibilité, et avec elle des œuvres qui se détachent du romantisme. *Le rouge et le noir,* de Stendhal, porte à la fois la marque romantique et passe pour l'un des premiers romans modernes, détaché du lyrisme dominant. À la même époque, les premières œuvres de Balzac sont romantiques, tandis que les suivantes sont résolument réalistes. Dorénavant, les poètes se réservent la poésie et les romanciers abandonnent l'âme romantique pour devenir les prosateurs réputés de la seconde moitié du siècle. Ainsi, en 1857, apparaissent deux œuvres qui incarnent les courants nouveaux : *Les fleurs du mal,* de Charles Baudelaire, et *Madame Bovary,* de Gustave Flaubert. Celles-ci marquent le demi-siècle naissant de visions plus éparses de la réalité que ne l'aura été le demi-siècle romantique.

Chapitre 2

Le réalisme et le symbolisme : un pas dans la modernité

Vincent Van Gogh (1853-1890). *La nuit étoilée* (1889). The Museum of Modern Art, New York, États-Unis.

Au fil du temps

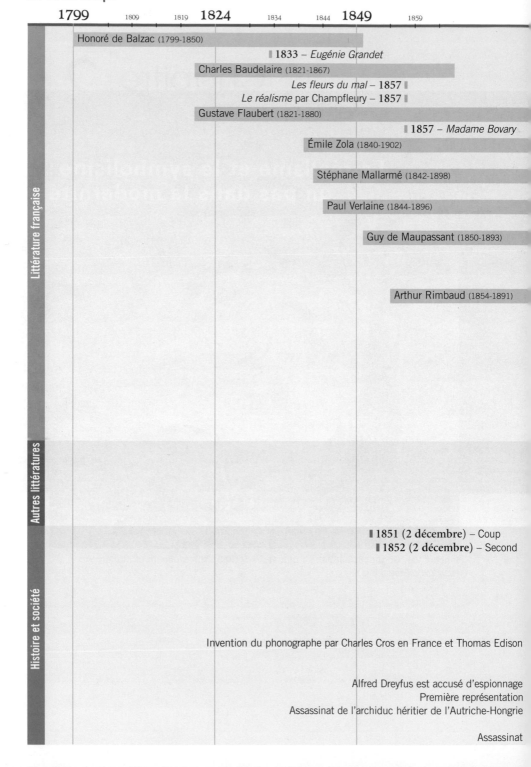

| 1799 | 1809 | 1819 | **1824** | 1834 | 1844 | **1849** | 1859 |

Honoré de Balzac (1799-1850)

▌**1833** – *Eugénie Grandet*

Charles Baudelaire (1821-1867)

Les fleurs du mal – **1857** ▌
Le réalisme par Champfleury – **1857** ▌

Gustave Flaubert (1821-1880)

▌**1857** – *Madame Bovary*

Émile Zola (1840-1902)

Stéphane Mallarmé (1842-1898)

Paul Verlaine (1844-1896)

Guy de Maupassant (1850-1893)

Arthur Rimbaud (1854-1891)

Littérature française

Autres littératures

Histoire et société

▌**1851 (2 décembre)** – Coup
▌**1852 (2 décembre)** – Second

Invention du phonographe par Charles Cros en France et Thomas Edison

Alfred Dreyfus est accusé d'espionnage
Première représentation
Assassinat de l'archiduc héritier de l'Autriche-Hongrie

Assassinat

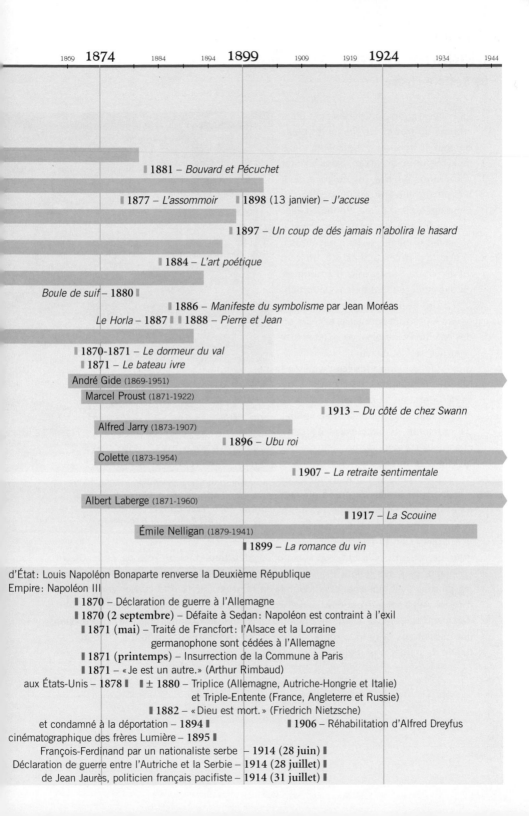

1869 **1874**   1884   1894 **1899**   1909   1919 **1924**   1934   1944

1881 – *Bouvard et Pécuchet*

1877 – *L'assommoir*   1898 (13 janvier) – *J'accuse*

1897 – *Un coup de dés jamais n'abolira le hasard*

1884 – *L'art poétique*

Boule de suif – 1880

1886 – **Manifeste du symbolisme** par Jean Moréas
Le Horla – 1887   1888 – *Pierre et Jean*

1870-1871 – *Le dormeur du val*
1871 – *Le bateau ivre*

André Gide (1869-1951)

Marcel Proust (1871-1922)

1913 – *Du côté de chez Swann*

Alfred Jarry (1873-1907)

1896 – *Ubu roi*

Colette (1873-1954)

1907 – *La retraite sentimentale*

Albert Laberge (1871-1960)

1917 – *La Scouine*

Émile Nelligan (1879-1941)

1899 – *La romance du vin*

d'État: Louis Napoléon Bonaparte renverse la Deuxième République
Empire: Napoléon III
1870 – Déclaration de guerre à l'Allemagne
1870 (2 septembre) – Défaite à Sedan: Napoléon est contraint à l'exil
1871 (mai) – Traité de Francfort: l'Alsace et la Lorraine
germanophone sont cédées à l'Allemagne
1871 (printemps) – Insurrection de la Commune à Paris
1871 – «Je est un autre.» (Arthur Rimbaud)
aux États-Unis – 1878   ± 1880 – Triplice (Allemagne, Autriche-Hongrie et Italie)
et Triple-Entente (France, Angleterre et Russie)
1882 – «Dieu est mort.» (Friedrich Nietzsche)
et condamné à la déportation – 1894   1906 – Réhabilitation d'Alfred Dreyfus
cinématographique des frères Lumière – 1895
François-Ferdinand par un nationaliste serbe – 1914 (28 juin)
Déclaration de guerre entre l'Autriche et la Serbie – 1914 (28 juillet)
de Jean Jaurès, politicien français pacifiste – 1914 (31 juillet)

EXTRAIT

Madame Bovary
De Gustave Flaubert

La conversation de Charles était plate
comme un trottoir de rue, et les idées
de tout le monde y défilaient, dans
leur costume ordinaire, sans exciter
5 d'émotion, de rire ou de rêverie. Il
n'avait jamais été curieux, disait-il,
pendant qu'il habitait Rouen, d'aller
voir au théâtre les acteurs de Paris. Il
ne savait ni nager, ni faire des armes,
10 ni tirer le pistolet, et il ne put, un jour,
lui expliquer un terme d'équitation
qu'elle avait rencontré dans un roman.

Un homme, au contraire, ne
devait-il pas tout connaître, exceller en
15 des activités multiples, vous initier aux
énergies de la passion, aux raffine-
ments de la vie, à tous les mystères ?
Mais il n'enseignait rien, celui-là, ne
savait rien, ne souhaitait rien. Il la
20 croyait heureuse ; et elle lui en voulait
de ce calme si bien assis, de cette
pesanteur sereine, du bonheur même
qu'elle lui donnait.

Elle dessinait quelquefois ; et
25 c'était pour Charles un grand amuse-
ment que de rester là, tout debout, à
la regarder penchée sur son carton, cli-
gnant des yeux, afin de mieux voir son

James Abbott McNeill Whistler (1834-1903).
Arrangement in Grey and Black Number 2:
Portrait of Thomas Carlyle (1872-1873).
Kelvingrove Art Gallery and Museum,
Glasgow, Royaume-Uni.

ouvrage, ou arrondissant, sur son pouce, des boulettes de mie de pain. Quant
30 au piano, plus ses doigts y couraient vite, plus il s'émerveillait. Elle frappait sur
les touches avec aplomb, et parcourait du haut en bas tout le clavier sans s'interrompre. Ainsi secoué par elle, le vieil instrument, dont les cordes frisaient, s'entendait jusqu'au bout du village si la fenêtre était ouverte, et souvent le clerc de huissier
qui passait sur la grande route, nu-tête et en chaussons, s'arrêtait à l'écouter, sa
35 feuille de papier à la main.

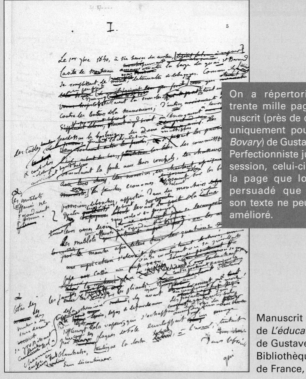

On a répertorié environ trente mille pages de manuscrit (près de quatre mille uniquement pour *Madame Bovary*) de Gustave Flaubert. Perfectionniste jusqu'à l'obsession, celui-ci ne tourne la page que lorsqu'il est persuadé que rien dans son texte ne peut plus être amélioré.

Manuscrit autographe de *L'éducation sentimentale* de Gustave Flaubert. Bibliothèque nationale de France, Paris, France.

Le personnage de Charles Bovary, victime, dès les premières lignes de l'œuvre, de l'ironie mordante de son auteur, est l'incarnation romancée du bourgeois moyen que voulait offrir Gustave Flaubert (1821-1880) à la postérité. Il représente à la fois l'homme ennuyeux et le travailleur acharné, le médiocre exécutant dépourvu d'atouts, l'exact antagoniste de l'aristocrate cultivé et sensible que le bourgeois tente d'imiter, et auquel Emma, dans cet extrait, compare son triste mari. Charles est ici défini précisément par ce qu'il n'est pas, comme s'il était impossible, pour son épouse, de trouver en lui le moindre élément digne d'intérêt.

Les descriptions méticuleuses de Flaubert, son ironie à peine voilée, ses sous-entendus de même que l'attention qu'il porte à l'ordinaire de la vie tranchent catégoriquement avec le ton romantique de la première moitié du siècle et font de *Madame Bovary*, publié en 1857, un des premiers et des plus importants modèles du roman réaliste, ce nouveau courant qui prédomine dans la prose de la seconde moitié du XIXe siècle.

DORÉNAVANT, LE RÈGNE BOURGEOIS

L a seconde moitié du XIXe siècle verra se consolider définitivement le pouvoir de la bourgeoisie, et s'éteindre les derniers vestiges de la classe qui aura régné sur la France pendant plusieurs siècles : la noblesse.

L'EMPIRE

« L'Empire, c'est la paix. »
Louis Napoléon Bonaparte, automne 1852

Ainsi parlait Louis Napoléon Bonaparte, alors prince-président de la Deuxième République, laquelle a succédé à la monarchie de Juillet. Le règne de Louis-Philippe d'Orléans marque la fin de la monarchie en France, même si certains partis royalistes prennent temporairement le pouvoir[1]. Le Second Empire, que dirige Napoléon III, remplace rapidement la Deuxième République, renversée par un coup d'État le 2 décembre 1851. Louis Napoléon Bonaparte, neveu de Napoléon Ier, se proclame empereur le 2 décembre de l'année suivante. D'abord autoritaire pour assurer sa pérennité, l'Empire devient plus libéral au fil des années. Bien qu'il ne possède pas le charisme de son oncle, l'empereur Louis Napoléon est davantage apprécié pour ses actions que pour le personnage qu'il cherche en vain à incarner. Sa politique extérieure ainsi que sa victoire au cours des guerres de Crimée et d'Italie renforcent sa crédibilité auprès des Français.

Aujourd'hui, on retient surtout la volonté de l'empereur d'assurer à la France sa participation à l'ère industrielle, motivée par la conviction que le progrès industriel et le progrès social sont interreliés. À sa demande, le baron Haussmann entreprend la réfection du centre de Paris, organisé dorénavant en grands axes rectilignes. Le réseau de chemins de fer, qui s'étendait sur trois mille kilomètres au début des années 1850, atteint dix-huit mille kilomètres en 1870. C'est à cette époque que sont fondées les premières banques modernes, qui accordent les fonds nécessaires au démarrage d'entreprises et au financement d'industries, dont l'essor est alors spectaculaire. On assiste à l'avancée inexorable de ce qu'on nomme le progrès alors que l'idée de productivité est de plus

Gustave Caillebotte (1848-1894).
Rue de Paris, temps de pluie (1877).
Art Institute of Chicago, Chicago, États-Unis.

en plus perçue comme une valeur absolue. En asservissant l'homme et la nature au nom du progrès, la révolution industrielle accentue les écarts entre les classes

---

1. Par exemple le parti de l'Ordre, en 1849 et 1850.

sociales et prépare le nouveau monde ouvrier à livrer de grandes batailles. La bourgeoisie, de son côté, tant celle des grands industriels que celle des commerçants, apparaît comme le levier indispensable à cette orientation capitaliste de la France, ce qui lui permet de se maintenir au pouvoir.

Il s'agit là d'un pas significatif dans la course effrénée vers la modernisation du pays. La guerre déclarée à l'Allemagne en 1870, et qui se solde par la défaite, à Sedan, des troupes de l'empereur, sonne pourtant le glas de l'Empire. Napoléon est contraint à l'exil. Le traité de Francfort, signé par les responsables des deux pays (Bismarck[1] et Thiers[2]) en mai 1871, à la suite de la capitulation de Paris, cède l'Alsace et la Lorraine germanophone à l'Allemagne. L'insurrection de la Commune[3] qui s'ensuit est écrasée en quelques mois. Elle fait au-delà de vingt mille morts et provoque consternation et abattement dans la population parisienne, qui s'en relèvera difficilement.

LA RÉPUBLIQUE

Si elle a considérablement perdu dans la guerre contre l'Allemagne, tant sur le plan territorial que sur le plan financier[4], la France n'en poursuit pas moins sa croissance industrielle et assure son entrée dans la modernité grâce à des changements sociaux et technologiques. De 1880 à 1885, les réformes sociales se succèdent : enseignement primaire gratuit, accès des jeunes filles à l'enseignement secondaire, liberté de presse et de réunion ainsi que liberté syndicale. Ces réformes confirment la tendance démocrate des institutions républicaines. Le socialisme devient une voie possible dans une société où les mouvements syndicaux, de plus en plus forts, mènent des luttes contre l'exploitation de l'homme par les grands industriels[5]. En 1904 et 1906, les syndicats obtiennent, non sans quelques épisodes de violence, la réduction de la journée de travail à dix heures et une journée de repos hebdomadaire obligatoire.

LA BELLE ÉPOQUE

La fin du XIXe et le début du XXe siècle consolident le passage de la France dans la modernité scientifique et technologique. L'extension des lignes de télégraphe et de téléphone améliore grandement les communications : en 1878, Charles Cros met au point le phonographe[6] ; en 1895, on assiste à Paris à la première représentation cinématographique des frères Lumière. Grâce aux récentes découvertes de la médecine, de nouvelles pratiques en matière d'hygiène sont instaurées. Les habitudes de vie

---

1. Ministre allemand qui accepta la formation d'un nouveau gouvernement afin de signer ce traité.
2. Chef du nouveau gouvernement d'union nationale et premier président de la Troisième République.
3. Soulèvement populaire (printemps 1871) de Parisiens, ouvriers et républicains, contre le gouvernement en place, en réaction à la capitulation.
4. La France doit payer à l'Allemagne une indemnisation de cinq milliards de francs-or, étalée sur trois ans.
5. L'« exploitation de l'homme par l'homme », comme l'affirmaient, dès 1848, Marx et Engels dans leur *Manifeste du parti communiste*.
6. Fait curieux, la même année, Thomas Edison présente la même invention aux États-Unis.

se transforment (salle de bains dans les maisons, culture physique, vacances, stations balnéaires, etc.) et révolutionnent le quotidien. C'est la «Belle Époque», le moment où l'Occident croit aveuglément au progrès. Pendant ce court laps de temps, qui s'étend de 1890 à 1914, l'optimisme est tel qu'on imagine un monde dorénavant sans famines, sans épidémies ni guerres. Pourtant, une nouvelle menace d'affrontement sourd déjà.

Auguste Renoir (1841-1919). *Le déjeuner des canotiers* (1881). The Philipps Collection, Washington, États-Unis.

Un événement qui fait date : l'affaire Dreyfus

Cette période qu'on a qualifiée, a posteriori surtout (après la guerre de 1914-1918), de Belle Époque comporte aussi son lot d'injustices et d'intolérance. Des inégalités flagrantes, notamment mises au jour par de dures batailles syndicales, montrent que ce bonheur n'est pas tout à fait généralisé. Ainsi, dans les années 1890, l'«affaire Dreyfus» fait surgir un aspect sombre de cette société idéale.

Parue à la une de *L'Aurore* du 13 janvier 1898, cette accusation sous forme de lettre ouverte engendre des répercussions considérables dans l'affaire Dreyfus. Le journal se vend à près de trois cent mille exemplaires. Zola est condamné à la prison (un an plus un mois) et à une amende. Il se réfugie en Angleterre jusqu'à la révision du procès, en 1899.

En 1894, le capitaine de l'armée française Alfred Dreyfus, d'origine juive, est accusé d'espionnage pour le compte de l'Allemagne et condamné à la déportation. Malgré les preuves fournies en 1896 démontrant son innocence, on hésite à le rapatrier. Les Français se divisent alors en deux camps : les *dreyfusards* et les *antidreyfusards*. Les premiers crient à l'injustice et défendent les droits de l'individu contre la suprématie de l'armée, tandis que les seconds, monarchistes, conservateurs et antisémites, tiennent à la primauté de la raison d'État face aux droits individuels. Alfred Dreyfus ne sera réhabilité qu'en 1906. Si cet événement est présenté ici comme un moment marquant dans l'histoire, c'est qu'il a provoqué des changements sociaux et politiques décisifs, et qu'il a transformé la perception du milieu littéraire par rapport à son engagement social et politique. En 1898, l'affaire Dreyfus entraîne la création de la Ligue des droits de l'homme et incite Émile Zola à publier son célèbre article intitulé «J'accuse…!».

LA PREMIÈRE GUERRE MONDIALE

Dans toute l'Europe impérialiste et dans les colonies survient à la fin du siècle une montée des nationalismes qui oblige les nations à former des alliances afin d'assurer un équilibre mondial. Les tensions s'accentuent lorsque, en 1905, la France négocie des ententes privilégiées avec le Maroc, ce à quoi s'oppose Guillaume II d'Allemagne. Les quelques tentatives d'apaisement ne peuvent suffire à éviter le pire ; et les peuples, d'ailleurs, sont prêts pour l'affrontement. Le 28 juin 1914, un nationaliste serbe assassine l'archiduc François-Ferdinand, héritier de l'Autriche-Hongrie : la guerre devient inévitable. Les ultimes appels à la paix ne sont pas entendus ; le 31 juillet, Jean Jaurès, homme politique français, socialiste et pacifiste, est assassiné pour avoir tenté de faire entendre raison à ses compatriotes. Enclenchée le 28 juillet entre l'Autriche et la Serbie, la guerre se généralise rapidement. On la prévoit courte et décisive (ce serait la « dernière guerre », la « der des der », comme on l'affirme alors) : elle se révèle interminable, cruelle et immensément meurtrière.

LES ARTS, LA LITTÉRATURE ET L'ÉTAT BOURGEOIS

Depuis que la révolution industrielle a consolidé le pouvoir bourgeois, on assiste à une dégradation des relations entre les artistes et leurs contemporains. Les nouvelles valeurs mercantiles et conservatrices de la société bourgeoise rendent celle-ci peu encline aux changements qui risqueraient d'ébranler son pouvoir. Dans ce contexte, l'artiste qui cherche à remettre en question ou à transformer les orientations sociales devient alors suspect et est tenu à distance. Le bourgeois se satisfait en revanche d'un art simple, accessible et conventionnel. Si l'art bourgeois, ainsi défini, est assuré d'un succès immédiat, il est aussi, à quelques exceptions près, condamné à l'oubli, bousculé de tous côtés par les impératifs de la modernité. Les artistes et les écrivains dont on retient encore les noms aujourd'hui contestent la vision traditionaliste de l'art bourgeois et imposent, à l'inverse, un art subversif, constamment révisé, renouvelé. Le fossé s'installe donc, de façon presque irrémédiable, entre les deux mondes, et la marginalisation sociale de l'artiste semble inévitable.

LA NOTION DE MODERNITÉ

Le concept de « modernité » embrasse des éléments différents selon les époques. Ainsi, l'expression « temps modernes » est souvent utilisée pour désigner le passage du Moyen Âge à la Renaissance ; les XVIIe et XVIIIe siècles sont manqués par la querelle littéraire entre les Anciens et les Modernes ; pour sa part, l'« époque moderne » renvoie aux transformations provoquées par la révolution industrielle. Mais il est un autre courant, appelé « modernité », conséquence de l'époque précédente, qui rend compte de l'ébranlement majeur des certitudes occidentales : c'est de cette modernité-là qu'il est question ici.

La fin du XIXᵉ siècle, on le constate, marque une rupture fondamentale avec le passé. Les progrès de la science et de la technique ne sont pas loin de convaincre l'homme de sa toute-puissance, et la science de l'âme (*psycho*-logie) devient un terrain privilégié pour de nouvelles expériences. Les séances d'hypnose, les recherches sur l'hystérie et bientôt les théories de Sigmund Freud sur le rêve font émerger l'hypothèse d'une part d'inconscient dans l'homme. Du coup, l'unité de l'être est menacée. « Je est un autre », avance audacieusement le poète Arthur Rimbaud dès 1871, alors qu'en 1882 le philosophe Friedrich Nietzsche annonce la mort de Dieu[1] et, de ce fait, l'écroulement de la morale établie. Albert Einstein, en 1905, bouleverse la science physique avec sa théorie de la relativité. Devant tant de certitudes anéanties, l'homme sent s'écrouler sous lui les fondements mêmes de sa société et cherche dorénavant à concevoir le monde différemment afin d'établir de nouvelles bases adaptées au contexte moderne.

Edvard Munch (1863-1944). *Le cri* (1893). Nasjonalgalleriet, Oslo, Norvège.

Cette vision nouvelle d'une réalité sans cesse en mouvement trouve un écho dans l'art et la littérature, quand elle n'y est pas d'abord amorcée. Bien que la modernité en littérature se situe entre 1890 et 1980, on en observe déjà, dans certaines œuvres réalisées dans les années 1850, des marques indiscutables.

1857 : L'ANNÉE CHARNIÈRE

L'année 1857 peut, à juste titre, être considérée comme une date charnière dans l'histoire de la littérature. Cette année-là paraissent en effet, coup sur coup, deux œuvres phares de la seconde moitié du XIXᵉ siècle. L'une, romanesque, s'impose en tant que modèle du courant réaliste : *Madame Bovary*, de Gustave Flaubert. L'autre représente en elle-même l'avènement de la modernité en littérature, en plus de préfigurer le symbolisme, courant poétique majeur de la fin du siècle. Il s'agit du recueil de poèmes de Charles Baudelaire intitulé *Les fleurs du mal*. La même année paraît aussi un manifeste intitulé *Le réalisme,* écrit et publié par Champfleury.

---

1. « Dieu est mort ! Dieu gît mort ! Et c'est nous qui l'avons tué ! » affirme Nietzsche dans son œuvre *Le gai savoir*. Même si elle avait été exprimée d'abord par Hegel au début du siècle, l'idée n'aura toutefois le retentissement qu'on lui connaît qu'avec Nietzsche.

LE RÉALISME

Si certains auteurs, comme Balzac, effectuent un passage graduel du romantisme au réalisme, d'autres se distancient radicalement du courant littéraire qui les précède. Le ton objectif, analytique et parfois ironique – comme on l'a vu chez Flaubert – tranche nettement avec les épanchements de l'âme romantique.

Ce qui distingue surtout l'auteur réaliste du romantique, outre la tonalité lyrique omniprésente du second, c'est le propos du texte. Le réaliste se penche de façon rigoureuse sur la réalité afin de rendre compte de la vie quotidienne de ses contemporains. Délaissant les récits épiques, il cherche à composer, afin de les laisser à la postérité, des fresques sociales dans lesquelles les travers des personnages rivalisent avec leur désespoir. À l'instar des scientifiques, le narrateur de ces œuvres, toujours extérieur à l'histoire, porte un regard objectif sur la société de son temps – du moins sa narration donne-t-elle au lecteur l'apparence de l'objectivité. Car rien n'est moins certain que cette objectivité dans laquelle l'auteur laisse poindre une critique sociale, parfois virulente ou amère, parfois empreinte de compassion ou encore résolument pessimiste.

Avant d'approfondir les diverses caractéristiques des textes réalistes et les thèmes fréquemment observés, il semble approprié de présenter ici quelques-uns des auteurs qui ont excellé dans l'analyse de la nature humaine et des comportements sociaux, notamment les trois chefs de file : Honoré de Balzac, Gustave Flaubert et Guy de Maupassant.

Edgar Degas (1834-1917). *Dans un café*, dit aussi *L'absinthe : Ellen Andrée et Marcellin Desboutin* – détail (vers 1875-1876). Musée d'Orsay, Paris, France.

AUTEUR

Honoré de Balzac (1799-1850)

« Saluez-moi, je suis tout bonnement en train de devenir un génie. »

C'est en ces termes que Balzac s'adresse à sa famille, à l'automne 1833, alors que germe en lui l'idée d'une suite de fictions dans lesquelles évolueraient les mêmes personnages. Ce projet en préfigure un autre, celui de *La comédie humaine,* fresque gigantesque comportant quatre-vingt-onze romans et nouvelles, que l'auteur met à peine vingt ans à réaliser, de 1829 à 1848.

Le jeune Balzac vient à Paris avec sa famille et y étudie le droit. Il fait paraître dans les années 1820 quelques œuvres sous les pseudonymes de Lord R'Hoone et d'Horace de Saint-Aubin. Quand sa famille quitte Paris, il y reste et tente une carrière dans l'imprimerie, puis dans l'édition. Mais ces expériences se soldent invariablement par des échecs. La légende veut que, ayant passé sa vie criblé de dettes, Balzac ait fui ses créanciers par un escalier dérobé aménagé dans la maison où il habitait.

Surnommé le père du roman moderne, perçu comme un visionnaire par Baudelaire, ce romancier insatiable donne à la littérature française une œuvre sans pareille, une étude sociologique précieuse, où l'analyse psychologique résulte du regard à la fois lucide et ironique qu'il pose sur ses contemporains. Balzac est bien plus qu'un simple observateur de la réalité. Sous sa plume, un banal négociant de province devient la parfaite illustration de la cupidité et de l'avarice.

Eugénie Grandet (1833)

EXTRAIT

— Ah ! ah ! mon enfant, dit-il en baisant sa fille sur les joues, je travaille pour toi, vois-tu ?... je veux ton bonheur. Il faut de l'argent pour être heu-
5 reux. Sans argent, bernique. Tiens, voilà un napoléon tout neuf, je l'ai fait venir de Paris. Nom d'un petit bonhomme, il n'y a pas un grain d'or ici. Il n'y a que toi qui as de l'or. Montre-
10 moi ton or, fifille.

[...]

— Ôte tout cela, dit Grandet à Nanon quand, vers onze heures, le déjeuner fut achevé; mais laisse-nous la table.

Nous serons plus à l'aise pour voir ton petit trésor, dit-il en regardant Eugénie.
15 Petit, ma foi, non. Tu possèdes, valeur intrinsèque, cinq mille neuf cent

Le personnage du père Grandet incarne dans tous ses travers le bourgeois rusé mais dépourvu d'humanité, bête et buté, obsédé par l'accumulation de sa fortune. Afin d'assurer un bel avenir à cet or qu'il vénère, il tente d'éduquer sa fille Eugénie, malencontreusement amoureuse d'un cousin qui s'est retrouvé déchu à la suite du suicide d'un père ruiné. À chacun de ses anniversaires, le père Grandet offre à sa fille une pièce d'or. Au matin de ses vingt ans, elle doit lui avouer avoir cédé sa fortune au cousin fourbe. Le changement de pronom personnel pour s'adresser à sa fille, quand la situation tourne au tragique, contraste durement avec le ton affectueux qui caractérise le délire du bonhomme dans son discours sur l'argent.

cinquante-neuf francs, et quarante de ce matin, cela fait six mille francs moins un. Eh! bien je te donnerai, moi, ce franc pour compléter la somme, parce que, vois-tu, fifille… — Eh bien, pourquoi nous écoutes-tu? Montre-moi tes talons, Nanon, et va faire ton ouvrage, dit le bonhomme.

20 Nanon disparut.

— Écoute, Eugénie, il faut que tu me donnes ton or. Tu ne le refuseras pas à ton pépère, ma petite fifille, hein?

Les deux femmes étaient muettes.

— Je n'ai plus d'or, moi. J'en avais, je n'en ai plus. Je te rendrai six mille
25 francs en livres, et tu vas les placer comme je vais te le dire. Il ne faut plus penser au douzain. Quand je te marierai, ce qui sera bientôt, je te trouverai un futur qui pourra t'offrir le plus beau douzain dont on aura jamais parlé dans la province. Écoute donc, fifille. Il se présente une belle occasion: tu peux mettre tes six mille francs dans le gouvernement, et tu en auras tous
30 les six mois près de deux cents francs d'intérêts, sans impôts, ni réparations, ni grêle, ni gelée, ni marée, ni rien de ce qui tracasse les revenus. Tu répugnes peut-être à te séparer de ton or, hein, fifille? Apporte-le-moi tout de même. Je te ramasserai des pièces d'or, des hollandaises, des portugaises, des rou- pies du Mogol, des génovines; et, avec celles que je te donnerai à tes fêtes,
35 en trois ans tu auras rétabli la moitié de ton joli petit trésor en or. Que dis-tu, fifille? Lève donc le nez. Allons, va le chercher, le mignon. Tu devrais me baiser sur les yeux pour te dire ainsi des secrets et des mystères de vie et de mort pour les écus. Vraiment les écus vivent et grouillent, comme des hommes: ça va, ça vient, ça sue, ça produit.

40 Eugénie se leva, mais, après avoir fait quelques pas vers la porte, elle se retourna brusquement, regarda son père en face et lui dit:

— Je n'ai plus *mon* or.

— Tu n'as plus ton or! s'écria Grandet en se dressant sur ses jarrets comme un cheval qui entend tirer le canon à dix pas de lui.

45 — Non, je ne l'ai plus.

— Tu te trompes, Eugénie.

— Non.

— Par la serpette de mon père!

Quand le tonnelier jurait ainsi, les planchers tremblaient.

50 — Bon saint, bon Dieu! voilà madame qui pâlit, cria Nanon.

— Grandet, ta colère me fera mourir, dit la pauvre femme.

— Ta, ta, ta, ta, vous autres, vous ne mourez jamais dans votre famille! — Eugénie, qu'avez-vous fait de vos pièces? cria-t-il en fondant sur elle.

Gustave Flaubert (1821-1880)

AUTEUR

Issu d'une famille bourgeoise (son père est un éminent médecin), Gustave Flaubert n'a pas dix ans qu'il éprouve déjà un furieux désir d'écrire. En 1837, alors qu'il est âgé de quinze ans, deux de ses contes sont publiés dans *Colibri,* une revue littéraire: *Bibliomanie* et *Une leçon d'histoire naturelle.*

En septembre 1851, il commence la rédaction de *Madame Bovary*, son œuvre maîtresse. Ce roman suivra Flaubert toute sa vie, au point de susciter chez lui un sentiment d'exaspération. L'œuvre est achevée en 1856 et publiée en feuilletons dans la *Revue de Paris*, d'octobre à décembre. Flaubert est alors poursuivi en justice pour atteinte aux bonnes mœurs à cause de l'héroïne, Emma, femme adultère qui finit par se suicider. Il est acquitté en février et fait paraître son roman dans sa version intégrale au mois d'avril 1857. Baudelaire rend hommage à *Madame Bovary* et à son auteur, tandis que Maupassant présente «l'apparition de *Madame Bovary*» comme «une révolution dans les lettres».

Son regard obstinément négatif, voire cynique, sur la vie (en 1847, il écrit: «je ne peux pas m'empêcher de garder une rancune éternelle à ceux qui m'ont mis au monde et qui m'y retiennent, ce qui est pire[1]») lui fait mettre en scène des antihéros, souvent bêtes, à qui la vie ne laisse aucune chance. On ne peut trouver meilleur exemple de ce parti pris que dans son œuvre posthume intitulée *Bouvard et Pécuchet*.

Bouvard et Pécuchet (1881)

EXTRAIT

Il manqua les brocolis, les aubergines, les navets – et du cresson de fontaine, qu'il avait voulu élever dans un baquet. Après le dégel, tous les artichauts
5 étaient perdus.

Les choux le consolèrent. Un, surtout, lui donna des espérances. Il s'épanouissait, montait, finit par être prodigieux et absolument incomestible.
10 N'importe! Pécuchet fut content de posséder un monstre.

Alors il tenta ce qui lui semblait être le summum de l'art: l'élève du melon.

Bouvard et Pécuchet est l'histoire ahurissante de deux amis (l'auteur les surnomme ses deux «cloportes») qui tentent de faire l'expérience des connaissances humaines et des techniques diverses et qui ne cessent de multiplier les échecs jusqu'à ce que, dégoûtés de tout, ils abandonnent leur projet. Le narrateur fournit ni plus ni moins qu'un rapport systématique de ces expériences, décrivant sur le même ton anodin des ouvrages théoriques réels, l'expérimentation des approches proposées, puis les échecs immanquablement essuyés. Les accumulations volontairement fastidieuses ont l'effet escompté, qui est de montrer la lancinante lourdeur des tâches accomplies par des amateurs naïvement enthousiastes.

Il sema les graines de plusieurs variétés dans des assiettes remplies de ter-
15 reau, qu'il enfouit dans sa couche. Puis, il dressa une autre couche; et quand

---

1. Dans une lettre adressée à Louise Colet le 21 janvier 1847.

elle eut jeté son feu repiqua les plants les plus beaux, avec des cloches par-dessus. Il fit toutes les tailles suivant les préceptes du bon jardinier, respecta les fleurs, laissa se nouer les fruits, en choisit un sur chaque bras, supprima les autres ; et dès qu'ils eurent la grosseur d'une noix, il glissa sous

Paul Gauguin (1848-1903).
Le Vallon (1891-1892). Collection privée.

20 leur écorce une planchette pour les empêcher de pourrir au contact du crottin. Il les bassinait, les aérait, enlevait avec son mouchoir 25 la brume des cloches – et si des nuages paraissaient, il apportait vivement des paillassons. La nuit, il n'en dormait pas. Plusieurs fois 30 même il se releva ; et pieds nus dans ses bottes, en chemise, grelottant, il traversait tout le jardin pour aller mettre sur les bâches la 35 couverture de son lit.

Les cantaloups mûrirent.

Au premier, Bouvard fit la grimace. Le second ne fut pas meilleur, le troisième non plus ; Pécuchet trouvait pour chacun une excuse nouvelle, jusqu'au dernier qu'il jeta par la fenêtre, déclarant n'y rien comprendre.

[...]

40 Après force méditations, Bouvard reconnut qu'il s'était trompé. Son domaine exigeait la grande culture, le système intensif, et il aventura ce qui lui restait de capitaux disponibles : trente mille francs.

Excité par Pécuchet, il eut le délire de l'engrais. Dans la fosse aux composts furent entassés des branchages, du sang, des boyaux, des plumes, tout ce 45 qu'il pouvait découvrir. Il employa la liqueur belge, le lizier suisse, la lessive *Da-Olmi*, des harengs saurs, du varech, des chiffons, fit venir du guano, tâcha d'en fabriquer — et poussant jusqu'au bout ses principes, ne tolérait pas qu'on perdît l'urine ; il supprima les lieux d'aisances. On apportait dans la cour des cadavres d'animaux, dont il fumait ses terres. Leurs charognes dépecées par-50 semaient la campagne. Bouvard souriait au milieu de cette infection. Une pompe installée dans un tombereau crachait du purin sur les récoltes. À ceux qui avaient l'air dégoûté, il disait : « Mais c'est de l'or ! c'est de l'or ! » – Et il regrettait de n'avoir pas encore plus de fumiers. Heureux les pays où l'on trouve des grottes naturelles pleines d'excréments d'oiseaux !

55 Le colza fut chétif, l'avoine médiocre ; et le blé se vendit fort mal, à cause de son odeur.

Guy de Maupassant (1850-1893)

Né en Normandie dans une famille tôt divisée, Guy de Maupassant vit avec sa mère, qui fréquente Flaubert, et avec son frère, Hervé. De santé fragile, le frère et la mère connaissent des troubles psychologiques qui éveillent chez l'écrivain une certaine inquiétude. La curiosité de Maupassant à l'égard des maladies de l'âme l'incite à suivre les conférences du docteur Charcot de 1884 à 1886, auxquelles assiste aussi Sigmund Freud à partir de 1886.

La syphilis, qu'il contracte au début des années 1890, lui fait consommer de l'éther et de la cocaïne pour soulager ses souffrances, ce qui va provoquer chez lui des hallucinations qui le mèneront à une tentative de suicide, puis à l'internement à la clinique du docteur Blanche, où il meurt en 1893.

Guy de Maupassant est le cadet des écrivains réalistes. Protégé de Flaubert, qui le présente à Émile Zola, il participe aux soirées de Médan, qui ont lieu à la résidence de Zola. Maupassant se fait connaître par sa nouvelle intitulée *Boule de suif* (1880), qu'il publie dans un recueil de textes collectifs, *Les soirées de Médan*. Il présente sa vision du réalisme dans la préface de *Pierre et Jean* (1888). Associé au mouvement naturaliste, il publie aussi des contes fantastiques, comme *Le Horla* (1887), qui ont marqué ce genre littéraire.

Boule de suif (1880)

EXTRAIT

La comtesse proposa de faire une promenade dans l'après-midi; alors le comte, comme il était convenu, prit le bras de Boule de suif, et demeura
5 derrière les autres, avec elle.

Il lui parla de ce ton familier, paternel, un peu dédaigneux, que les hommes posés emploient avec les filles, l'appelant « ma chère enfant », la traitant du
10 haut de sa position sociale, de son honorabilité indiscutée. Il pénétra tout de suite au vif de la question : « Donc vous préférez nous laisser ici, exposés comme vous-même à toutes les violences qui suivraient un échec des troupes prussiennes, plutôt que de consen-
15 tir à une de ces complaisances que vous avez eues si souvent en votre vie ? »

Boule de suif ne répondit rien.

Il la prit par la douceur, par le raisonnement, par les sentiments. Il sut rester « monsieur le comte », tout en se montrant galant quand il le fallut,

Boule de suif doit son surnom à ses chairs généreuses, qui constituent un attrait incontestable à l'époque. Pendant sa jeunesse, alors qu'elle était entretenue par des hommes à qui elle offrait ses charmes en retour, elle a su amasser suffisamment de biens matériels pour devenir une femme respectable. Cependant, la fréquentation de la société bourgeoise lui rappellera durement qu'elle restera à jamais, aux yeux de ces gens, une prostituée. Ironiquement, l'ex-prostituée fait plutôt figure de femme honnête face à ses hypocrites compagnons de voyage, qui la condamnent à se jeter dans les bras d'un Prussien afin de pouvoir poursuivre leur route.

AUTEUR

complimenteur, aimable enfin. Il exalta le service qu'elle leur rendrait, parla
20 de leur reconnaissance ; puis soudain, la tutoyant gaiement : « Et tu sais, ma
chère, il pourrait se vanter d'avoir goûté d'une jolie fille comme il n'en trouvera pas beaucoup dans son pays. »

Boule de suif ne répondit pas et rejoignit la société.

Aussitôt rentrée, elle monta chez elle et ne reparut plus. L'inquiétude était
25 extrême. Qu'allait-elle faire ? Si elle résistait, quel embarras !

L'heure du dîner sonna ; on l'attendit en vain. M. Follenvie, entrant alors,
annonça que Mme Rousset se sentait indisposée, et qu'on pouvait se mettre
à table. Tout le monde dressa l'oreille. Le comte s'approcha de l'aubergiste,
et, tout bas : « Ça y est ? — Oui. » Par convenance, il ne dit rien à ses compa-
30 gnons, mais il leur fit seulement un léger signe de la tête. Aussitôt un grand
soupir de soulagement sortit de toutes les poitrines, une allégresse parut sur
les visages. Loiseau cria : « Saperlipopette ! je paye du champagne si l'on en
trouve dans l'établissement » ; et Mme Loiseau eut une angoisse lorsque le
patron revint avec quatre bouteilles aux mains.

[...]

35 Le lendemain, un clair soleil d'hiver rendait la neige éblouissante. [...]

On n'attendait plus que Boule de suif. Elle parut.

Elle semblait un peu troublée, honteuse, et elle s'avança timidement vers ses
compagnons qui, tous, d'un même mouvement, se détournèrent comme s'ils
ne l'avaient pas aperçue. Le comte prit avec dignité le bras de sa femme et
40 l'éloigna de ce contact impur.

La grosse fille s'arrêta, stupéfaite ; alors, ramassant tout son courage, elle
aborda la femme du manufacturier d'un « bonjour, Madame » humblement
murmuré. L'autre fit de la tête seule un petit salut impertinent qu'elle accom-
pagna d'un regard de vertu outragée. Tout le monde semblait affairé. Et l'on
45 se tenait loin d'elle comme si elle eût apporté une infection dans ses jupes.
Puis on se précipita vers la voiture où elle arriva seule, la dernière, et reprit
en silence la place qu'elle avait occupée pendant la première partie de la route.

On semblait ne pas la voir, ne pas la connaître ; mais Mme Loiseau, la considérant de loin avec indignation, dit à mi-voix à son mari : « Heureusement que
50 je ne suis pas à côté d'elle. »

La lourde voiture s'ébranla et le voyage commença.

On ne parla point d'abord. Boule de suif n'osait pas lever les yeux. Elle se
sentait en même temps indignée contre tous ses voisins, et humiliée d'avoir
cédé, souillée par les baisers de ce Prussien entre les bras duquel on l'avait
55 hypocritement jetée.

L'ILLUSION DU VRAI

> « Celui-ci qui s'appelle lui-même réaliste, mot à double entente et dont le sens
> n'est pas bien déterminé, et que nous appellerons, pour mieux caractériser
> son erreur, un positiviste, dit : "Je veux représenter les choses telles
> qu'elles sont, ou telles qu'elles seraient, en supposant que je n'existe pas." »
> *Charles Baudelaire*

L'écrivain réaliste, comme son nom l'indique, cherche à rendre une vision du monde proche de la réalité. Mais on prétend trop souvent, et trop naïvement surtout, que le réalisme offre un compte rendu « photographique » de la réalité. Si Champfleury allait dans ce sens en 1857[1], Guy de Maupassant, dans la préface de son roman *Pierre et Jean* (1888), est beaucoup plus réaliste, précisément, puisqu'il souligne l'impossibilité, pour un auteur, de restituer la réalité dans son ensemble. Il s'agit plutôt pour lui de « donner l'illusion du vrai ».

Les choix des événements rapportés ne peuvent être impartiaux : l'auteur veut privilégier des aspects de la réalité ; il a un message à faire passer. Seulement, dans le compte rendu qu'il fera des événements retenus, il lui sera possible de donner l'apparence de la neutralité.

Henri de Toulouse-Lautrec
(1864-1901). *Conquête de passage*
(1896). Musée des Augustins,
Toulouse, France.

EXTRAIT

Préface de *Pierre et Jean* (1888)

De Guy de Maupassant

Mais en se plaçant au point de vue même de ces artistes réalistes, on doit discuter et contester leur théorie qui semble pouvoir être résumée par ces mots : « Rien
5 que la vérité et toute la vérité ».
    Leur intention étant de dégager la philosophie de certains faits constants et courants, ils devront souvent corriger les événements au profit de la vraisemblance
10 et au détriment de la vérité, car le vrai peut quelquefois n'être pas vraisemblable.

Les écrivains cherchent souvent, à partir du XIXe siècle surtout, à expliquer les choix littéraires de leur époque, comme pour faire comprendre au lecteur ce qui les différencie des générations précédentes et pour donner une certaine cohérence à l'ensemble des œuvres contemporaines. C'est ce que fait Guy de Maupassant dans la préface de son roman *Pierre et Jean*, écrite en 1887 et parue l'année suivante, où il montre la différence essentielle entre le roman réaliste et celui qui le précède.

---

1. Dans son texte intitulé *Le réalisme*.

Le réaliste, s'il est un artiste, cherchera, non pas à nous montrer la photographie banale de la vie, mais à nous en donner la vision plus complète, plus saisissante, plus probante que la réalité même.

15 Raconter tout serait impossible, car il faudrait alors un volume au moins par journée, pour énumérer les multitudes d'incidents insignifiants qui emplissent notre existence.

Un choix s'impose donc, – ce qui est une première atteinte à la théorie de toute la vérité.

20 La vie, en outre, est composée des choses les plus différentes, les plus imprévues, les plus contraires, les plus disparates ; elle est brutale, sans suite, sans chaîne, pleine de catastrophes inexplicables, illogiques et contradictoires qui doivent être classées au chapitre *faits divers*.

Voilà pourquoi l'artiste, ayant choisi son thème, ne prendra dans cette
25 vie encombrée de hasards et de futilités que les détails caractéristiques utiles à son sujet, et il rejettera tout le reste, tout l'à-côté.

Un exemple entre mille :

Le nombre des gens qui meurent chaque jour par accident est considérable sur la terre. Mais pouvons-nous faire tomber une tuile sur la tête d'un
30 personnage principal, ou le jeter sous les roues d'une voiture, au milieu d'un récit, sous prétexte qu'il faut faire la part de l'accident ?

La vie encore laisse tout au même plan, précipite les faits ou les traîne indéfiniment. L'art, au contraire, consiste à user de précautions et de préparations, à ménager des transitions savantes et dissimulées, à mettre en pleine
35 lumière, par la seule adresse de la composition, les événements essentiels et à donner à tous les autres le degré de relief qui leur convient, suivant leur importance, pour produire la sensation profonde de la vérité spéciale qu'on veut montrer.

Faire vrai consiste donc à donner l'illusion complète du vrai, suivant la
40 logique ordinaire des faits, et non à les transcrire servilement dans le pêlemêle de leur succession.

J'en conclus que les Réalistes de talent devraient s'appeler plutôt des Illusionnistes.

La dénonciation

Plusieurs transformations au sein de la société contribuent à l'émergence du courant réaliste en littérature. L'avènement de la société bourgeoise en fait partie. Les rapports que les écrivains entretiennent avec elle sont souvent difficiles. Issus de cette classe sociale, les romanciers s'en dissocient et condamnent la médiocrité des valeurs qu'elle prône, telles que l'argent et le travail. Il n'est donc pas étonnant de constater dans les romans de cette époque une certaine tendance à la dénonciation, exprimée sur un ton grave ou ironique, selon les auteurs.

Pierre et Jean (1888)

De Guy de Maupassant

« Zut ! » s'écria tout à coup le père Roland, qui depuis un quart d'heure demeurait immobile, les yeux fixés sur l'eau, et soulevant par moments, d'un mouvement très léger, sa ligne descendue au fond de la mer.

Mme Roland, assoupie à l'arrière du bateau, à côté de Mme Rosémilly
5 invitée à cette partie de pêche, se réveilla, et tournant la tête vers son mari :

« Eh bien !... eh bien !... Gérôme ! »

Le bonhomme, furieux, répondit :

« Ça ne mord plus du tout. Depuis midi je n'ai rien pris. On ne devrait jamais pêcher qu'entre hommes ; les femmes vous font embarquer toujours
10 trop tard. »

Ses deux fils, Pierre et Jean, qui tenaient, l'un à bâbord, l'autre à tribord, chacun une ligne enroulée à l'index, se mirent à rire en même temps et Jean répondit :

« Tu n'es pas galant pour notre invi-
15 tée, papa. »

M. Roland fut confus et s'excusa :

« Je vous demande pardon, madame Rosémilly, je suis comme ça. J'invite les dames parce que j'aime me
20 trouver avec elles, et puis, dès que je sens de l'eau sous moi, je ne pense plus qu'au poisson. »

Mme Roland s'était tout à fait réveillée et regardait d'un air attendri le
25 large horizon de falaises et de mer. Elle murmura :

> On observe dans cet extrait, sous le couvert de l'atmosphère bon enfant d'une partie de pêche, le caractère rustre et suffisant du personnage du père. L'œuvre s'ouvre sur une interjection euphémique[1]. L'événement peut sembler anodin, comme il peut entraîner d'office un jugement défavorable à l'égard de ce personnage incapable de retenir une grossièreté alors que le lecteur, comme l'invitée de la famille, Mme Rosémilly, vient à peine de faire sa connaissance.

« Vous avez cependant fait une belle pêche. »

Mais son mari remuait la tête pour dire non, tout en jetant un coup d'œil bienveillant sur le panier où le poisson capturé par les trois hommes
30 palpitait vaguement encore, avec un bruit doux d'écailles gluantes et de nageoires soulevées, d'efforts impuissants et mous, et de bâillements dans l'air mortel.

Le père Roland saisit la manne entre ses genoux, la pencha, fit couler jusqu'au bord le flot d'argent des bêtes pour voir celles du fond, et leur pal-
35 pitation d'agonie s'accentua, et l'odeur forte de leur corps, une saine puanteur de marée, monta du ventre plein de la corbeille.

Le vieux pêcheur la huma vivement, comme on sent des roses, et déclara :

---

1. Qui sert d'euphémisme. L'exclamation *zut !*, à l'origine, est utilisée en remplacement du juron *merde*.

«Cristi ! ils sont frais ceux-là !»
40   Puis il continua :
«Combien en as-tu pris, toi, docteur ?»
Son fils aîné, Pierre, un homme de trente ans à favoris noirs coupés comme ceux des magistrats, moustaches et menton rasés, répondit :
«Oh ! pas grand-chose, trois ou quatre.»
45   Le père se tourna vers le cadet :
«Et toi, Jean ?»
Jean, un grand garçon blond, très barbu, beaucoup plus jeune que son frère, sourit et murmura :
«À peu près comme Pierre, quatre ou cinq.»
50   Ils faisaient, chaque fois, le même mensonge qui ravissait le père Roland.
Il avait enroulé son fil au tolet d'un aviron, et, croisant ses bras, il annonça :
«Je n'essayerai plus jamais de pêcher l'après-midi. Une fois dix heures passées, c'est fini. Il ne mord plus, le gredin, il fait la sieste au soleil.»
Le bonhomme regardait la mer autour de lui avec un air satisfait de
55 propriétaire.

LA NEUTRALITÉ ET LA RIGUEUR DE L'OBSERVATION

La neutralité et la rigueur de l'observation sont probablement les deux caractéristiques qui confèrent à la littérature réaliste sa spécificité. Les romanciers, comme leurs contemporains, sont enthousiasmés par les remarquables succès scientifiques de leur

époque. Le savant devient le modèle à imiter dans l'observation de ses semblables. L'étude de mœurs que se propose de faire l'écrivain a avantage à adopter l'«attitude du savant», comme l'avance Émile Zola, afin de rendre méthodique, crédible et surtout contemporaine cette observation de la société française sous le Second Empire et la Troisième République.

L'«attitude de l'écrivain», calquée sur celle du savant, se reconnaît dans des particularités stylistiques de l'œuvre. Qu'il s'agisse des longues descriptions détaillées des lieux où évoluent les personnages ou des comptes rendus minutieux des comportements de ces derniers, ces procédés donnent l'impression d'une observation rigoureuse.

Camille Pissaro (1830-1903). *La charcutière* (1883).
Tate Gallery, Londres, Royaume-Uni.

⚜ L'ÉCHO RÉALISTE AU QUÉBEC

Albert Laberge (1871-1960) a écrit peu de fiction, mais son œuvre *La Scouine*, un des rarissimes romans réalistes du Canada français, a laissé sa marque. Publiée au début du XXᵉ siècle, celle-ci arrive en plein courant du terroir, qui offre une vision idéalisée de la colonisation des terres du Québec. A contrario, Laberge y dénonce le peu de ressources matérielles et intellectuelles, la misère humaine profondément incrustée, comme la terre même, dans ces habitants qui la traînent comme un héritage. Présentée d'abord sous forme de roman-feuilleton, l'œuvre est éditée en 1917 et condamnée en raison de son propos jugé immoral.

La Scouine (1917) Chapitre XXXIV

EXTRAIT

Maço et ses deux enfants se sont installés dans leur petite maison. Comme à la campagne, ils s'éveillent le matin au point du jour, mais comme
5   ils n'ont rien à faire, ils attendent encore dans leur lit jusqu'à six heures, alors que la cloche de l'hospice à la

> Le chapitre XXXIV, le dernier du roman, est un constat de l'incapacité de changer la nature profonde de l'homme. Enfin soulagé du poids écrasant de la terre ingrate, Charlot se morfond dans une ville où tout appelle à la mort, jusqu'à ce qu'il se décide à retourner sur la terre ancestrale afin de goûter à nouveau aux savoureuses misères qu'elle lui a tant de fois réservées.

voix lente, triste et voilée, tinte mélancoliquement et les fait sortir de leur couche. Ils se lèvent en même temps que les vieux et les orphelins. Après avoir rôdé
10 quelque temps dans l'habitation, ils se mettent à table sans faim. Ils voient les enfants jouer dans la cour sous l'œil d'une sœur et les vieillards faire quelques pas et s'asseoir sur un banc. Monotone, interminable, s'écoule la journée.

[...]

Et Charlot plongé dans cette rêverie, se lève pour aller jeter un coup d'œil à la fenêtre, mais il n'aperçoit que le cimetière, la terre qui ne sera jamais labourée,
15 qui ne rapportera jamais aucune récolte, la terre que l'on ne creuse et que l'on n'ouvre que pour y déposer les restes de ceux qui furent des hommes...

Et Charlot s'ennuie. Il s'ennuie désespérément, atrocement.

[...]

Depuis deux ans, il souffre en silence. Jamais il n'a voulu retourner voir la vieille maison où s'est écoulée sa vie, mais depuis quelques jours, la tentation
20 est trop forte, et ce matin, il n'y tient plus. Il faut qu'il aille revoir la terre paternelle. Il ne peut presque pas manger au déjeuner, car jamais de sa vie, il n'a éprouvé une si grande émotion. Il part, et devant l'église, il aperçoit la Scouine qui guette le vicaire qui doit passer pour aller dire sa messe.

Charlot s'en va à travers champs. Tout à coup, il se mit à siffler. Et il va, il va.
25 Jamais il n'a marché si vite. Il se sent rajeuni.

DEUX AUTRES COURANTS PROSAÏQUES

Découlant du réalisme, deux courants littéraires vont également s'épanouir dans la deuxième moitié du XIXᵉ siècle : il s'agit du naturalisme – caractérisé par le pessimisme et le déterminisme – et du fantastique.

LE NATURALISME

> « Ah ! la vie, la vie ! la sentir et la rendre dans sa réalité, l'aimer pour elle, y voir la seule beauté vraie, éternelle et changeante, ne pas avoir l'idée bête de l'anoblir en la châtrant, comprendre que les prétendues laideurs ne sont que des saillies de caractères et faire vivre, et faire des hommes, la seule façon d'être Dieu ! »
>
> *Émile Zola*

Poussé à son extrême, le réalisme, qui consiste à donner l'illusion du vrai, prend littéralement la forme d'une analyse clinique dans certaines œuvres qu'on qualifie alors de « naturalistes ». Afin de donner à son propos un caractère indiscutablement scientifique, l'auteur doit installer son personnage dans un milieu vraisemblable, qu'il aura préalablement étudié et observé en profondeur. À cette particularité déjà présente dans le roman réaliste s'ajoute le regard fondamentalement pessimiste de l'auteur. Prisonnier d'une hérédité dont il ne peut se défaire, le « héros » se voit condamné par la fatalité à sa condition sociale initiale. Même si l'on observe quelques incursions dans les autres genres littéraires, le naturalisme demeure confiné au roman et au conte, et l'on s'entend pour affirmer que c'est la grandeur de l'œuvre d'Émile Zola qui en assure la pérennité.

Robert Koehler (1850-1917). *La grève* (1886). Deutsches Historisches Museum, Berlin, Allemagne.

Émile Zola (1840-1902)

AUTEUR

Né à Aix-en-Provence, Émile Zola s'installe à Paris dès l'âge de vingt ans. Il commence son expérience littéraire par la rédaction de vers à tonalité romantique et devient journaliste dans les années 1860. Ses diverses expériences font qu'il s'intéresse bientôt à la nature fondamentale de l'homme, ce qui va l'inciter à réaliser, à l'instar d'Hugo et de Balzac, une véritable fresque sociale. Cette œuvre, intitulée *Les Rougon-Macquart, histoire naturelle et sociale d'une famille sous le Second Empire*, est constituée d'une vingtaine de romans écrits entre 1870 et 1893. Dans *L'assommoir*, Zola fait la démonstration de la fatalité naturaliste à travers des personnages prisonniers de leur condition humaine et de leurs pulsions. Dans sa préface, l'auteur affirme que *L'assommoir* est « le premier roman sur le peuple, qui ne mente pas et qui ait l'odeur du peuple ».

L'assommoir (1877)

EXTRAIT

[...] Coupeau, voyant le petit horloger cracher là-bas des pièces de dix sous, lui montra de loin une bouteille; et, l'autre ayant accepté de la tête, il lui
5 porta la bouteille et un verre. Une fraternité s'établissait avec la rue. On

Dans le quartier parisien de la Goutte-d'Or se côtoient des ouvriers, dans une promiscuité telle que tous participent à la vie familiale de chacun. Les rares jours de fête, comme celui qui est décrit dans l'extrait, sont l'occasion de fraterniser dans une joyeuse et criante anarchie qui laisse poindre malgré tout de cruelles réalités.

trinquait à ceux qui passaient. On appelait les camarades qui avaient l'air bon zig. Le gueuleton s'étalait, gagnait de proche en proche, tellement que le quartier de la Goutte-d'Or entier sentait la boustifaille et se tenait le ventre, dans
10 un bacchanal de tous les diables.

Depuis un instant, Mme Vigouroux, la charbonnière, passait et repassait devant la porte.

« Eh ! madame Vigouroux ! madame Vigouroux ! » hurla la société.

Elle entra, avec un rire de bête, débarbouillée, grasse à crever son corsage.
15 Les hommes aimaient à la pincer, parce qu'ils pouvaient la pincer partout sans jamais rencontrer un os. Boche la fit asseoir près de lui; et, tout de suite, sournoisement, il prit son genou sous la table. Mais elle, habituée à ça, vidait tranquillement un verre de vin, en racontant que les voisins étaient aux fenêtres, et que des gens, dans la maison, commençaient à se fâcher.

20 « Oh ! ça, c'est notre affaire, dit Mme Boche. Nous sommes les concierges, n'est-ce pas ? Eh bien, nous répondons de la tranquillité... Qu'ils viennent se plaindre, nous les recevrons joliment. »

Dans la pièce du fond, il venait d'y avoir une bataille furieuse entre Nana et Augustine, à propos de la rôtissoire, que toutes les deux voulaient torcher.

25 Pendant un quart d'heure, la rôtissoire avait rebondi sur le carreau, avec un bruit de vieille casserole. Maintenant, Nana soignait le petit Victor, qui avait un os d'oie dans le gosier ; elle lui fourrait les doigts sous le menton, en le forçant à avaler de gros morceaux de sucre, comme médicament. Ça ne l'empêchait pas de surveiller la grande table. Elle venait à chaque instant
30 demander du vin, du pain, de la viande, pour Étienne et Pauline.

« Tiens ! crève ! lui disait sa mère. Tu me ficheras la paix, peut-être ! »

Les enfants ne pouvaient plus avaler, mais ils mangeaient tout de même, en tapant leur fourchette sur un air de cantique, afin de s'exciter.

Au milieu du bruit, cependant, une conversation s'était engagée entre le père
35 Bru et maman Coupeau. Le vieux, que la nourriture et le vin laissaient blême, parlait de ses fils morts en Crimée. Ah ! si les petits avaient vécu, il aurait eu du pain tous les jours. Mais maman Coupeau, la langue un peu épaisse, se penchant, lui disait :

« On a bien du tourment avec les enfants, allez ! Ainsi, moi, j'ai l'air d'être heu-
40 reuse ici, n'est-ce pas ? eh bien, je pleure plus d'une fois... Non, ne souhaitez pas d'avoir des enfants. »

Le père Bru hochait la tête.

« On ne veut plus de moi nulle part pour travailler, murmura-t-il. Je suis trop vieux. Quand j'entre dans un atelier, les jeunes rigolent et me demandent si
45 c'est moi qui ai verni les bottes d'Henri IV... L'année dernière, j'ai encore gagné trente sous par jour à peindre un pont ; il fallait rester sur le dos, avec la rivière qui coulait en bas. Je tousse depuis ce temps... Aujourd'hui, c'est fini, on m'a mis à la porte de partout. »

Il regarda ses pauvres mains raidies et
50 ajouta :

« Ça se comprend, puisque je ne suis bon à rien. Ils ont raison, je ferais comme eux... Voyez-vous, le malheur, c'est que je ne sois pas mort. Oui, c'est
55 ma faute. On doit se coucher et crever, quand on ne peut plus travailler. »

Edgar Degas (1834-1917). *Repasseuses* (vers 1884-1886). Musée d'Orsay, Paris, France.

LE FANTASTIQUE

L'intérêt pour les sciences exactes et pour l'observation objective de la nature humaine se fait également sentir dans la littérature fantastique. Jusqu'alors, les œuvres rattachées à ce genre particulier mettaient en scène des personnages tirés de l'imaginaire gothique, proche du romantique. Les morts-vivants et autres vampires évoluaient dans les cimetières et les châteaux hantés, autant de décors éloignés de la vie quotidienne et qui ne sauraient ébranler, pour cette raison, l'être logique et scientifique de la fin du XIXe siècle. Ce qui inquiète désormais cette société avisée, c'est bien davantage la présence d'une part d'inconscient dans l'individu, le constat de

Gustave Courbet (1819-1877). *Le désespéré* (1843-1845). Collection privée.

la duplicité humaine. Cette partie de nous-mêmes qui peut agir malgré nous, contre nous, Maupassant la révèle notamment dans son conte intitulé *Le Horla* (1887[1]). Tout en lui étant étranger, le Horla est inhérent au narrateur. Il est ce contre quoi ce dernier ne sait se défendre. De plus, parce que la menace survient dans son quotidien, dans son intimité, dans son être même, le personnage ne peut désormais se sentir en sécurité avec lui-même.

Le Horla (1887)

EXTRAIT

De Guy de Maupassant

13 août. – Quand on est atteint par certaines maladies, tous les ressorts de l'être physique semblent brisés, toutes les énergies anéanties, tous les muscles relâchés, les os devenus mous comme la chair et la chair liquide comme de l'eau. J'éprouve cela dans mon être moral d'une façon étrange et
5 désolante. Je n'ai plus aucune force, aucun courage, aucune domination sur moi, aucun pouvoir même de mettre en mouvement ma volonté. Je ne peux plus vouloir; mais quelqu'un veut pour moi; et j'obéis.

14 août. – Je suis perdu! Quelqu'un possède mon âme et la gouverne! quelqu'un ordonne tous mes actes, tous mes mouvements, toutes mes pen-
10 sées. Je ne suis plus rien en moi, rien qu'un spectateur esclave et terrifié de toutes les choses que j'accomplis. Je désire sortir. Je ne peux pas. Il ne veut pas; et je reste, éperdu, tremblant, dans le fauteuil où il me tient assis. Je désire seulement me lever, me soulever, afin de me croire encore maître de moi. Je ne peux pas! Je suis rivé à mon siège; et mon siège adhère au sol,
15 de telle sorte qu'aucune force ne nous soulèverait.

_____

1. Année où paraît la seconde version.

Puis, tout d'un coup, il faut, il faut, il faut que j'aille au fond de mon jardin cueillir des fraises et les man-ger. Et j'y vais. Je cueille des fraises
20 et je les mange ! Oh ! mon Dieu ! Mon Dieu ! Mon Dieu ! Est-il un Dieu ? S'il en est un, délivrez-moi, sauvez-moi ! secourez-moi ! Pardon ! Pitié ! Grâce ! Sauvez-moi ! Oh ! quelle souffrance !
25 quelle torture ! quelle horreur ! »

[...]

La maison, maintenant, n'était plus qu'un bûcher horrible et magni-fique, un bûcher monstrueux, éclairant toute la terre, un bûcher où brûlaient
30 des hommes, et où il brûlait aussi, Lui, Lui, mon prisonnier, l'Être nou-veau, le nouveau maître, le Horla !

Soudain le toit tout entier s'en-gloutit entre les murs, et un volcan
35 de flammes jaillit jusqu'au ciel. Par toutes les fenêtres ouvertes sur la four-naise, je voyais la cuve de feu, et je pensais qu'il était là, dans ce four, mort...

— Mort ? Peut-être ?... Son corps ? son corps que le jour traversait n'était-il pas indestructible par les moyens qui tuent les nôtres ?

S'il n'était pas mort ?... seul peut-être le temps a prise sur l'Être Invisible
40 et Redoutable. Pourquoi ce corps transparent, ce corps inconnaissable, ce corps d'Esprit, s'il devait craindre, lui aussi, les maux, les blessures, les infirmités, la destruction prématurée ?

La destruction prématurée ? toute l'épouvante humaine vient d'elle ! Après l'homme le Horla. – Après celui qui peut mourir tous les jours, à toutes
45 les heures, à toutes les minutes, par tous les accidents, est venu celui qui ne doit mourir qu'à son jour, à son heure, à sa minute, parce qu'il a touché la limite de son existence !

Non... non... sans aucun doute, sans aucun doute... il n'est pas mort... Alors... alors... il va donc falloir que je me tue moi !...

La terreur du narrateur à la pensée d'être possédé par un être à la fois étranger et si intimement lié à sa personne fait surgir chez lui le besoin d'analyser la situation comme le ferait le clinicien. Mais la perte de maîtrise, avouée au début du second paragraphe, plonge le personnage dans une démence qui cul-mine avec la destruction de ses biens et des gens de sa maison, ce qui l'oblige à constater que seule sa mort pourrait venir à bout de celui qui s'est emparé de son être.

L'usage de la majuscule dans la seconde partie de l'extrait, confère au Horla un pouvoir considérable, digne de celui des êtres supérieurs, suprêmes. Mais ce sont les nom-breuses répétitions, le redoublement des mots et des phrases mêmes, ainsi que le pléonasme (« je, me, moi ») final, qui dénoncent la présence toujours menaçante du double.

LE SYMBOLISME

L'usage du terme « symbolisme » pour désigner le courant poétique de la seconde moitié du XIXe siècle n'est attesté qu'en 1886, année où le poète Jean Moréas fait paraître son *Manifeste du symbolisme* dans *Le Figaro* de septembre. Il se réclame alors de Baudelaire, de Mallarmé et de Verlaine, en qui il voit les précurseurs de cette poésie nouvelle. Entre le romantisme et le symbolisme du début du siècle, on voit poindre aussi d'autres mouvements moins influents – dont le Parnasse et les poètes décadents –, qui servent en quelque sorte de pont entre ces deux courants majeurs.

LE PARNASSE, « L'ART POUR L'ART »

Le terme « Parnasse » renvoie à la mythologie grecque. Il s'agit d'une montagne, lieu privilégié des Muses, inspiratrices des poètes. Réagissant à la poésie romantique, les Parnassiens, dont font partie José Maria de Heredia (1842-1905), Théophile Gautier (1811-1872), Théodore de Banville (1823-1891) et Leconte de Lisle (1818-1894), créent la plupart de leurs œuvres entre 1860 et 1870. Ils condamnent la sentimentalité exacerbée de leurs prédécesseurs et prônent une poésie moins débridée, plus rigoureusement construite. Selon eux, c'est de la technique, non de l'inspiration, que peut naître une poésie achevée. Les symbolistes, à leur tour, contesteront cette vision beaucoup trop froide et calculée de la poésie.

LES POÈTES DÉCADENTS

Les véritables précurseurs des symbolistes sont les poètes décadents, ainsi nommés dans le contexte de la chute de l'Empire, en 1870-1871, et en réaction contre l'idéologie bourgeoise dominante. Ces poètes, que Paul Verlaine appelle les « poètes maudits », traînent avec eux un ennui de vivre qu'ils mettent sur le compte d'une société vieillissante, voire moribonde.

La condamnation sans appel de la société traditionnelle que proposent les poètes décadents est la marque d'une première génération de modernes. À cause de son refus du conformisme, à cause aussi des marques évidentes de modernité dans son œuvre, il n'est pas étonnant que Charles Baudelaire, qui publie *Les fleurs du mal* quinze ans avant la chute de l'Empire, ait été reconnu par la postérité comme le tout premier de ces poètes décadents.

Charles Baudelaire (1821-1867)

Romantique, parnassien, décadent, voire symboliste et surréaliste avant la lettre ? Si tous ces courants poétiques se réclament de Charles Baudelaire, c'est qu'il les surpasse tous, incontestablement.

Charles Baudelaire naît à Paris en 1821 d'une mère dans la vingtaine et d'un père sexagénaire, qui meurt six ans plus tard. La mère épouse alors le commandant Aupick, avec qui son fils Charles ne s'entendra jamais. Après des études à Lyon, Charles Baudelaire se réinstalle à Paris, où il mène une vie déréglée, dilapidant l'héritage de son père et fréquentant les artistes bohèmes, jusqu'à ce que sa famille intervienne et lui impose un conseil judiciaire afin de sauvegarder ce qui lui reste de fortune. La maigre pension qu'il reçoit dorénavant oblige Baudelaire à écrire pour assurer sa survie.

Il traduit les œuvres d'Edgar Allan Poe[1], devient critique d'art et de littérature. C'est lui, d'ailleurs, qui proposera l'usage nouveau du terme « modernité[2] » dans l'acception qu'on lui connaît encore aujourd'hui. La parution des *Fleurs du mal*, en 1857, lui vaut des ennuis avec la justice. Les recueils non vendus sont saisis et – tout comme pour l'œuvre de Flaubert – on en interdit la publication jusqu'à ce qu'en soient retirés certains poèmes jugés préjudiciables aux bonnes mœurs ainsi qu'à la morale publique et religieuse. Baudelaire est arrêté et doit payer une amende. C'est un dur coup pour le poète, qui acceptera plus tard le remaniement du recueil. Il fait paraître par la suite les *Petits poèmes en prose*, qui abolissent la forme caractéristique du poème en remplaçant la succession de vers par le para-graphe prosaïque, et d'autres textes théoriques. Tourmenté par des souffrances morales et des troubles de santé qui le conduisent à l'aphasie, il meurt en 1867.

On doit à Baudelaire une vision moderne de la poésie. Si la majo-rité des poèmes des *Fleurs du mal* respectent en partie la versifica-tion classique, le propos poétique est nouveau, inattendu. En effet, certains des thèmes observés sont propres à Baudelaire, à qui l'on doit d'ailleurs l'introduction du terme « spleen » dans la langue française. D'autres poètes, parmi les décadents, ont traité du mal de vivre, de la morosité, mais jamais avec ce poids insupportable du Spleen. Jamais non plus dans sa relation ambiguë avec l'Idéal.

Odilon Redon (1840-1916).
Le sphinx rouge (vers 1910).
Collection privée, Suisse.

---

1. Edgar Allan Poe, écrivain américain (1809-1849), auteur de récits fantastiques et policiers.
2. Voir la présentation de la notion de modernité dans les pages d'introduction de ce chapitre.

LE SPLEEN

« Il arrive souvent que sa voix affaiblie

Semble le râle épais d'un blessé qu'on oublie

Au bord d'un lac de sang, sous un grand tas de morts

Et qui meurt, sans bouger, dans d'immenses efforts. »

La cloche fêlée

Ce premier thème baudelairien est caractérisé par un mal de vivre et un ennui profonds, un étouffement de l'être, un découragement général qui attirent l'homme vers sa mort, dans ce cas libératrice. Pourtant, plutôt que de sombrer dans le désespoir, le poète tente de surpasser l'abattement par la recherche incessante de l'Idéal. Il y a donc un lien étroit entre Spleen et Idéal, un lien d'interdépendance, car seul l'Idéal peut permettre de s'extirper du Spleen.

On reconnaît, dans la morosité du poème, dans sa noirceur et dans la sensation de claustration qui en émane, les éléments représentatifs du Spleen.

Spleen : *Quand le ciel bas...*
dans ***Les fleurs du mal*** (1857)

Quand le ciel bas et lourd pèse comme un couvercle

Sur l'esprit gémissant en proie aux longs ennuis,

Et que de l'horizon embrassant tout le cercle

Il nous verse un jour noir plus triste que les nuits ;

5

Quand la terre est changée en un cachot humide,

Où l'Espérance, comme une chauve-souris,

S'en va battant les murs de son aile timide

Et se cognant la tête à des plafonds pourris ;

10 Quand la pluie étalant ses immenses traînées

D'une vaste prison imite les barreaux,

Et qu'un peuple muet d'infâmes araignées

Vient tendre ses filets au fond de nos cerveaux,

Des cloches tout à coup sautent avec furie

15 Et lancent vers le ciel un affreux hurlement,

Ainsi que des esprits errants et sans patrie

Qui se mettent à geindre opiniâtrement.

– Et de longs corbillards, sans tambours ni musique,

Défilent lentement dans mon âme ; l'Espoir,

20 Vaincu, pleure, et l'Angoisse atroce, despotique,

Sur mon crâne incliné plante son drapeau noir.

L'IDÉAL

« Mon enfant, ma sœur,
Songe à la douceur
D'aller là-bas vivre ensemble !
[...]
Là, tout n'est qu'ordre et beauté,
Luxe, calme et volupté. »

L'invitation au voyage

L'Idéal du poète, son épanouissement, n'est possible que dans le dépassement du Spleen. C'est pourquoi ces deux réalités opposées sont inhérentes l'une à l'autre. L'Idéal, par ailleurs, n'est accessible que par la recherche continuelle du beau et du sublime. Pour atteindre l'Idéal, le poète doit entrer dans une démarche de surpassement qui le mènera au-delà de la médiocrité environnante qui entretient le Spleen.

Élévation dans *Les fleurs du mal* (1857)

Au-dessus des étangs, au-dessus des vallées,
Des montagnes, des bois, des nuages, des mers,
Par-delà le soleil, par-delà les éthers,
Par-delà les confins des sphères étoilées,
5
Mon esprit, tu te meus avec agilité,
Et, comme un bon nageur qui se pâme dans l'onde,
Tu sillonnes gaiement l'immensité profonde
Avec une indicible et mâle volupté.

10 Envole-toi bien loin de ces miasmes morbides ;
Va te purifier dans l'air supérieur,
Et bois, comme une pure et divine liqueur,
Le feu clair qui remplit les espaces limpides.

Derrière les ennuis et les vastes chagrins
15 Qui chargent de leur poids l'existence brumeuse,
Heureux celui qui peut d'une aile vigoureuse
S'élancer vers les champs lumineux et sereins ;

Celui dont les pensers, comme des alouettes,
Vers les cieux le matin prennent un libre essor,
20 – Qui plane sur la vie, et comprend sans effort
Le langage des fleurs et des choses muettes !

La répétition des termes « au-dessus » et « par-delà » au début du poème situe d'emblée l'Idéal, auquel est associée l'idée de dépassement, dans un ailleurs éloigné.

L'ESTHÉTISATION DU QUOTIDIEN

Outre les thèmes majeurs que sont le Spleen et l'Idéal ainsi que l'idée générale d'ambivalence, on doit aussi à Baudelaire le regard singulier et insolite qu'il porte sur le familier. Cette démarche éminemment moderne, qu'on reconnaîtra chez les symbolistes à venir, mène à l'esthétisation du quotidien. On tend, par l'image poétique, à porter un regard neuf, artistique sur les objets et les êtres qui peuplent notre vie de tous les jours. Ainsi, la force évocatrice du Paris de Baudelaire ne trouvera son écho nulle part ailleurs, si ce n'est dans les descriptions minutieuses, mais réalistes cette fois, des romanciers de son temps. Baudelaire devient un modèle pour les générations à venir, en raison notamment de sa capacité à faire surgir le beau du laid, l'exceptionnel du commun, la vie de la mort, comme on peut le voir dans le poème qui suit.

On assiste, dans ce poème, au travail quasi miraculeux de l'artiste, en l'occurrence le poète. Celui-ci fait jaillir, à force de descriptions, la vie de la mort, la beauté de la charogne, laquelle prend des allures de femme désirable. Par un pernicieux changement de regard, le poète fait cependant miroiter le dépérissement de l'être aimé («mon âme») comme une fatalité prochaine.

Une charogne dans *Les fleurs du mal* (1857)

Rappelez-vous l'objet que nous vîmes, mon âme,
　　　　Ce beau matin d'été si doux :
Au détour d'un sentier une charogne infâme
　　　　Sur un lit semé de cailloux,

5　Les jambes en l'air, comme une femme lubrique,
　　　　Brûlante et suant les poisons,
Ouvrait d'une façon nonchalante et cynique
　　　　Son ventre plein d'exhalaisons.

Le soleil rayonnait sur cette pourriture,
10　　　　Comme afin de la cuire à point,
Et de rendre au centuple à la grande Nature
　　　　Tout ce qu'ensemble elle avait joint ;

Et le ciel regardait la carcasse superbe
　　　　Comme une fleur s'épanouir.
15　La puanteur était si forte, que sur l'herbe
　　　　Vous crûtes vous évanouir ;

Les mouches bourdonnaient sur ce ventre putride,
　　　　D'où sortaient de noirs bataillons
De larves, qui coulaient comme un épais liquide
20　　　　Le long de ces vivants haillons.

Tout cela descendait, montait comme une vague,
　　　　Ou s'élançait en pétillant ;
On eût dit que le corps, enflé d'un souffle vague,
　　　　Vivait en se multipliant.

25 Et ce monde rendait une étrange musique,
        Comme l'eau courante et le vent,
    Ou le grain qu'un vanneur d'un mouvement rythmique
        Agite et tourne dans son van.

    Les formes s'effaçaient et n'étaient plus qu'un rêve,
30   Une ébauche lente à venir,
    Sur la toile oubliée, et que l'artiste achève
        Seulement par le souvenir.

    Derrière les rochers une chienne inquiète
        Nous regardait d'un œil fâché,
35 Épiant le moment de reprendre au squelette
        Le morceau qu'elle avait lâché.

    – Et pourtant vous serez semblable à cette ordure,
        À cette horrible infection,
    Étoile de mes yeux, soleil de ma nature,
40   Vous, mon ange et ma passion !

    Oui ! telle vous serez, ô la reine des grâces,
        Après les derniers sacrements,
    Quand vous irez, sous l'herbe et les floraisons grasses
        Moisir parmi les ossements.

45 Alors, ô ma beauté ! dites à la vermine
        Qui vous mangera de baisers
    Que j'ai gardé la forme et l'essence divine
        De mes amours décomposés !

Félicien Rops (1833-1898).
Naturalia (1875-1878).
Galerie Patrick Derom,
Bruxelles, Belgique.

Arthur Rimbaud (1854-1891)

Arthur Rimbaud est né le 20 octobre 1854 à Charleville, dans les Ardennes. À seize ans, il saisit la première occasion qu'il a de se rendre dans la capitale afin de participer à cette vie parisienne, qu'il imagine palpitante. Il y retourne l'année suivante, en 1871, à l'invitation de Paul Verlaine, qui a pris connaissance de certaines de ses œuvres et qui s'éprend immédiatement de ce jeune homme aussi insolent qu'éblouissant. Quand, en juillet 1873, Rimbaud retourne dans les Ardennes, laissant derrière lui Verlaine et leur violente aventure passionnelle, c'est pour achever son œuvre poétique. Les *Illuminations* sont prêtes en 1874, mais ne paraîtront qu'en 1886. Dès 1875, l'aventurier en lui est attiré par l'Afrique, où il restera jusqu'à ce qu'une tumeur cancéreuse au genou le force à rentrer à Marseille, où il meurt en 1891.

Plus que tout autre poète, Arthur Rimbaud reste une énigme, autant pour ses contemporains que pour la postérité. Son passage dans l'histoire de la poésie française est fulgurant, ce qui lui vaut le qualificatif de « météore », à cause notamment de la remarquable rapidité avec laquelle il produit son œuvre (il l'écrit entre l'âge de seize ans et l'âge de vingt ans !), mais aussi en raison de la nature en partie insaisissable de celle-ci. Dans sa vie comme dans sa poésie, « l'homme aux semelles de vent », comme le surnomme Verlaine, est en mouvement continuel, en fuite perpétuelle vers le devenir, incarnant ainsi l'image même de la modernité. Comme celui de Baudelaire, le symbolisme de Rimbaud exploite les nouveautés formelles et thématiques qui caractérisent la modernité poétique.

Claude Monet (1840-1926). *Saint-Georges Majeur au crépuscule* (1908).
National Museum of Wales, Cardiff, Royaume-Uni.

LA VOYANCE

Rimbaud se met au service, en quelque sorte, de la poésie, de la parole poétique, qui permet de révéler une vérité perceptible uniquement dans des moments privilégiés d'illumination, de voyance. Dans une lettre adressée en 1871 à son professeur et ami Georges Izambard, il affirme : « Je dis qu'il faut être voyant. Le poète se fait voyant par un long, immense et raisonné dérèglement de tous les sens. » Le poète pourrait donc, tout en restant à l'affût des images qui surgissent alors en lui, permettre à son imagination de se débrider et d'atteindre une vision multiple des choses plus essentielles que celles qui sont accessibles à tous et à tout moment.

Le dormeur du val (1870)

C'est un trou de verdure où chante une rivière,
Accrochant follement aux herbes des haillons
D'argent ; où le soleil, de la montagne fière,
Luit : c'est un petit val qui mousse de rayons.

5 Un soldat jeune, bouche ouverte, tête nue,
Et la nuque baignant dans le frais cresson bleu,
Dort ; il est étendu dans l'herbe, sous la nue,
Pâle dans son lit vert où la lumière pleut.

Les pieds dans les glaïeuls, il dort. Souriant comme
10 Sourirait un enfant malade, il fait un somme :
Nature, berce-le chaudement : il a froid.

Les parfums ne font pas frissonner sa narine ;
Il dort dans le soleil, la main sur sa poitrine,
Tranquille. Il a deux trous rouges au côté droit.

Dans « Le dormeur du val », le poète dévoile, par l'usage constant de procédés d'atténuation, comme l'euphémisme et la litote, une réalité toute différente de celle qu'il laissait entrevoir au départ. L'apaisement même du dormeur se transforme de façon dramatique à mesure que le poète insiste sur son sommeil par la répétition du mot « dort ». Les rejets et contre-rejets[1] multiples imposent une lecture saccadée qui n'est pas étrangère au malaise provoqué par la révélation du dernier vers.

L'ACCUMULATION ET LA FUGACITÉ DES IMAGES

Cette vision multiple amène, comme on le constate dans les quatrains précédents, des images à la fois saisissantes et difficilement saisissables. Il faut au lecteur une ouverture d'esprit. Il lui faut s'abandonner à l'évocation des images pour ressentir l'intensité des visions poétiques. Qu'il cherche à saisir une sensation qui surgit à la vue d'un être ou d'un paysage, ou qu'il tente de traduire l'image confuse retenue d'un rêve, le poète accumule de très brèves descriptions et les superpose, sans continuité de temps. Le poème n'est donc pas une histoire mais un recueil de symboles.

---

1. Formes d'enjambement qui consistent à faire déborder sur un vers une partie de phrase intimement liée au vers précédent (rejet) ou au vers suivant (contre-rejet). Exemples : « Accrochant follement aux herbes des haillons / D'argent [...] » (rejet, v. 2 et 3) ; « [...] Souriant comme / Sourirait un enfant malade, il fait un somme : » (contre-rejet, v. 9 et 10). Dans chacun des cas, les deux segments de phrase répartis sur deux vers sont assez intimement liés pour qu'on s'attende à les trouver dans un seul vers. En règle générale, l'enjambement est significatif et contribue à renforcer une image.

Le bateau ivre (1871)

EXTRAIT

[...]

La tempête a béni mes éveils maritimes.
Plus léger qu'un bouchon j'ai dansé sur les flots
Qu'on appelle rouleurs éternels de victimes,
Dix nuits, sans regretter l'œil niais des falots !

[...]

5   Et dès lors, je me suis baigné dans le Poème
De la Mer, infusé d'astres, et lactescent,
Dévorant les azurs verts ; où, flottaison blême
Et ravie, un noyé pensif parfois descend ;

Où, teignant tout à coup les bleuités, délires
10 Et rythmes lents sous les rutilements du jour,
Plus fortes que l'alcool, plus vastes que nos lyres,
Fermentent les rousseurs amères de l'amour !

Je sais les cieux crevant en éclairs, et les trombes
Et les ressacs et les courants : je sais le soir,
15 L'Aube exaltée ainsi qu'un peuple de colombes,
Et j'ai vu quelquefois ce que l'homme a cru voir !

J'ai vu le soleil bas, taché d'horreurs mystiques,
Illuminant de longs figements violets,
Pareils à des acteurs de drames très-antiques
20 Les flots roulant au loin leurs frissons de volets !

J'ai rêvé la nuit verte aux neiges éblouies,
Baiser montant aux yeux des mers avec lenteurs,
La circulation des sèves inouïes,
Et l'éveil jaune et bleu des phosphores chanteurs !
[...]

> Ce poème est un périple onirique et débridé qui prend l'allure d'un voyage initiatique. Chercher à saisir un sens précis est ici, plus qu'ailleurs, vaine tentative. Il faut plutôt se laisser porter par l'accumulation de métaphores étranges et hermétiques, et y voir la révélation d'une vision privilégiée de la vie.

LA SYNESTHÉSIE

La notion de «synesthésie», qui apparaît d'abord dans le domaine médical, traduit un trouble. La personne qui en est atteinte perçoit un stimulus par plus d'un sens à la fois. Par exemple, elle réagit visuellement à une musique, à laquelle elle associe des couleurs. Dans sa fonction de «voyant», le poète tente donc d'établir des correspondances entre des éléments et des sens qui n'ont pas de lien a priori. Si le «dérèglement de tous les sens» de Rimbaud peut induire cette confusion sensorielle, son poème «Voyelles» traduit de façon exemplaire cette pluralité de sensations simultanées.

Voyelles (1871)

A noir, E blanc, I rouge, U vert, O bleu : voyelles,
Je dirai quelque jour vos naissances latentes :
A, noir corset velu des mouches éclatantes
Qui bombinent autour des puanteurs cruelles,

5 Golfes d'ombre ; E, candeur des vapeurs et des tentes,
Lances des glaciers fiers, rois blancs, frissons d'ombelles ;
I, pourpres, sang craché, rire des lèvres belles
Dans la colère ou les ivresses pénitentes ;

U, cycles, vibrements divins des mers virides,
10 Paix des pâtis semés d'animaux, paix des rides
Que l'alchimie imprime aux grands fronts studieux ;

O, suprême Clairon plein des strideurs étranges,
Silence traversé des Mondes et des Anges :
– O l'Oméga, rayon violet de Ses Yeux !

Le poète aurait écrit ce sonnet, construit autour de nombreuses images saisissantes, sur le modèle d'un abécédaire. Nommées les unes à la suite des autres, les voyelles sont associées à des couleurs, à des sons, à des visions, comme si surgissait avec la lettre un flot d'images immanentes. Il est intéressant d'observer que la seule voyelle absente du premier vers se retrouve dans le vers ultime du poème.

Gustav Klimt (1862-1918). *Parc* (1910 ou avant). Fonds Gertrud A. Mellon, The Museum of Modern Art, New York, États-Unis.

⚜ L'ÉCHO SYMBOLISTE AU QUÉBEC

Émile Nelligan (1879-1941) doit essuyer la moquerie des critiques lors de sa première lecture publique à l'École littéraire de Montréal. L'année suivante, il se présente devant un public qui attend, en quelque sorte, sa réplique. La récitation de *La romance du vin* lui vaut une ovation ce soir-là, et sa consécration dans les jours à venir.

Émule de Baudelaire, de Rimbaud et de Verlaine, Nelligan reprend à son compte la musicalité, les thèmes et les images « synesthésiques » de la poésie symboliste.

La romance du vin (1899)

Tout se mêle en un vif éclat de gaîté verte.
Ô le beau soir de mai ! Tous les oiseaux en chœur,
Ainsi que les espoirs naguères à mon cœur,
Modulent leur prélude à ma croisée ouverte.

5 Ô le beau soir de mai ! le joyeux soir de mai !
Un orgue au loin éclate en froides mélopées ;
Et les rayons, ainsi que de pourpres épées,
Percent le cœur du jour qui se meurt parfumé.

Je suis gai ! je suis gai ! Dans le cristal qui chante,
10 Verse, verse le vin ! verse encore et toujours,
Que je puisse oublier la tristesse des jours,
Dans le dédain que j'ai de la foule méchante !

Je suis gai ! je suis gai ! Vive le vin et l'Art !...
J'ai le rêve de faire aussi des vers célèbres,
15 Des vers qui gémiront les musiques funèbres
Des vents d'automne au loin passant dans le brouillard.

C'est le règne du rire amer et de la rage
De se savoir poète et l'objet du mépris,
De se savoir un cœur et de n'être compris
20 Que par le clair de lune et les grands soirs d'orages !

Femmes ! je bois à vous qui riez du chemin
Où l'Idéal m'appelle en ouvrant ses bras roses ;
Je bois à vous surtout, hommes aux fronts moroses
Qui dédaignez ma vie et repoussez ma main !

25 Pendant que tout l'azur s'étoile dans la gloire,
   Et qu'un hymne s'entonne au renouveau doré,
   Sur le jour expirant je n'ai donc pas pleuré,
   Moi qui marche à tâtons dans ma jeunesse noire !

   Je suis gai ! je suis gai ! Vive le soir de mai !
30 Je suis follement gai, sans être pourtant ivre !...
   Serait-ce que je suis enfin heureux de vivre ;
   Enfin mon cœur est-il guéri d'avoir aimé ?

   Les cloches ont chanté ; le vent du soir odore...
   Et pendant que le vin ruisselle à joyeux flots,
35 Je suis si gai, si gai, dans mon rire sonore,
   Oh ! si gai, que j'ai peur d'éclater en sanglots !

Clarence Gagnon (1881-1942). *Le printemps* (1900-1903). Huile sur toile, 105 × 131 cm.
Collection : Musée national des beaux-arts du Québec, Québec, Québec.

AUTEUR

Stéphane Mallarmé (1842-1898)

Pour Stéphane Mallarmé, il importe, en poésie, de surprendre le lecteur en utilisant un mot connu de façon telle que celui-ci lui semblera nouveau. L'effet de surprise est aussi créé par l'organisation spatiale du poème. Mallarmé est le premier, avant Apollinaire, à déconstruire la structure classique du poème, et cette déconstruction va bien au-delà du vers-librisme[1] qui a cours à cette époque. Mais le poète est par-dessus tout d'un hermétisme qui laisse supposer la nécessité d'une approche ésotérique[2].

Un coup de dés jamais n'abolira le hasard (1897)

EXTRAIT

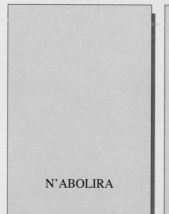

Sont reproduites ici les pages 1, 2, 9 et 17 de ce long poème qui annonce l'éclatement du genre poétique au début du XXe siècle. C'est ainsi parsemés qu'on retrouve les éléments du titre, dans une recherche aléatoire, à l'image du hasard, pourrait-on dire.

---

1. Le vers-librisme (vers libre) consiste à libérer le vers de sa forme classique en lui donnant un nombre impair de pieds, par exemple, ou en faisant se suivre des vers de longueurs différentes.
2. Il faut prendre ce terme dans son sens premier, c'est-à-dire « qui n'est pas accessible au non-initié ».

LE TEXTE MODERNE

On a déjà nommé, en début de chapitre, certains éléments déclencheurs de la modernité. On sait que l'édifice institutionnel, victime d'une *tabula rasa*[1] irréversible, cède la place au règne du changement. Par ailleurs, il est plutôt ironique de constater que la seule assise stable de la modernité est précisément la mouvance, l'instabilité, l'incessante nécessité du changement. Il convient ici de voir en quoi cette modernité caractérise la littérature et, à l'inverse, comment celle-ci contribue à cerner le concept même de modernité.

LA MISE EN ABYME

La rupture avec le passé nécessite une reformulation du présent. Pour ce faire, l'écrivain remet en question la littérature, son fonctionnement, son rôle, son influence, sa nécessité. Observateur de sa propre création, il met en scène le geste même de création. Le narrateur est écrivain et le lecteur devient témoin de l'angoissant acte créateur.

André Gide (1869-1951), dans *Paludes* (1895), est le premier à proposer un personnage d'écrivain narrateur de sa propre fiction. C'est ce qu'on nomme la mise en abyme, un procédé qui consiste à observer une œuvre à l'intérieur d'une autre, de même espèce[2].

LA PROVOCATION

La modernité est provocatrice, par nécessité, pourrait-on dire. Elle doit affronter une tradition plusieurs fois séculaire, qui résiste malgré sa désuétude, notamment dans l'art bourgeois. L'œuvre moderne impose donc un nouvel ordre des choses, et c'est par la provocation, volontaire ou non, parfois brutale, qu'elle peut le faire. Cette provocation, à caractère souvent subversif, peut prendre la forme d'une dénonciation ou d'une déconstruction des règles établies.

---

1. L'idée de « faire table rase » des connaissances antérieures, proposée d'abord par René Descartes, est reprise à la fin du XIXe siècle.
2. Il s'agit d'une œuvre montrée à l'intérieur d'une autre, qui en parle, lorsque les deux systèmes signifiants sont identiques : récit dans le récit, film dans le film, peinture représentée dans une peinture, etc. (*Le Petit Robert*).

AUTEUR

Alfred Jarry (1873-1907)

Le dramaturge Alfred Jarry, qu'on associe automatique-
ment à son personnage Ubu, présente, par l'intermédiaire
de ce tyran aussi bête que grossier, l'incarnation même
de cette subversion. Son œuvre *Ubu roi* (1896) propose
une déconstruction systématique des règles, à commencer par celles du drame même. En 1896, il fait précéder
l'œuvre d'un avertissement intitulé *De l'inutilité du théâtre
au théâtre,* dans lequel il souligne le superflu du décor et
le peu de pertinence du caractère réaliste de la représen-
tation théâtrale classique. La déconstruction du langage qu'on observe dans ses
textes est présente tant dans la grossièreté de celui-ci que dans les néologismes
et la déformation des mots.

Inspiré d'un professeur de physique du collège que
fréquente Alfred Jarry à partir de 1888, le personnage du père Ubu est, de l'aveu même de l'auteur,
la représentation grotesque de la « puissance des
appétits inférieurs » présents en l'homme. Grossière
et provocatrice, la pièce ne choque pas tant pour
cette raison que par le fait de sa grande modernité
et surtout de son dépouillement, qui offre un avant-
goût du théâtre de l'absurde des années 1940.

Ubu roi (1896)

Acte I, scène 1

EXTRAIT

PÈRE UBU, MÈRE UBU

PÈRE UBU. — Merdre !

MÈRE UBU. — Oh ! voilà du joli, Père Ubu, vous estes un fort grand voyou.

PÈRE UBU. — Que ne vous assom'je, Mère Ubu !

MÈRE UBU. — Ce n'est pas moi, Père Ubu, c'est un autre qu'il faudrait assassiner.

5 PÈRE UBU. — De par ma chandelle verte, je ne comprends pas.

MÈRE UBU. — Comment, Père Ubu, vous estes content de votre sort ?

PÈRE UBU. — De par ma chandelle verte, merdre, madame, certes oui, je suis
content. On le serait à moins : capitaine de dragons, officier de confiance du
roi Venceslas, décoré de l'ordre de l'Aigle Rouge de Pologne et ancien roi
10 d'Aragon, que voulez-vous de mieux ?

MÈRE UBU. — Comment ! Après avoir été roi d'Aragon vous vous contentez de
mener aux revues une cinquantaine d'estafiers armés de coupe-choux, quand
vous pourriez faire succéder sur votre fiole la couronne de Pologne à celle
d'Aragon ?

15 PÈRE UBU. — Ah ! Mère Ubu, je ne comprends rien de ce que tu dis.

MÈRE UBU. — Tu es si bête !

PÈRE UBU. — De par ma chandelle verte, le roi Venceslas est encore bien vivant ;
et même en admettant qu'il meure, n'a-t-il pas des légions d'enfants ?

MÈRE UBU. — Qui t'empêche de massacrer toute la famille et de te mettre
20 à leur place ?

PÈRE UBU. — Ah! Mère Ubu, vous me faites injure et vous allez passer tout à l'heure par la casserole.

MÈRE UBU. — Eh! pauvre malheureux, si je passais par la casserole, qui te raccommoderait tes fonds de culotte?

25 PÈRE UBU. — Eh vraiment! et puis après? N'ai-je pas un cul comme les autres?

MÈRE UBU. — À ta place, ce cul, je voudrais l'installer sur un trône. Tu pourrais augmenter indéfiniment tes richesses, manger fort souvent de l'andouille et rouler carrosse par les rues.

PÈRE UBU. — Si j'étais roi, je me ferais construire une grande capeline comme
30 celle que j'avais en Aragon et que ces gredins d'Espagnols m'ont impudemment volée.

MÈRE UBU. — Tu pourrais aussi te procurer un parapluie et un grand caban qui te tomberait sur les talons.

PÈRE UBU. — Ah! je cède à la tentation. Bougre de merdre, merdre de bougre,
35 si jamais je le rencontre au coin d'un bois, il passera un mauvais quart d'heure.

MÈRE UBU. — Ah! bien, Père Ubu, te voilà devenu un véritable homme.

PÈRE UBU. — Oh non! moi, capitaine de dragons, massacrer le roi de Pologne! plutôt mourir!

MÈRE UBU, *à part.* — Oh! merdre!
40 (*Haut.*) Ainsi, tu vas rester gueux comme un rat, Père Ubu?

PÈRE UBU. — Ventrebleu, de par ma chandelle verte, j'aime mieux être gueux comme un maigre et
45 brave rat que riche comme un méchant et gras chat.

MÈRE UBU. — Et la capeline? et le parapluie? et le grand caban?

PÈRE UBU. — Eh bien, après,
50 Mère Ubu?

Il s'en va en claquant la porte.

MÈRE UBU, *seule.* — Vrout, merdre, il a été dur à la détente, mais vrout, merdre, je crois
55 pourtant l'avoir ébranlé. Grâce à Dieu et à moi-même, peut-être dans huit jours serai-je reine de Pologne.

Max Ernst (1891-1976). *Ubu Imperator* (1923).
Musée national d'Art moderne –
Centre Georges Pompidou, Paris, France.

LA SUBJECTIVITÉ

Conscient que la perception du monde ne saurait échapper à l'expérience individuelle de chacun, à sa subjectivité propre, l'écrivain moderne choisit d'assumer cette individualité et, à l'opposé de ses prédécesseurs réalistes, présente son récit à travers le prisme de sa subjectivité. C'est souvent là l'intérêt majeur du texte. Ce n'est pas la vérité que l'on offre à lire, mais la vision d'un individu, sa version de la réalité.

AUTEURE

Colette (1873-1954)

Sidonie Gabrielle Colette, spoliée de ses premières œuvres (la série des *Claudine*, entre autres) par un mari (Willy) qui exploite ses talents d'écrivaine, se sépare de ce dernier pour conquérir sa propre vie, peut-être comme aucune autre femme ne l'avait fait avant elle. Tour à tour artiste de music-hall, comédienne et collaboratrice au journal *Le Matin*, elle connaît une renommée littéraire dans les années 1910 et 1920. Avec *La retraite sentimentale* (1907), *La vagabonde* (1910) et *Mitsou* (1917), Colette marque un tournant dans l'histoire de la littérature féminine.

La retraite sentimentale (1907)

EXTRAIT

Le mur de clôture s'écroule sur la route, la vigne vierge anémie sournoisement les glycines[1], et les rosiers qu'on ne renouvelle pas dédoublent
5   leurs fleurs, redeviennent églantiers. Du labyrinthe, puérilement dessiné par le grand-père d'Annie, il reste un fouillis d'érables, d'alisiers, de taillis de ce qu'on nomme à Montigny «pulains», des bosquets de weigelas[2] démodés. Les sapins ont cent ans et ne verront
10   pas un autre siècle, parce que le lierre gaine leurs troncs et les étouffe... Quelle main sacrilège tourna sur son socle la dalle d'ardoise du cadran solaire, qui marque midi à deux heures moins le quart?

[...]

Empreint de sensualité et de déterminisme, ce roman autobiographique marque un tournant dans l'œuvre de Colette, qui se libère alors de l'emprise de Willy, dont elle a divorcé l'année précédente. L'avertissement en ouverture l'annonce d'ailleurs et invite le lecteur à accepter l'œuvre de la femme Colette Willy, qu'on retrouve ici sous les traits de Claudine, au milieu d'un décor pastoral où la domesticité humaine, à l'image des rosiers en friche, perd de sa force au profit de la nature.

---

1. Plante grimpante.
2. Arbuste.

La maison d'Annie est une basse vieille maison à un étage, chaude l'hiver et fraîche l'été, un logis sans atours, non sans grâce. Le petit fronton de marbre
15 sculpté – trouvaille d'un grand-père nourri de bonnes lettres – s'écaille et moisit, tout jaune, et, sous les cinq marches descellées du perron, un crapaud chante le soir, d'un gosier amoureux et plein de perles. Au crépuscule, il chasse les derniers moucherons, les petites larves qui gîtent aux fentes des pierres. Déférent, mais rassuré, il me regarde de temps en temps, puis s'appuie d'une
20 main humaine contre le mur, et se soulève debout pour happer... j'entends le « mop » de sa bouche large... Quand il se repose, il a un tel mouvement de paupières, pensif et hautain, que je n'ai pas encore osé lui adresser la parole... Annie le craint trop pour lui faire du mal.

[...]

« Annie, que j'aime Casamène[1] !

25 Oui ? quel bonheur ! »

Elle est sincère et tendre, toute brune dans la rose lumière.

« Je l'aime, figurez-vous, comme une chose à moi ! »

Le bleu de ses yeux se fonce légèrement : c'est sa manière à elle de rougir...

« ...Vous, Annie, vous ne trouvez pas que Casamène est une des passionnantes
30 et mélancoliques extrémités du monde, un gîte aussi fini, aussi loin du présent que ce daguerréotype[2] de votre grand-père ? »

Elle hésite :

« Oui, autrefois je l'ai aimé, quand j'étais petite. Je croyais au labyrinthe, à l'infini de l'allée qui revient sur elle-même... On m'a dégoûtée de Casamène.
35 Je m'y repose... je m'y pose... là ou ailleurs !...

— Incroyable ! dis-je en secouant la tête. C'est un endroit que je ne voudrais céder à personne ; si j'avais Casamène...

— Vous l'avez, dit-elle doucement.

— Oui, je l'ai... et vous avec... mais...

40 — Casamène est à vous, insiste Annie avec sa douceur têtue. Je vous le donne.

— Petite toquée, va !

— Non, non, pas si toquée ! Vous verrez, je vous donnerai Casamène, quand je repartirai... »

---

1. Nom d'une vallée à Besançon, en France.
2. Procédé primitif de la photographie.

Marcel Proust (1871-1922)

Issu d'une famille riche et cultivée – son père est profes-seur de médecine –, Marcel Proust est de santé précaire. Il côtoie la bonne société, et les personnages de ses œuvres sont régulièrement copiés sur l'une ou l'autre de ces personnes influentes.

L'œuvre de Proust sera déterminante pour plusieurs géné-rations de romanciers du XXᵉ siècle. Le narrateur de son roman *À la recherche du temps perdu*[1] fait l'expérience de l'écriture. Cette œuvre, dans laquelle le lecteur est amené à considérer la subjectivité de celui qui le guide dans le récit, se révèle foncièrement novatrice à plusieurs égards: d'abord, il s'agit davantage de l'exposition des impressions ressenties par le narrateur que du récit à proprement parler d'une suite d'événements; ensuite, le lecteur s'égare avec ce narrateur, au gré de son point de vue.

Du côté de chez Swann (1913) tiré du roman *À la recherche du temps perdu*

E X T R A I T

Il y avait déjà bien des années que, de Combray, tout ce qui n'était pas le théâtre et le drame de mon coucher, n'existait plus pour moi, quand un jour d'hiver, comme je
5 rentrais à la maison, ma mère, voyant que j'avais froid, me proposa de me faire prendre, contre mon habitude, un peu de thé. Je refu-sai d'abord et, je ne sais pourquoi, me ravi-sai. Elle envoya chercher un de ces gâteaux courts et dodus appelés Petites
10 Madeleines qui semblent avoir été moulés dans la valve rainurée d'une coquille de Saint-Jacques. Et bientôt, machinalement, accablé par la morne journée et la perspective d'un triste lendemain, je portai à mes lèvres une cuillerée du thé où j'avais laissé s'amollir un morceau de madeleine. Mais à l'instant même où la gorgée mêlée des miettes du gâteau toucha mon palais,
15 je tressaillis, attentif à ce qui se passait d'extraordinaire en moi. Un plaisir délicieux m'avait envahi, isolé, sans la notion de sa cause. Il m'avait aussitôt rendu les vicissitudes de la vie indifférentes, ses désastres inoffensifs, sa briè-veté illusoire, de la même façon qu'opère l'amour, en me remplissant d'une essence précieuse: ou plutôt cette essence n'était pas en moi, elle était moi.
20 J'avais cessé de me sentir médiocre, contingent, mortel. D'où avait pu me venir cette puissante joie? Je sentais qu'elle était liée au goût du thé et du gâteau, mais qu'elle le dépassait infiniment, ne devait pas être de même

L'histoire de la madeleine de Marcel Proust est célèbre dans la littérature. Un élément anodin devient le déclencheur de la résurgence, d'abord anarchique, d'éléments encore insaisissables d'un passé qu'on croyait à jamais enfoui, dont on ne soup-çonnait même plus l'existence. C'est par un lent travail de recherche intérieure et d'écriture que ce passé pourra renaître un moment, puis s'immortaliser comme l'auteur l'aura décidé.

---

1. L'œuvre, qui comporte sept romans (dont trois posthumes), s'échelonne de 1913 à 1922.

nature. D'où venait-elle ? Que signifiait-
elle ? Où l'appréhender ? Je bois une
25 seconde gorgée où je ne trouve rien de
plus que dans la première, une troisième
qui m'apporte un peu moins que la
seconde. Il est temps que je m'arrête, la
vertu du breuvage semble diminuer. Il est
30 clair que la vérité que je cherche n'est pas
en lui, mais en moi.

August Macke (1887-1914). *Dame in grüner
Jacke* (*Femme à la veste verte*) (1913).
Wallfra-Richartz-Museum, Cologne, Allemagne.

LITTÉRATURE ET RÉALITÉ

« Changer la vie. »
Arthur Rimbaud

Consciente de la fonction mimétique à laquelle elle s'est souvent elle-même limitée, la littérature ne s'astreint plus à un pâle rôle de reproduction de la réalité, que la photographie d'ailleurs réussit à présenter dorénavant bien mieux que tout autre art. La littérature est créatrice, elle fait la vie, en ce sens qu'elle oblige à porter un regard sans cesse renouvelé sur les choses, sur les mots. Si le mot a toujours eu le rôle d'évoquer des concepts, il devient maintenant un objet, l'élément d'une image.

Les années qui suivent la déclaration de guerre de 1914 voient l'effervescence littéraire s'étioler quelque peu, comme c'est le cas dans d'autres sphères de l'activité humaine. Nombre d'écrivains sont appelés à participer aux hostilités. Quelques-uns meurent dès les premiers affrontements, comme Charles Péguy. Au sortir de cette « sale guerre », comme on l'a appelée, ceux qui ont été épargnés vivent un sentiment contradictoire d'impuissance et de soulagement coupable. Les survivants des combats, eux, n'auront de cesse de relater l'expérience bouleversante qui restera pour toujours marquée en eux, espérant l'exorciser par l'écriture, mais aussi la rendre ainsi indélébile dans la mémoire collective afin qu'elle ne se répète pas.

La modernité s'est, quant à elle, définitivement installée dans les œuvres. La littérature interroge son pouvoir, son devoir et sa création même. L'écrivain observe son œuvre et son acte d'écriture. Il cherche à explorer des avenues inédites afin de renouveler sans cesse les champs possibles de la littérature.

Chapitre 3

Guerre et paix : le temps des engagements

Pablo Picasso (1881-1973). *Guernica* (1937). Museo Nacional Centro de Arte Reina Sofia, Madrid, Espagne.

Au fil du temps

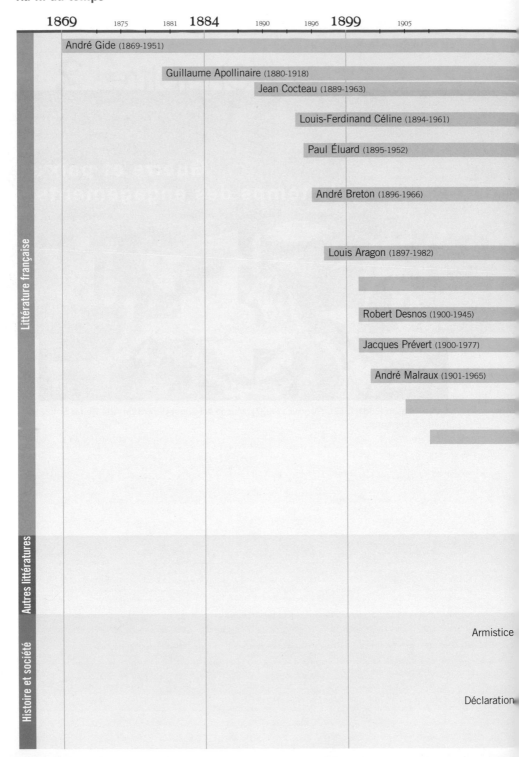

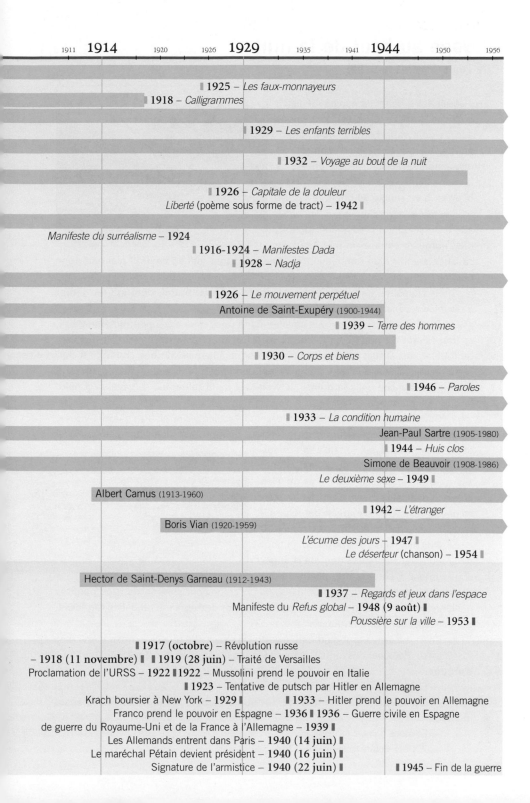

1911　**1914**　1920　1926　**1929**　1935　1941　**1944**　1950　1956

❚ **1925** – *Les faux-monnayeurs*
❚ **1918** – *Calligrammes*

❚ **1929** – *Les enfants terribles*

❚ **1932** – *Voyage au bout de la nuit*

❚ **1926** – *Capitale de la douleur*
Liberté (poème sous forme de tract) – **1942** ❚

Manifeste du surréalisme – **1924**
❚ **1916-1924** – *Manifestes Dada*
❚ **1928** – *Nadja*

❚ **1926** – *Le mouvement perpétuel*
Antoine de Saint-Exupéry (1900-1944)
❚ **1939** – *Terre des hommes*

❚ **1930** – *Corps et biens*

❚ **1946** – *Paroles*

❚ **1933** – *La condition humaine*
Jean-Paul Sartre (1905-1980)
❚ **1944** – *Huis clos*
Simone de Beauvoir (1908-1986)
Le deuxième sexe – **1949** ❚

Albert Camus (1913-1960)
❚ **1942** – *L'étranger*
Boris Vian (1920-1959)
L'écume des jours – **1947** ❚
Le déserteur (chanson) – **1954** ❚

Hector de Saint-Denys Garneau (1912-1943)
❚ **1937** – *Regards et jeux dans l'espace*
Manifeste du *Refus global* – **1948 (9 août)** ❚
Poussière sur la ville – **1953** ❚

❚ **1917 (octobre)** – Révolution russe
– **1918 (11 novembre)** ❚　❚ **1919 (28 juin)** – Traité de Versailles
Proclamation de l'URSS – **1922** ❚❚ **1922** – Mussolini prend le pouvoir en Italie
❚ **1923** – Tentative de putsch par Hitler en Allemagne
Krach boursier à New York – **1929** ❚　　❚ **1933** – Hitler prend le pouvoir en Allemagne
Franco prend le pouvoir en Espagne – **1936** ❚ **1936** – Guerre civile en Espagne
de guerre du Royaume-Uni et de la France à l'Allemagne – **1939** ❚
Les Allemands entrent dans Paris – **1940 (14 juin)** ❚
Le maréchal Pétain devient président – **1940 (16 juin)** ❚
Signature de l'armistice – **1940 (22 juin)** ❚　　　　❚ **1945** – Fin de la guerre

EXTRAIT

Voyage au bout de la nuit
De Louis-Ferdinand Céline

J'allais faire cette démarche décisive
quand, à l'instant même, arriva vers nous
au pas de gymnastique, fourbu, dégin-
gandé, un cavalier à pied (comme on
5   disait alors) avec son casque renversé à
la main, comme Bélisaire, et puis tremblant et bien souillé de boue, le visage
plus verdâtre encore que celui de l'autre
agent de liaison. Il bredouillait et sem-
10 blait éprouver comme un mal inouï, ce
cavalier, à sortir d'un tombeau et qu'il en avait tout mal au cœur. Il n'aimait donc
pas les balles ce fantôme lui non plus ? Les prévoyait-il comme moi ?

— Qu'est-ce que c'est ? l'arrêta net le colonel, brutal, dérangé, en jetant
dessus ce revenant une espèce de regard en acier.

15 De le voir ainsi cet ignoble cavalier dans une tenue aussi peu réglementaire,
et tout foirant d'émotion, ça le courrouçait fort notre colonel. Il n'aimait pas cela
du tout la peur. C'était évident. Et puis ce casque à la main surtout, comme un chapeau melon, achevait de faire joliment mal dans notre régiment d'attaque, un régiment qui s'élançait dans la guerre. Il avait l'air de la saluer lui, ce cavalier à pied,
20 la guerre, en entrant.

Sous ce regard d'opprobre, le messager vacillant se remit au « garde-à-vous »,
les petits doigts sur la couture du pantalon, comme il se doit dans ces cas-là. Il
oscillait ainsi, raidi, sur le talus, la transpi-
ration lui coulant le long de la jugulaire, et
25 ses mâchoires tremblaient si fort qu'il en
poussait des petits cris avortés, tel un petit
chien qui rêve. On ne pouvait démêler s'il
voulait nous parler ou bien s'il pleurait.

Nos Allemands accroupis au fin bout
30 de la route venaient justement de changer
d'instrument. C'est à la mitrailleuse qu'ils
poursuivaient à présent leurs sottises ; ils en craquaient comme de gros paquets
d'allumettes et tout autour de nous venaient voler des essaims de balles rageuses,
pointilleuses comme des guêpes.

35 L'homme arriva tout de même à sortir de sa bouche quelque chose d'articulé :
— Le maréchal des logis Barousse vient d'être tué, mon colonel, qu'il dit tout
d'un trait.
— Et alors ?
— Il a été tué en allant chercher le fourgon à pain sur la route des Étrapes,
40 mon colonel !
— Et alors ?
— Il a été éclaté par un obus !

> *Voyage au bout de la nuit* est une véri-
> table descente aux enfers, vécue princi-
> palement à travers la Première Guerre
> mondiale. L'impuissance du narrateur,
> que la vie malmène dans un XXe siècle
> de mensonges, de violence et de déses-
> poir, se trahit par l'usage d'une langue
> proche de la langue orale, qui choque
> le lecteur habitué au style littéraire.

— Et alors, nom de Dieu !

— Et voilà ! Mon colonel…

45 — C'est tout ?

— Oui, c'est tout, mon colonel.

— Et le pain ? demanda le colonel.

Ce fut la fin de ce dialogue parce que je me souviens bien qu'il a eu le temps de dire tout juste : « Et le pain ? ». Et puis ce fut tout. Après ça, rien que du feu et puis du 50 bruit avec. Mais alors un de ces bruits comme on ne croirait jamais qu'il en existe. On en a eu tellement plein les yeux, les oreilles, le nez, la bouche, tout de suite, du bruit, que je croyais bien que c'était fini, que j'étais devenu du feu et du bruit moi-même.

Et puis non, le feu est parti, le bruit est resté longtemps dans ma tête, et puis les bras et les jambes qui tremblaient comme si quelqu'un vous les secouait de par-55 derrière. Ils avaient l'air de me quitter, et puis ils me sont restés quand même mes membres. Dans la fumée qui piqua les yeux encore pendant longtemps, l'odeur pointue de la poudre et du soufre nous restait comme pour tuer les punaises et les puces de la terre entière.

[…]

Quant au colonel, lui, je ne lui voulais pas de mal. Lui pourtant aussi il était 60 mort. Je ne le vis plus, tout d'abord. C'est qu'il avait été déporté sur le talus, allongé sur le flanc par l'explosion et projeté jusque dans les bras du cavalier à pied, le messager, fini lui aussi. Ils s'embrassaient tous les deux pour le moment et pour toujours, mais le cavalier n'avait plus sa tête, rien qu'une ouverture au-dessus du cou, avec du sang dedans qui mijotait en glouglous comme de la confiture dans la marmite. 65 Le colonel avait son ventre ouvert, il en faisait une sale grimace. Ça avait dû lui faire du mal ce coup-là au moment où c'était arrivé. Tant pis pour lui ! S'il était parti dès les premières balles, ça ne lui serait pas arrivé.

Le roman de Louis-Ferdinand Céline (1894-1961) connaît en 1932 une sortie fracassante. Aussi adulée que détestée, cette œuvre transporte le cri de désespoir de ceux qui sont témoins des grands conflits meurtriers de cette première moitié du siècle.

Sur ce plan, *Voyage au bout de la nuit,* dont le titre laisse présager le plus terrifiant dénouement, rejoint l'idée que la littérature peut offrir une représentation du monde qui, bien qu'elle soit le fait d'un seul auteur, traduit la pensée de toute une collectivité en permettant la mise en mots d'une expérience humaine commune. Des années 1910 aux années 1940, l'horreur de la guerre est sans conteste une des préoccupations majeures qui motivent le propos littéraire.

L'ARMISTICE D'UNE PREMIÈRE GUERRE

Le 11 novembre 1918, les cloches des églises de France se mettent à retentir, annonçant l'arrêt des combats les plus affligeants que l'Europe ait connus jusqu'alors. C'est l'armistice. Six mois plus tard, le 28 juin 1919, le traité de Versailles proclame officiellement la fin de la Grande Guerre, qui aura fait treize millions de morts (un million quatre cent mille en France). Après des années de censure et de rationnement, la population civile retrouve la liberté, et tous s'empressent de participer à l'effervescence qui gagne rapidement l'Europe, tentant ainsi de renouer avec le dynamisme qui avait précédé la guerre.

On comprend aisément que l'Occident ne demande qu'à s'amuser pour oublier le cauchemar dont il vient d'émerger. Cependant, au-delà de la liesse qui s'exprime dans les nuits folles de Paris, une préoccupation profonde subsiste, qui revient constamment hanter les esprits : celle du sort de la civilisation occidentale et du bien-fondé de son existence. Cette interrogation est en quelque sorte la cicatrice laissée par la guerre sur le visage naïvement confiant, ou effrontément optimiste – c'est selon – du début du siècle.

LA PAIX : UN ESPOIR ÉPHÉMÈRE

Malgré le serment populaire affirmant que la guerre de 1914-1918 serait « la der des ders[1] », des relents de tension politique recommencent à miner l'Europe dès les années 1920. Imputant la responsabilité de la guerre à la cupidité inhérente au capitalisme libéral, des intellectuels voient dans le socialisme soviétique[2] une solution de rechange en même temps qu'un espoir de corriger les injustices de l'exploitation bourgeoise. Le fascisme s'installe en Italie en 1922. L'Allemagne, qui paie très cher l'initiative de la guerre depuis la signature du traité de Versailles, s'appauvrit considérablement jusqu'en 1924, tandis que commence à sourdre un désir de vengeance engendré par l'humiliation subie[3]. Par ailleurs, la crise économique provoquée par le krach boursier de New York, en 1929, a des conséquences immédiates[4] dans le vieux continent et réinstalle le chômage et la misère dans un Occident qu'on croyait, depuis la fin de la guerre, à l'abri de ces maux.

René Magritte (1898-1967).
La mémoire (1948).
Collection de l'État belge.

---

1. C'est-à-dire « la dernière des dernières ». Cette expression était utilisée par les soldats, dégoûtés par cette guerre aussi cruelle que meurtrière, et elle a été ensuite reprise par l'ensemble de la population.
2. La révolution d'octobre 1917 et la proclamation en 1922 de l'Union des républiques socialistes soviétiques firent de l'URSS la plus vaste nation du monde.
3. « L'Allemagne perd un septième de son territoire et 10 % de sa population. Aux clauses territoriales s'ajoutent des clauses économiques et financières. *L'Allemagne est considérée comme seule responsable de la guerre.* » www.nobel-paix.ch/paix_p1/traitver.htm.
4. Dès 1930 en Allemagne ; dès 1931 en France.

Les années 1930 s'ouvrent donc sans surprise sur un effort ultime des peuples pour s'extirper de cette misère, parfois au prix de leur liberté. Leur égarement les pousse en effet à s'abandonner au despotisme politique. Mussolini, surnommé *il Duce* («le guide»), poursuit son règne autoritaire en Italie, qu'il maintient sous son emprise depuis 1922, tandis qu'en Allemagne on assiste à la montée d'un mouvement nationaliste qui culmine en 1933, porté par la hargne vengeresse et l'aveuglement patriotique d'Hitler. La répression exercée sur les Juifs par les nazis laisse présager l'horreur des années suivantes. En Espagne, la guerre civile (de 1936 à 1939) donne lieu à l'instauration (avec l'appui de l'Allemagne et de l'Italie) d'un nouveau régime autoritaire d'inspiration fasciste, dirigé par le général Franco, qu'on surnommera aussi «guide» (en espagnol, *caudillo*). L'heure est aux préoccupations d'ordre politique : des régimes aussi différents que la démocratie, le fascisme et le socialisme se côtoient, les idéologies qu'ils défendent s'entrechoquant sans cesse. En 1939, après des invasions dans les pays limitrophes[1], l'Allemagne envahit la Pologne. Personne ne s'étonne que la France et le Royaume-Uni, jugeant que le seuil de tolérance à l'égard du régime nazi et de l'armée du Troisième Reich[2] avait été outrepassé, déclarent la guerre à l'envahisseur allemand.

Toutefois, du côté franco-britannique, on a sous-estimé la puissance de l'armée allemande, qui entre dans Paris le 14 juin 1940 et déclare celle-ci «ville ouverte[3]». Le drapeau national disparaît, remplacé par les étendards nazis qui couvrent désormais la façade des édifices. Paris devient la capitale de la zone occupée, et la résistance qui s'y organise, encouragée depuis Londres par le général de Gaulle[4], sera autant intellectuelle qu'armée. Nombre de publications, souvent clandestines et signées de pseudonymes, ou d'œuvres publiées à l'étranger, créent dans Paris une véritable vie parallèle, grouillante et téméraire.

Depuis Vichy, dans la zone sud de la France – aussi appelée, paradoxalement, la France libre –, le maréchal Pétain, qui a accepté la fin des hostilités avec l'Allemagne, dirige alors ce qu'on appelle «le gouvernement de Vichy», lequel met fin à la Troisième République. Les valeurs nationales prônées par ce nouveau gouvernement marquent un virage important. En effet, la devise républicaine «Liberté, Égalité, Fraternité», si chère aux Français depuis la révolution de 1789, est remplacée par une autre, à connotation beaucoup plus paternaliste que démocratique : «Travail, Famille, Patrie». Quant à la liberté d'expression, elle n'existe dorénavant qu'à l'intérieur des limites fixées par le discours de la propagande.

Au sortir de la guerre, la nation réunifiée n'en demeure pas moins déchirée. Ceux qui ont résisté à l'Occupation allemande se vengent sévèrement de ceux qui ont collaboré avec le régime nazi en encourageant les valeurs de celui-ci, en lui livrant des Juifs ou en dénonçant les membres de la Résistance. En 1945 et 1946, alors que le procès de Nuremberg contre les criminels nazis met au jour l'horreur

---

1. Qui ont des frontières communes avec l'Allemagne.
2. Mot allemand qui signifie «empire».
3. Paris se rend sans combattre afin de préserver son riche patrimoine des bombardements.
4. Dès le 18 juin 1940, en réponse à l'annonce de l'armistice par le maréchal Pétain, le général en exil exhorte les Français à poursuivre les combats.

des camps de concentration, l'Occident consterné doit déjà faire face à l'armement nucléaire américain et, bientôt (en 1947), à la réalité de la guerre froide entre l'URSS et les États-Unis.

LES ARTS ET LA LITTÉRATURE

> « Nous autres, civilisations, nous savons maintenant que nous sommes mortelles. »
> *Paul Valéry*

La phrase de Paul Valéry, écrite en 1919, peut sans doute servir de leitmotiv[1] jusqu'à la fin des années 1940 – et surtout à partir de 1945 –, alors qu'émerge une nouvelle menace, bien plus terrible que toute autre depuis le largage des bombes atomiques sur Hiroshima et Nagasaki. La conscience de notre fragilité, puis de notre responsabilité humaine, est plus que jamais au cœur de la pensée occidentale, et les changements politiques, les événements sociaux de même que les contingences économiques révèlent constamment la précarité ou la témérité de nos choix. Dans un tel contexte, il est fréquent de voir la littérature se mettre au service d'une cause : elle devient engagée. Cette orientation nouvelle peut être constatée dans les courants majeurs de l'époque : le surréalisme, le nouvel humanisme et l'existentialisme.

LIESSE COLLECTIVE ET BOUILLONNEMENT CULTUREL

Après la Première Guerre mondiale, l'Europe se découvre un engouement sans précédent pour les manifestations culturelles, dont le rôle exutoire est incontestable. Dans le Paris des *années folles* (ainsi qu'on nomme les années 1920) – et plus particulièrement dans le quartier Montparnasse –, la culture « classique » côtoie joyeusement la culture populaire exprimée par le jazz, la chanson et le cinéma, notamment. Ainsi, le music-hall, le cirque et le ballet, surtout, permettent la rencontre de différents arts, et les boîtes de nuit deviennent les lieux privilégiés où se réunissent créateurs et artistes. Les peintres, écrivains, architectes, musiciens et cinéastes qui ont quitté Paris durant la guerre, ou qui s'y sont installés après celle-ci, travaillent de concert à renouveler les courants artistiques et littéraires.

Otto Dix (1891-1969). *Großstadt* (tryptique, panneau central) (1927). Kunstmuseum Stuttgart, Stuttgart, Allemagne.

Cependant, à la fin des années 1930 et au début des années 1940, de nombreux artistes et écrivains doivent, une fois de plus, fuir la France. Cette émigration de même que la collaboration de quelques intellectuels avec les occupants[2] déchirent

---

1. Mot d'origine allemande emprunté au vocabulaire musical, et qui signifie qu'une chose se répète avec régularité.
2. Louis-Ferdinand Céline et Pierre Drieu La Rochelle, entre autres.

Joan Miró (1893-1983).
Danseuse II (1925).
Collection A. Rosengart,
Lucerne, Suisse.

alors profondément les milieux artistique et littéraire. Mais les créateurs travaillent tout de même sans relâche, conscients que l'art peut alimenter l'espoir. C'est la raison pour laquelle les cinémas et les théâtres poursuivent hardiment leurs activités, comme un défi.

BOUILLONNEMENT CULTUREL ET ENGAGEMENT POLITIQUE

Si, pendant quelque temps, on peut espérer une cicatrisation rapide et peu douloureuse des blessures causées par la guerre de 1914-1918, c'est qu'on évalue mal le cauchemar vécu par la jeune génération, qui n'arrive pas à s'en extirper. Première expérience de vie de millions de jeunes adultes (nombre d'entre eux n'ont même pas vingt ans), l'horreur des tranchées de la « sale guerre », ainsi qu'on l'appelle, a provoqué chez eux un indescriptible désarroi et domine encore leurs pensées, les empêchant de vivre l'insouciante exubérance des autres. Les écrivains et les artistes issus de cette génération sont le témoignage vivant de ce cauchemar. Pendant que certains écrivains, tels André Gide, Marcel Proust et Jean Cocteau, assurent une continuité avec la littérature qui a précédé la guerre, les plus jeunes (André Breton, Paul Éluard, Louis Aragon et Robert Desnos, entre autres) tentent de couper les liens avec le passé en proposant une véritable révolution dans la forme et les idées, qu'on qualifiera bientôt de *révolution surréaliste*.

Vingt-cinq ans plus tard, une autre génération d'écrivains, de philosophes et d'artistes se joint à la précédente et oppose à la violence qui sévit en Europe la résistance intellectuelle. Dans le milieu littéraire, le Conseil national des écrivains, fondé en 1943, regroupe la quasi-totalité des résistants. Ce conseil se fera le justicier de l'intégrité des écrivains après la guerre, condamnant certains d'entre eux – semble-t-il à tort, parfois, comme ce fut le cas de Jean Giono[1] – en proscrivant leurs œuvres.

L'ESPOIR TOMBÉ DU CIEL

À l'instar des Allemands, les Français découvrent pendant la Seconde Guerre mondiale le pouvoir des mots. Tout le système de propagande est fondé sur cette conviction que la parole est une arme redoutable. Au milieu des tracts annonçant les victoires des ennemis et qui sont jetés du ciel dans l'espoir de décourager les Français, ceux-ci reçoivent aussi, diffusés de la même manière, des messages d'espoir et d'exhortation à la résistance. Ainsi en est-il du poème « Liberté », de Paul Éluard. Publié clandestinement en 1942, le poème sera largué par centaines d'exemplaires à partir d'avions britanniques et cueilli au vol dans les maquis de France.

---

1. Il appuie en effet l'idée du retour à la terre, mise de l'avant par le gouvernement de Vichy, et qui reflète ses propres valeurs. Mais Giono s'oppose par ailleurs farouchement à la guerre.

Liberté[1] dans *Poésie et vérité* (1942)

De Paul Éluard

Sur mes cahiers d'écolier
Sur mon pupitre et les arbres
Sur le sable de neige
J'écris ton nom

5　Sur les pages lues
Sur toutes les pages blanches
Pierre sang papier ou cendre
J'écris ton nom

Sur les images dorées
10　Sur les armes des guerriers
Sur la couronne des rois
J'écris ton nom

Sur la jungle et le désert
Sur les nids sur les genêts
15　Sur l'écho de mon enfance
J'écris ton nom
[...]
Sur tous mes chiffons d'azur
Sur l'étang soleil moisi
Sur le lac lune vivante
20　J'écris ton nom

Sur les champs sur l'horizon
Sur les ailes des oiseaux
Et sur le moulin des ombres
J'écris ton nom

25　Sur chaque bouffée d'aurore
Sur la mer sur les bateaux
Sur la montagne démente
J'écris ton nom

Sur la mousse des nuages
30　Sur les sueurs de l'orage
Sur la pluie épaisse et fade
J'écris ton nom

Sur les formes scintillantes
Sur les cloches des couleurs
35　Sur la vérité physique
J'écris ton nom

Sur les sentiers éveillés
Sur les routes déployées
Sur les places qui débordent
40　J'écris ton nom

Sur la lampe qui s'allume
Sur la lampe qui s'éteint
Sur mes raisons réunies
J'écris ton nom

45　Sur le fruit coupé en deux
Du miroir et de ma chambre
Sur mon lit coquille vide
J'écris ton nom

Fernand Léger (1881-1955). *Liberté – J'écris ton nom* (1953). Collection privée.

---

1. À l'origine, le poème «Liberté» s'intitulait «Une seule pensée».

Sur mon chien gourmand et tendre
50 Sur ses oreilles dressées
Sur sa patte maladroite
J'écris ton nom

Sur le tremplin de ma porte
Sur les objets familiers
55 Sur le flot du feu béni
J'écris ton nom

Sur toute chair accordée
Sur le front de mes amis
Sur chaque main qui se tend
60 J'écris ton nom

Sur la vitre des surprises
Sur les lèvres attentives
Bien au-dessus du silence
J'écris ton nom

65 Sur mes refuges détruits
Sur mes phares écroulés
Sur les murs de mon ennui
J'écris ton nom

Sur l'absence sans désir
70 Sur la solitude nue
Sur les marches de la mort
J'écris ton nom

Sur la santé revenue
Sur le risque disparu
75 Sur l'espoir sans souvenir
J'écris ton nom

Et par le pouvoir d'un mot
Je recommence ma vie
Je suis né pour te connaître
80 Pour te nommer

Liberté.

DE DADA AU SURRÉALISME : MANIFESTES ET RÉVOLTE

L'horreur que fait naître la Première Guerre mondiale dans les milieux intellectuels se traduit par des manifestations de révolte contre l'ensemble des institutions, y compris les institutions artistiques. Les artistes et les intellectuels occupent le domaine public dans le but avoué de choquer et de répondre, au début du moins, à la violence par la violence – picturale ou langagière –, la destruction et la dérision. Deux mouvements, le dadaïsme et le surréalisme, se succèdent dans les années 1910 et 1920, le second trouvant sa source dans la dimension moins nihiliste du premier.

LE DADAÏSME

« Dada place avant l'action et au-dessus de tout : le doute.
Dada doute de tout. Dada est tatou. Tout est Dada. Méfiez-vous de Dada. »
Tristan Tzara

Le terme « Dada » n'a, semble-t-il, aucun sens précis. Il aurait été choisi au hasard par Tristan Tzara, intellectuel d'origine roumaine et initiateur du mouvement, qui aurait simplement pointé un crayon dans un dictionnaire. Le dadaïsme naît en 1916 autour de Tzara, à Zurich, en Suisse, terre d'exil pour maints artistes durant la guerre. Il trouve son écho à New York, avec Francis Picabia[1] et Marcel Duchamp, deux peintres controversés, puis en Allemagne, pour s'épanouir finalement à Paris en 1920, où il s'éteint quatre ans plus tard.

---

1. Picabia rentre à Paris en 1919, un an avant l'arrivée de Tristan Tzara.

Tristan Tzara proclame sa volonté de démanteler, pourrait-on dire, l'ordre social (il dénonce les valeurs bourgeoises avec une verve véhémente) et d'attaquer les théories esthétiques sur l'art et la littérature. Sept manifestes[1] paraissent entre 1916 et 1924. Jusqu'en 1921, André Breton, père du surréalisme, adhère au mouvement Dada et participe activement aux manifestations qui ont lieu à Paris. Il entrevoit cependant dans ce mouvement nihiliste une façon inexorable de « tuer l'art », et s'en éloigne pour chercher une autre avenue, avec l'idée de fonder une poésie nouvelle.

Manifeste cannibale Dada

De Francis Picabia

Vous êtes tous accusés ; levez-vous. L'orateur ne peut vous parler que si vous
êtes debout.
Debout comme pour la Marseillaise,
debout comme pour l'hymne russe,
5 debout comme pour le God save the king,
debout comme devant le drapeau.
Enfin debout devant DADA qui représente la vie et
qui vous accuse de tout aimer par snobisme,
du moment que cela coûte cher.
10 Vous vous êtes tous rassis ?
Tant mieux, comme cela vous allez m'écouter avec plus d'attention.
Que faites-vous ici, parqués comme des huîtres sérieuses
– car vous êtes sérieux – n'est-ce pas ?
Sérieux, sérieux, sérieux jusqu'à la mort.
15 La mort est une chose sérieuse, hein ?
On meurt en héros, ou en idiot ce qui est même chose. Le seul mot qui ne soit
pas éphémère c'est le mot mort.
Vous aimez la mort pour les autres.
À mort, à mort, à mort.
20 Il n'y a que l'argent qui ne meurt pas, il part seulement en voyage.
C'est le Dieu, celui que l'on respecte, le personnage sérieux
– argent respect des familles. Honneur, honneur à l'argent ; l'homme qui a de
l'argent est un homme honorable.
L'honneur s'achète et se vend comme le cul. Le cul,
25 le cul représente la vie comme les pommes frites,
et vous tous qui êtes sérieux, vous sentirez plus mauvais
que la merde de vache.
DADA lui ne sent rien, il n'est rien, rien, rien.
Il est comme vos espoirs : rien
30 comme vos paradis : rien

---

1. Exposés théoriques par lesquels des personnalités ou des groupes lancent un mouvement littéraire ou artistique.

> comme vos idoles : rien
> comme vos hommes politiques : rien
> comme vos héros : rien
> comme vos artistes : rien
> 35 comme vos religions : rien
> Sifflez, criez, cassez-moi la gueule et puis, et puis ? Je vous dirai encore que
> vous êtes tous des poires. Dans trois mois nous vous vendrons, mes amis et
> moi, nos tableaux pour quelques francs.

LE SURRÉALISME

« Transformer la vie. »	« Changer le monde. »
Arthur Rimbaud	*Karl Marx*

Voilà, pour les surréalistes, le double rôle de la littérature. Leur engagement, à la fois poétique et politique, trouve bien son écho dans ces cris de ralliement empruntés à Rimbaud et à Marx. Comme le dadaïsme, le mouvement surréaliste découle d'une volonté de révolutionner l'art, à cette différence qu'il est plus constructif. Et la poésie qui émerge de ce nouveau mouvement donne lieu à des transformations dorénavant incontournables pour les poètes du XXe siècle.

Regroupant à tour de rôle ou en même temps une quantité importante des poètes et des artistes de l'époque, le surréalisme est défini par André Breton dans son premier *Manifeste du surréalisme* (1924) comme un « automatisme psychique pur par lequel on se propose d'exprimer, soit verbalement, soit de toute autre manière, le fonctionnement réel de la pensée. Dictée de la pensée, en l'absence de tout contrôle exercé par la raison, en dehors de toute préoccupation esthétique ou morale ». Cette définition montre bien l'intérêt de son auteur pour la psychanalyse et laisse supposer une écriture plus vraie qu'une autre, qui serait celle de l'inconscient. Même si la poésie en général est la voie la plus appropriée, sinon la plus utilisée pour faire émerger l'écriture automatique, certains auteurs, comme Breton lui-même dans *Nadja,* ont montré que le texte prosaïque pouvait aussi jouer ce rôle.

On s'entend généralement pour situer la période d'activité du mouvement surréaliste de 1920 à 1966, date de la mort de Breton, mais, à vrai dire, en dépit d'un certain renouveau durant les années 1950, le mouvement s'essouffle dès les années 1940. Le surréalisme est marqué par des hauts et des bas, par des guerres intestines, des dissensions, des incompréhensions, des exclusions. On retient entre autres épisodes la démission spectaculaire, en 1926, du très talentueux et non moins tourmenté Antonin Artaud, alors directeur du bureau des recherches surréalistes. Poète, comédien, dramaturge et théoricien de cette dramaturgie, qu'il souhaite voir revenir à sa fonction sacrée, Artaud s'insurge contre l'engagement politique du groupe surréaliste. Selon lui, la révolution surréaliste doit être spirituelle et non politique.

AUTEUR

Guillaume Apollinaire (1880-1918)

Bien qu'il soit mort trop tôt pour participer aux manifestations surréalistes, Guillaume Apollinaire est tout de même considéré comme un précurseur du mouvement. Encore jeunes dans les années 1910, les futurs fondateurs le prennent pour modèle. C'est à lui qu'on doit le terme « surréaliste », qu'il emploie pour qualifier sa pièce *Les mamelles de Tirésias*, qu'il a lui-même mise en scène en 1917.

Dans son recueil *Calligrammes*, paru en 1918, Apollinaire force le lecteur non seulement à donner un sens révélé au mot, mais à lui attribuer une force évocatrice, une fonction visuelle, un rôle spatial, cherchant ainsi à l'arracher à sa fonction traditionnelle.

La cravate et la montre dans *Calligrammes* (1918)

EXTRAIT

LA CRAVATE ET LA MONTRE

Dans *Calligrammes*, le mot n'est plus au service de l'idée : il est l'objet même de la visualisation. On repousse les limites du concept de « mot-objet » en donnant à celui-ci le rôle du trait qui forme l'image en même temps qu'il la décrit.

```
                                              LA
                                                CRAVATE
                                          DOU
                                          LOU
                                          REUSE
                                          QUE TU
                                          PORTES
                                          ET QUI T'
                                          ORNE O CI
                                            VILISÉ
                                       OTE-      TU VEUX
                                       LA         BIEN
                                       SI         RESPI
                                                  RER

              COMME L'ON
                S'AMUSE
                  BI
                  EN
                       les                  la
                       heures
          et le                        beau
          vers
          dantesque              Mon
          luisant et             coeur        té
          cadavérique
                                                    de
                                                        la
       le bel                              les
       inconnu           Il                yeux    vie
                       est      Et
                        –       tout                  pas
                        5       se
       les Muses          en    ra                     se
       aux portes de      fin   fi
       ton corps                ni            l'enfant   la
                                                       dou

       l'infini                                      leur
       redressé                         Agia
          par un fou                            de
          de philosophie
                                              mou
                                           rir
              semaine            la main

          Tireis
```

André Breton (1896-1966)

AUTEUR

Après avoir commencé des études de médecine, André Breton, poète et théoricien du surréalisme, consacre une part considérable de sa vie à ce mouvement, qu'il a lui-même fondé et qu'il s'est donné pour mission de promouvoir. Dans sa réflexion sur la littérature, il s'intéresse à la notion d'inconscient proposée par la psychanalyse et qui ne semble nulle part aussi accessible que dans la poésie, laquelle selon lui doit être moins soucieuse de faire beau que de faire vrai. Homme entier et politiquement engagé, autoritaire de surcroît, Breton pousse la défense de ses idées jusqu'à se brouiller définitivement avec des amis de longue date, tels les écrivains Louis Aragon et Paul Éluard.

Mode d'écriture automatique dans le premier *Manifeste du surréalisme* (1924)

EXTRAIT

Faites-vous apporter de quoi écrire, après vous être établi en un lieu aussi favorable que possible à la concentration de votre esprit sur lui-même. Placez-vous dans
5 l'état le plus passif, ou réceptif, que vous pourrez. Faites abstraction de votre génie, de vos talents et de ceux de tous les autres. Dites-vous bien que la littérature est un des plus tristes chemins qui
10 mènent à tout. Écrivez vite sans sujet préconçu, assez vite pour ne pas retenir et ne pas être tenté de vous relire. La première phrase viendra toute seule, tant il est vrai qu'à chaque seconde il est une phrase étrangère à notre pensée consciente qui ne demande qu'à s'extérioriser. Il est assez difficile de se prononcer sur le cas de la phrase sui-
15 vante ; elle participe sans doute à la fois de notre activité consciente et de l'autre, si l'on admet que le fait d'avoir écrit la première entraîne un minimum de perception. Peu doit vous importer, d'ailleurs ; c'est en cela que réside, pour la plus grande part, l'intérêt du jeu surréaliste. Toujours est-il que la ponctuation s'oppose sans doute à la continuité absolue de la coulée qui nous
20 occupe, bien qu'elle paraisse aussi nécessaire que la distribution des nœuds sur une corde vibrante. Continuez autant qu'il vous plaira. Fiez-vous au caractère inépuisable du murmure. Si le silence menace de s'établir pour peu que vous ayez commis une faute : une faute, peut-on dire, d'inattention, rompez sans hésiter avec une ligne claire. À la suite du mot dont l'origine vous semble sus-
25 pecte, posez une lettre quelconque, la lettre *l* par exemple, toujours la lettre *l*, et ramenez l'arbitraire en imposant cette lettre pour initiale au mot qui suivra.

André Breton propose un véritable mode d'écriture automatique, qui permettrait à l'inconscient de s'inscrire de lui-même dans l'œuvre. Selon lui, la poésie n'est pas l'apanage de l'écrivain professionnel, puisque chacun peut y accéder, pourvu qu'il laisse la «vérité» surgir d'elle-même. Il ne sera donc pas question d'œuvre cohérente et structurée selon des règles de versification ou relevant de quelque autre logique. Le poème doit être le fruit d'un seul jet d'écriture, que son auteur exécute dans un état semblable à celui du rêve afin de laisser s'exprimer l'inconscient. C'est ainsi qu'il sera possible, comme l'affirme Breton, de «débusquer le réel».

De facture ludique (Breton parle du «jeu surréaliste»), la poésie surréaliste peut à certains moments prendre des formes étonnantes: cadavre exquis[1], contre-pèterie[2], etc. De l'avis de Breton, l'œuvre la plus proche de l'essence même de cette poésie est celle de Robert Desnos.

Robert Desnos (1900-1945)

Le poète Robert Desnos est capable de créer dans cet état de sommeil hypnotique qui laisse l'inconscient se manifester et auquel aspirent tous les surréalistes. Desnos devient, pour cette raison, la figure emblématique du mouvement.

Robert Desnos poursuit néanmoins un travail d'écriture plus lyrique. En 1930, il fait paraître son recueil intitulé *Corps et biens*. On retrouve dans sa poésie, comme dans celle de Breton, les thèmes majeurs des œuvres surréalistes que sont l'amour fou, la femme muse, le rêve et l'insolite. Desnos connaît par ailleurs une fin tragique: prisonnier dans un camp de concentration nazi, il mourra la veille de la libération de ce camp, en 1945.

Inventé d'abord par le peintre Marcel Duchamp, dont les tableaux surréalistes ont choqué le public des années 1920, le personnage de Rrose Sélavy est ensuite repris par son ami Robert Desnos, qui lui rend en quelque sorte hommage dans des aphorismes[3] souvent construits à l'aide de contrepèteries.

Rrose Sélavy (1939) – contrepèteries

EXTRAIT

24. Croyez-vous que Rrose Sélavy connaisse ces jeux de fous qui mettent le feu aux joues?

25. Rrose Sélavy c'est peut-être aussi
5   ce jeune apache qui de la paume de sa main colle un pain à sa môme.

35. Si le silence est d'or, Rrose Sélavy abaisse ses cils et s'endort.

39. Rrose Sélavy propose que la pourri-
10   ture des passions devienne la nourriture des nations.

40. Quelle est donc cette marée sans cause dont l'onde amère inonde l'âme acérée de Rrose?

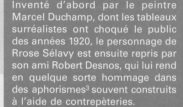

Marcel Duchamp (1887-1968). *Fontaine* (1917). Moderna Museet, Stockholm, Suède.

---

1. Jeu surréaliste qui consiste à composer une phrase en écrivant un mot sur un papier que l'on plie avant de le passer au joueur suivant (*Le Petit Robert*).
2. Inversion des lettres ou des syllabes d'un ensemble de mots spécialement choisis, afin d'en obtenir d'autres dont l'assemblage ait également un sens, de préférence burlesque ou grivois (*Le Petit Robert*).
3. Formule ou prescription concise résumant une théorie, une série d'observations ou renfermant un précepte (*Le Petit Robert*).

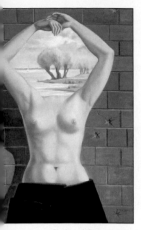

Roland Penrose
(1900-1984).
Good shooting
(*Bien visé*) (1939).
Southampton
City Art Gallery,
Southampton,
Royaume-Uni.

Les thèmes et les caractéristiques des œuvres surréalistes

En littérature comme en art, le mouvement surréaliste propose des formes nouvelles et privilégie des thèmes qui le caractérisent encore aujourd'hui. La femme en tant que muse, la dimension onirique de l'existence ainsi que la juxtaposition d'éléments disparates sont des aspects fréquemment observés dans les œuvres.

La femme muse et l'amour fou

Comme on peut l'observer dans le poème suivant de Robert Desnos, c'est essentiellement son caractère intangible qui rend la femme désirable. Le poète confond la femme et le rêve, seul lieu possible pour rencontrer celle que l'on cherche, à la fois inaccessible et invincible. La femme muse, celle qui peut faire sombrer le poète dans l'amour fou, est « idéelle », c'est-à-dire qu'elle ne se trouve nulle part ailleurs que dans une représentation idéalisée de la vie. On la muselle afin de l'empêcher d'accéder à la banalité du réel. On la veut distante et belle ; elle est précisément irréelle, comme un ange, une fée ou un spectre.

EXTRAIT

J'ai tant rêvé de toi (1930) dans *Corps et biens*

De Robert Desnos

> J'ai tant rêvé de toi que tu perds ta réalité.
> Est-il encore temps d'atteindre ce corps vivant
> et de baiser sur cette bouche la naissance
> de la voix qui m'est chère ?
> 5 J'ai tant rêvé de toi que mes bras habitués, en
> étreignant ton ombre, à se croiser sur ma poitrine
> ne se plieraient pas au contour de ton corps,
> peut-être.
> Et que, devant l'apparence réelle de ce qui me
> 10 hante et me gouverne depuis des jours et des
> années, je deviendrais une ombre sans doute.
> Ô balances sentimentales.
> J'ai tant rêvé de toi qu'il n'est plus temps
> sans doute que je m'éveille.
> 15 Je dors debout, le corps exposé à toutes les apparences de la vie et de l'amour
> et toi, la seule qui compte aujourd'hui pour moi, je pourrais moins toucher
> ton front et tes lèvres que les premières lèvres et le premier front venus.
> J'ai tant rêvé de toi, tant marché, parlé, couché avec ton fantôme qu'il ne me
> reste plus peut-être, et pourtant, qu'à être fantôme parmi les fantômes et plus
> 20 ombre cent fois que l'ombre qui se promène et se promènera allègrement
> sur le cadran solaire de ta vie.

> Bien qu'inaccessible, la femme muse des surréalistes n'en possède pas moins un corps, que le poète, obsédé par la beauté de celui-ci, ne cesse de nommer, le décomposant dans ses parties. Desnos multiplie les procédés sonores, l'assonance par exemple, afin de donner au poème l'aspect mélodieux qui convient à sa lamentation. Par ailleurs, l'oxymore l'« apparence réelle » évoque l'aspect ambivalent de la femme réelle devenue fantomatique par la force du rêve.

Les rencontres insolites et la part du rêve

L'univers surréaliste accorde une place importante aux phénomènes étranges, voire paranormaux, susceptibles de se manifester au cœur du quotidien. Poursuivant la logique de la pensée symboliste, les surréalistes croient que la réalité se cache derrière des dehors anodins et qu'il faut l'en extraire. Breton parle de «débusquer le réel» pour en dégager le *surréel*. Les rencontres inattendues, étranges ou insolites dans l'univers quotidien permettent de côtoyer la dimension onirique ou occulte de la vie.

La notion de «hasard objectif», proposée par Breton, est liée aux coïncidences entre le désir et la réalité. Selon cette idée, certains événements, en apparence fortuits, découlent en fait d'une logique qui nous force à y reconnaître un message émanant de nos désirs.

Nadja (1928)

EXTRAIT

D'André Breton

Nadja, le personnage de Breton, est l'image parfaite de la femme telle que la conçoivent les surréalistes : inaccessible, aérienne, voire précisément surréelle. La rencontre entre la muse et le narrateur souligne aussi la générosité du hasard et du fortuit dont se nourrit l'espoir des surréalistes. Tout le mythe de Nadja vient de son affirmation finale, «Je suis l'âme errante», qui la fait émerger de l'insolite.

Je venais de traverser ce carrefour dont j'oublie ou ignore le nom, là, devant une église. Tout à coup, alors qu'elle est peut-être encore à dix pas de moi, venant en
5   sens inverse, je vois une jeune femme, très pauvrement vêtue, qui, elle aussi, me voit ou m'a vu. Elle va la tête haute, contrairement à tous les autres passants.
[...]
Je n'avais jamais vu de tels yeux. Sans hésitation j'adresse la parole à
10   l'inconnue, tout en m'attendant, j'en conviens du reste, au pire. Elle sourit, mais très mystérieusement, et, dirai-je, comme *en connaissance de cause*, bien qu'alors je n'en puisse rien croire. Elle se rend, prétend-elle, chez un coiffeur du boulevard Magenta (je dis : prétend-elle, parce que sur l'instant j'en doute et qu'elle devait reconnaître par la suite qu'elle allait sans but aucun).
15   Elle m'entretient bien avec une certaine insistance de difficultés d'argent qu'elle éprouve, mais ceci, semble-t-il, plutôt en manière d'excuse et pour expliquer l'assez grand dénuement de sa mise. Nous nous arrêtons à la terrasse d'un café proche de la gare du Nord. Je la regarde mieux. Que peut-il bien passer de si extraordinaire dans ces yeux ? Que s'y mire-t-il à la fois obs-
20   curément de détresse et lumineusement d'orgueil ?
[...]
Je suis extrêmement ému. Pour faire diversion je demande où elle dîne. Et soudain cette légèreté que je n'ai vue qu'à elle, cette *liberté* peut-être précisément : «Où ? (le doigt tendu :) mais là, ou là (les deux restaurants les plus proches), où je suis, voyons. C'est toujours ainsi. » Sur le point de m'en aller, je veux lui

25 poser une question qui résume toutes les autres, une question qu'il n'y a que
moi pour poser, sans doute, mais qui, au moins une fois, a trouvé une réponse
à sa hauteur : « Qui êtes-vous ? » Et elle, sans hésiter : « Je suis l'âme errante. »

Marc Chagall (1887-1985). *La nymphe bleue* (sans date). Collection privée.

La juxtaposition d'éléments disparates

S'attachant à reconsidérer le quotidien qui nous entoure et que nous n'observons
plus, les peintres surréalistes en ont réaménagé les éléments dans un environnement
inattendu. Les poètes ont fait un exercice semblable en associant des mots représentant des réalités en apparence disparates, provoquant ainsi des révélations fulgu-
rantes, en partie issues de l'inconscient. Cette juxtaposition d'éléments disparates vise
davantage les caractéristiques formelles que les thèmes. L'écriture automatique

constitue l'expression extrême de cette approche, mais on peut supposer que la plupart des poètes ont travaillé davantage leurs textes, et que le résultat final n'est pas tout à fait le fruit de l'inconscient pur.

AUTEUR

Louis Aragon (1897-1982)

Les premières heures du mouvement surréaliste voient aussi se démarquer deux poètes aux itinéraires très semblables. Louis Aragon et Paul Éluard participent très tôt à la revue *Littérature*[1]; tous deux font paraître un recueil de poèmes surréalistes en 1926 (*Le mouvement perpétuel*, d'Aragon, et *Capitale de la douleur*, d'Éluard); tous deux adhèrent au parti communiste et deviennent, lors de la Seconde Guerre mondiale, des symboles importants de la résistance française.

Aragon est l'un des fondateurs du mouvement surréaliste, avec André Breton et Philippe Soupault. L'influence marquante d'un amour qui ne se terminera qu'avec la mort crée une véritable fusion entre Louis Aragon et l'écrivaine Elsa Triolet, qu'il rencontre en 1928 et à qui il dédie une partie considérable de son œuvre (*Cantique à Elsa* et *Les yeux d'Elsa* en 1942, *Elsa* en 1959, *Le fou d'Elsa* en 1963 et *Il ne m'est Paris que d'Elsa* en 1964).

La route de la révolte (à André Breton)
dans *Le mouvement perpétuel* (1926)

Ni les couteaux ni la salière
Ni les couchants ni le matin
Ni la famille familière
Ni j'accepte soldat ni Dieu
5   Ni le soleil attendre ou vivre
Les larmes danseuses du rire
N-I ni tout est fini
Mais *Si* qui ressemble au désir
Son frère le regard le vin
10 Mai le cristal des roches d'aube
Mais MOI le ciel le diamant
Mais le baiser la nuit où sombre
Mais sous ses robes de scrupule
M-É mé tout est aimé

La révolte dont il est question dans ce poème est avant tout celle de l'esthétique surréaliste, qui refuse la structure formelle, les règles grammaticales et même l'emploi classique de la majuscule. Cependant, par la répétition du «Ni», le poème traduit aussi la révolte contre le quotidien et la guerre, et privilégie l'amour, tel qu'il est exprimé dans les derniers vers. La juxtaposition d'éléments hétéroclites sert donc ici à rejeter une certaine dimension de la vie pour ensuite en faire ressortir une autre, plus lumineuse.

---

1. Fondée en 1919 par André Breton et Louis Aragon, *Littérature* est une revue d'avant-garde qui regroupe les textes des surréalistes.

Paul Éluard (1895-1952)

Paul Éluard a aussi vécu une histoire d'amour déterminante, comme en témoigne l'œuvre qu'il fait paraître en
1926. Helena Diakonova, qu'il épouse en 1917, portera le
pseudonyme qu'il a choisi de lui donner, Gala. Devenue
la muse de plusieurs surréalistes, elle quitte Éluard en 1924
pour le peintre Salvador Dali. Dans *Capitale de la douleur*,
le poète tente d'exorciser la douleur de cette séparation.

La courbe de tes yeux
dans *Capitale de la douleur* (1926)

La courbe de tes yeux fait le tour de mon cœur,
Un rond de danse et de douceur,
Auréole du temps, berceau nocturne et sûr,
Et si je ne sais plus tout ce que j'ai vécu
5 C'est que tes yeux ne m'ont pas toujours vu.

Feuilles de jour et mousse de rosée,
Roseaux du vent, sourires parfumés,
Ailes couvrant le monde de lumière,
Bateaux chargés du ciel et de la mer,
10 Chasseurs des bruits et sources des couleurs,
Parfums éclos d'une couvée d'aurores
Qui gît toujours sur la paille des astres,
Comme le jour dépend de l'innocence
Le monde entier dépend de tes yeux purs
15 Et tout mon sang coule dans leurs regards.

La juxtaposition d'éléments disparates vise à provoquer des visions nouvelles de la réalité. Les références de ce poème s'éloignent toutefois du quotidien pour évoquer des images plus rares, qui rappellent la poésie symbo-liste. Tout comme la courbe des yeux qui fait le tour du cœur, la référence au regard dans le premier vers ainsi que dans les deux derniers vers constitue une façon d'encercler les représen-tations métaphoriques du poème, d'en faire le tour.

Man Ray
(1890-1976). *Noire
et blanche* (1926).

L'écho de la révolte surréaliste au Québec

Le mouvement artistique et littéraire qu'on nomme « automatisme » ainsi que le manifeste du *Refus global* sont associés au mouvement surréaliste français, bien qu'ils s'en éloignent sur certains aspects. En tout, quinze signataires ont joint leurs voix à celle de **Paul-Émile Borduas** (1905-1960), auteur du manifeste, pour protester contre différentes formes d'exploitation, souvent engendrées par le rationalisme et la cupidité humaine. Certaines de ces dénonciations – et c'est là l'impact majeur du manifeste, même s'il est demeuré dans l'oubli presque total jusque dans les années 1960 – sont directement reliées à la réalité canadienne-française des années 1940.

Manifeste du *Refus global*

Rejetons de modestes familles canadiennes-françaises, ouvrières ou petites bourgeoises, de l'arrivée au pays à nos jours restées françaises et catholiques par résistance au vainqueur, par attachement arbitraire au passé, par plaisir et orgueil sentimental et autres nécessités.

5 Colonie précipitée dès 1760 dans les murs lisses de la peur, refuge habituel des vaincus ; là, une première fois abandonnée. L'élite reprend la mer ou se vend au plus fort. Elle ne manquera plus de le faire chaque fois qu'une occasion sera belle.

Un petit peuple serré de près aux soutanes restées les seules dépositaires
10 de la foi, du savoir, de la vérité et de la richesse nationale. Tenu à l'écart de l'évolution universelle de la pensée pleine de risques et de dangers, éduqué sans mauvaise volonté, mais sans contrôle, dans le faux jugement des grands faits de l'histoire quand l'ignorance complète est impraticable.

Petit peuple issu d'une colonie janséniste, isolé, vaincu, sans défense contre
15 l'invasion, de toutes les congrégations de France et de Navarre, en mal de perpétuer en ces lieux bénis de la peur (c'est-le-commencement-de-la-sagesse !) le prestige et les bénéfices du catholicisme malmené en Europe. Héritières de l'autorité papale, mécanique, sans réplique, grands maîtres des méthodes obscurantistes, nos maisons d'enseignement ont dès lors les moyens
20 d'organiser en monopole le règne de la mémoire exploiteuse, de la raison immobile, de l'intention néfaste.

Petit peuple qui malgré tout se multiplie dans la générosité de la chair sinon dans celle de l'esprit, au nord de l'immense Amérique au corps sémillant de la jeunesse au cœur d'or, mais à la morale simiesque, envoûtée par le
25 prestige annihilant du souvenir des chefs-d'œuvre d'Europe, dédaigneuse des authentiques créations de ses classes opprimées.

Notre destin sembla durement fixé.

[...]

D'ici là notre devoir est simple.

Rompre définitivement avec toutes les habitudes de la société, se désolidariser
30   de son esprit utilitaire. Refus d'être sciemment au-dessous de nos possibilités
psychiques. Refus de fermer les yeux sur les vices, les duperies perpétrées
sous le couvert du savoir, du service rendu, de la reconnaissance due. Refus
d'un cantonnement dans la seule bourgade plastique, place fortifiée mais
trop facile d'évitement. Refus de se taire – faites de nous ce qu'il vous plaira
35   mais vous devez nous entendre – refus de la gloire, des honneurs (le premier
consenti) : stigmates de la nuisance, de l'inconscience, de la servilité. Refus
de servir, d'être utilisables pour de telles fins. Refus de toute INTENTION,
arme néfaste de la RAISON. À bas toutes deux, au second rang !

Place à la magie ! Place aux mystères objectifs !
40   Place à l'amour !
Place aux nécessités !
Au refus global nous opposons la responsabilité entière.

Les cosignataires du *Refus global* :
Magdeleine Arbour, Marcel Barbeau, Bruno Cormier, Claude Gauvreau, Pierre Gauvreau,
Muriel Guilbault, Marcelle Ferron-Hamelin, Fernand Leduc, Thérèse Leduc,
Jean-Paul Mousseau, Maurice Perron, Louis Renaud, Françoise Riopelle,
Jean-Paul Riopelle, Françoise Sullivan.

Paul-Émile Borduas
(1905-1960). *Sans titre*
(1950). Gouache sur
papier, 18,9 × 22,2 cm.
Collection : Musée
d'art contemporain
(D 95 77 GO 1),
Montréal, Québec.

En marge du surréalisme

Bien que le mouvement surréaliste occupe une partie importante de l'espace littéraire et artistique des années 1920, il existe, en marge de celui-ci, des voix distinctes et tout aussi déterminantes pour l'avenir de la littérature. C'est le cas de Jean Cocteau et d'André Gide, dont les longues carrières littéraires ont débuté avant la Grande Guerre.

AUTEUR   Jean Cocteau (1889-1963)

Se situant en marge du surréalisme, dont il condamne l'aspect dogmatique, Jean Cocteau poursuit jusque dans les années 1960 une carrière artistique et littéraire aussi brillante que polymorphe. L'enfant prodige, ainsi qu'on le qualifie avant la guerre, éblouit le tout-Paris. Il s'inquiète moins par la suite de plaire à son public que d'explorer les limites nouvelles de la littérature.

Après la guerre, côtoyant le peintre Pablo Picasso et le compositeur Éric Satie dans les cafés de Montparnasse, Cocteau crée avec eux, en 1919, le ballet intitulé *Parade*. L'œuvre fait scandale et convainc l'auteur de génie qu'il faut, en art, bousculer les idées reçues. De *La lampe d'Aladin* – un recueil de poèmes qu'il a publié à l'âge de seize ans et qu'il reniera par la suite – à ses toutes dernières œuvres du début des années 1960, Cocteau sera tour à tour poète, romancier et dramaturge, dessinateur, illustrateur et peintre, cinéaste, essayiste et critique. Son génie se manifeste dans tous les domaines ; il est indéniablement l'un des plus grands créateurs français du XXe siècle.

Les enfants terribles (1929)

Chapitre 7

EXTRAIT

Ce fut seulement à partir de cette date que la chambre prit le large. Son envergure était plus vaste, son arrimage plus dangereux, plus hautes ses vagues.

5　Dans le monde singulier des enfants, on pouvait faire la planche et aller vite. Semblable à celle de l'opium, la lenteur y devenait aussi périlleuse qu'un record de vitesse.

Cette œuvre explore jusqu'au profond désespoir la douleur humaine, sans toutefois vraiment la nommer. Deux orphelins laissés à eux-mêmes vivent dans un monde onirique, clos, cerné par leur imaginaire et auquel peu de gens ont accès. Le frère et la sœur sont unis par des liens antagonistes, mélange d'amour et de haine, qu'ils n'arriveront jamais à dépasser. L'extrait qui suit présente les enfants, Élisabeth (dont le diminutif est « Lise ») et Paul, ainsi que Gérard (surnommé « Girafe »), un des rares amis tolérés dans le décor théâtral et intime de la chambre.

10　Chaque fois que son oncle voyageait, inspectait les usines, Gérard restait coucher rue Montmartre. On l'installait sur des piles de coussins et on le couvrait de vieux manteaux. En face, les lits le dominaient comme un théâtre. L'éclairage de ce théâtre était l'origine d'un prologue qui situait tout de suite le drame. En effet, la lumière se trouvait au-dessus du lit de Paul. Il la rabattait

Amedeo Modigliani (1884-1920). *Jeanne Hébuterne with yellow sweater (Le sweater jaune)* (1918-1919). Solomon R. Guggenheim Museum, New York, États-Unis.

15 avec un lambeau d'andrinople[1]. L'andrinople emplissait la chambre d'une ombre rouge et empêchait Élisabeth de voir clair. Elle tempêtait, se relevait, déplaçait l'andrinople. Paul la replaçait ; après une lutte où chacun
20 tirait sur le lambeau, le prologue finissait par la victoire de Paul qui brutalisait sa sœur et recoiffait la lampe. Car, depuis la mer, Paul dominait sa sœur. Les craintes de Lise lorsqu'il s'était levé et qu'elle avait constaté sa
25 croissance étaient bien fondées. Paul n'acceptait plus un rôle de malade et la cure morale de l'hôtel dépassait le but. Elle avait beau dire : « Monsieur trouve tout très *agréable*. Un film est très *agréable*, un livre est très
30 *agréable*, une musique est très *agréable*, un fauteuil est très *agréable*, la grenadine et l'orgeat[2] sont très *agréables*. Tenez, Girafe, il me dégoûte ! Regardez-le ! Regardez. Il se pourlèche ! Regardez cette tête de veau ! » elle
35 n'en sentait pas moins l'homme se substituer au nourrisson. Comme aux courses, Paul la gagnait presque d'une tête. La chambre le publiait. Dessus, c'était la chambre de Paul ; il n'avait aucun effort à faire pour atteindre de
40 la main ou de l'œil les accessoires du songe. Dessous, c'était la chambre d'Élisabeth, et lorsqu'elle voulait les siens, elle fouillait, plongeait, avec l'air de chercher un vase de nuit.

Mais elle ne fut pas longue à trouver des
45 tortures et à reprendre l'avantage dérobé. Elle qui, jadis, agissait avec des armes garçonnières, se replia vers les ressources d'une nature féminine toute neuve et prête à servir. C'est pourquoi elle accueillait Gérard de bonne grâce, pressentant qu'un public serait utile et les tortures de Paul plus vives si elles avaient un spectateur.

50 Le théâtre de la chambre s'ouvrait à onze heures du soir. Sauf le dimanche, il ne donnait pas de matinées.

À dix-sept ans, Élisabeth en paraissait dix-sept ; Paul en paraissait dix-neuf à quinze. Il sortait. Il traînait. Il allait voir des films *très agréables*, écouter des musiques *très agréables*, suivre des filles *très agréables*. Plus ces filles étaient
55 des filles, plus elles raccrochaient, plus il les trouvait *agréables*.

---

1. Tissu d'ameublement.
2. Sirop qu'on préparait autrefois avec une décoction d'orge.

André Gide (1869-1951)

AUTEUR

Dans les années 1890, André Gide fréquente déjà les milieux littéraires, en particulier les symbolistes. En 1909, il fonde avec d'autres écrivains *La Nouvelle Revue française,* qui publiera un nombre important d'écrivains tels que Marcel Proust, Guillaume Apollinaire, Paul Valéry et lui-même. Au cours des années 1920 paraîtront ses ouvrages déterminants, dont *Corydon* (1924), dans lequel il fait l'apologie de l'homosexualité, et *Les faux-monnayeurs* (1925), œuvre complexe qui se situe, une fois de plus, dans l'univers de l'enfance et de l'adolescence.

Les faux-monnayeurs (1925)

EXTRAIT

» Nécessaire d'abréger beaucoup cet épisode. La précision ne doit pas être obtenue par le détail du récit, mais bien, dans l'imagina-
5 tion du lecteur, par deux ou trois traits, exactement à la bonne place. Je crois du reste qu'il y aurait intérêt à faire raconter tout cela par l'enfant; son point de vue
10 est plus significatif que le mien. Le petit est à la fois gêné et flatté de l'attention que je lui porte.

Au dire même de l'auteur, il s'agit du seul roman qu'il eût jamais écrit. Comme dans *Paludes* (1895), différents récits se chevauchent, ce qui provoque l'expérience de la mise en abyme[1] par l'intermédiaire du personnage d'Édouard; celui-ci est l'auteur de l'œuvre dans l'œuvre, en l'occurrence un journal intime intitulé aussi *Les faux-monnayeurs*, comme le titre du roman de Gide. Mais c'est aussi l'expérience du passage dans le monde adulte, celui de l'homosexualité, de l'amour et du mensonge, qui nous est révélée à travers le parcours initiatique de deux jeunes gens, Bernard et Olivier.

Le texte présenté ici est un passage du journal d'Édouard, que le lecteur découvre en même temps que Bernard et, en quelque sorte, comme par-dessus l'épaule de celui-ci.

Mais la pesée de mon regard fausse un peu sa direction. Une personnalité trop tendre et inconsciente encore se défend et se dérobe derrière une atti-
15 tude. Rien n'est plus difficile à observer que les êtres en formation. Il faudrait pouvoir ne les regarder que de biais, de profil.

» Le petit déclara soudain que «ce qu'il aimait le mieux» c'était «la géographie». Je soupçonnai que derrière cet amour se dissimulait un instinct de vagabondage.

20 «Tu voudrais aller là-bas? lui demandai-je.

» — Parbleu!» fit-il en haussant un peu les épaules.

» L'idée m'effleura qu'il n'était pas heureux auprès des siens. Je lui demandai s'il vivait avec ses parents.

— Oui. – Et s'il ne se plaisait pas avec eux? – Il protesta mollement. Il
25 paraissait quelque peu inquiet de s'être trop découvert tout à l'heure. Il ajouta:

---

1. Ce procédé artistique et littéraire est exposé dans le chapitre précédent.

« Pourquoi est-ce que vous me demandez ça ?

— Pour rien, dis-je aussitôt ; puis, touchant du bout du doigt le ruban jaune de sa boutonnière :

» Qu'est-ce que c'est que ça ?

30 » — C'est un ruban ; vous le voyez bien. »

» Mes questions manifestement l'importunaient. Il se tourna brusquement vers moi, comme hostilement, et sur un ton gouailleur et insolent, dont je ne l'aurais jamais cru capable et qui proprement me décomposa :

» — Dites donc… ça vous arrive souvent de reluquer les lycéens ? »

35 » Puis, tandis que je balbutiais confusément un semblant de réponse, il ouvrit la serviette d'écolier qu'il portait sous son bras, pour y glisser son emplette. Là se trouvaient des livres de classe et quelques cahiers recouverts uniformément de papier bleu. J'en pris un ; c'était celui d'un cours d'histoire. Le petit avait écrit, dessus, son nom en grosses lettres. Mon cœur bondit en y 40 reconnaissant le nom de mon neveu :

« GEORGES MOLINIER. »

(Le cœur de Bernard bondit également en lisant ces lignes, et toute cette histoire commença de l'intéresser prodigieusement.)

Paul Klee (1879-1940). *Château et soleil* (1928). Collection privée, Londres, Royaume-Uni.

UN NOUVEL HUMANISME

> « Le sens du mot *art* est tenter de donner conscience
> à des hommes de la grandeur qu'ils ignorent en eux. »
> *André Malraux*

L'entre-deux-guerres est à la fois marqué par le désespérant constat que les conflits mondiaux ne sont pas résolus et par la conviction profonde que l'humanité peut encore réaliser l'impossible, qui serait de se détourner de l'inexorable marche vers ces nouveaux conflits. Se situant parfois entre fiction et réalité, les œuvres littéraires montrent des héros dont la force individuelle et les préoccupations humanitaires viennent à bout des plus tristes destins. La fraternité et la détermination individuelle forment donc le nouvel être humaniste, personnage déterminant des années 1930, comme le démontrent les œuvres d'Henry de Montherlant (1895-1972), de Pierre Drieu La Rochelle[1] (1893-1945), d'Antoine de Saint-Exupéry (1900-1944), d'André Malraux (1901-1976) et de Jean Giono (1895-1970). Conscients que l'homme doit plus que jamais se pencher sur son avenir collectif, ces écrivains mettent l'accent sur les traits d'humanité qui définissent l'individu, et qui font surgir le courage insoupçonné qui est en lui.

LES THÈMES

Les traits d'humanité, récurrents dans les œuvres de cette période, marquent les différents thèmes qui s'articulent autour de cette idée d'un homme simple et courageux, prêt à changer sa destinée.

Un héros à hauteur d'homme

L'héroïsme dans la littérature de cette époque réside dans les défis personnels qui permettent au personnage central d'assumer pleinement sa condition humaine, plutôt que dans des exploits dignes des grandes épopées. La prise de conscience de son humanité incite le héros à mener sa vie de façon exemplaire, convaincu qu'une multitude d'expériences individuelles empreintes des grandes valeurs humaines conduit plus sûrement à la fraternité et à la paix que les révolutions ou les actions militaires.

Mater le destin

Profondément marqué par les ravages de la Première Guerre mondiale et sentant, dans les années 1930, l'humanité s'aventurer dans des voies très semblables, le héros humaniste, à l'instar de son auteur, cherche à trouver en lui la grandeur nécessaire pour affronter la fatalité, pour mater le destin, tant individuel que collectif, le dominer afin de le transformer.

---

1. Collaborateur des nazis durant la Seconde Guerre mondiale, Pierre Drieu La Rochelle se suicide en 1945.

AUTEUR

Antoine de Saint-Exupéry (1900-1944)

L'auteur du *Petit prince* (1943) fait carrière dans l'aviation, et c'est dans cet univers particulier que prend place chacune de ses œuvres. Tout comme ses personnages, Saint-Exupéry s'engage pendant la guerre dans des expéditions aériennes héroïques, souvent dangereuses. Il finit par y laisser sa vie.

Terre des hommes (1939)

EXTRAIT

Tu avais disparu depuis cinquante heures, en hiver, au cours d'une traversée des Andes. Rentrant du fond de la Patagonie, je rejoignis le pilote
5 Deley à Mendoza. L'un et l'autre, cinq jours durant, nous fouillâmes, en

Dans *Terre des hommes*, l'initiation à l'aviation devient l'initiation à la vie. Le narrateur, Saint-Exupéry, s'adresse à son camarade Guillaumet, que tous croyaient mort à la suite d'un accident d'avion dans les Andes. En soulignant son courage et le bonheur des autres de le retrouver vivant, c'est à toute l'humanité que l'auteur rend hommage.

avion, cet amoncellement de montagnes, mais sans rien découvrir. Nos deux appareils ne suffisaient guère. Il nous semblait que cent escadrilles, naviguant pendant cent années, n'eussent pas achevé d'explorer cet énorme massif dont
10 les crêtes s'élèvent jusqu'à sept mille mètres. Nous avions perdu tout espoir. Les contrebandiers mêmes, des bandits qui, là-bas, osent un crime pour cinq francs, nous refusaient d'aventurer, sur les contreforts de la montagne, des caravanes de secours : « Nous y risquerions notre vie », nous disaient-ils. « Les Andes, en hiver, ne rendent point les hommes. » Lorsque Deley ou moi atter-
15 rissions à Santiago, les officiers chiliens, eux aussi, nous conseillaient de suspendre nos explorations. « C'est l'hiver. Votre camarade, si même il a survécu à la chute, n'a pas survécu à la nuit. La nuit, là-haut, quand elle passe sur l'homme, elle le change en glace. » Et lorsque de nouveau, je me glissais entre les murs et les piliers géants des Andes, il me semblait, non plus te recher-
20 cher, mais veiller ton corps, en silence, dans une cathédrale de neige.

Enfin, au cours du septième jour, tandis que je déjeunais entre deux traversées, dans un restaurant de Mendoza, un homme poussa la porte et cria, oh ! peu de chose :

— Guillaumet... vivant !

25 Et tous les inconnus qui se trouvaient là s'embrassèrent.

Dix minutes plus tard, j'avais décollé, ayant chargé à bord deux mécaniciens, Lefebvre et Abri. Quarante minutes plus tard, j'avais atterri le long d'une route, ayant reconnu, à je ne sais quoi, la voiture qui t'emportait je ne sais où, du côté de San Raphael. Ce fut une belle rencontre, nous pleurions tous, et nous t'écra-
30 sions dans nos bras, vivant, ressuscité, auteur de ton propre miracle. C'est alors que tu exprimas, et ce fut ta première phrase intelligible, un admirable orgueil d'homme : « Ce que j'ai fait, je te le jure, jamais aucune bête ne l'aurait fait. »

André Malraux (1901-1965)

Écrivain, intellectuel accompli et homme politique important, André Malraux s'engage aussi dans la guerre et participe, dans les années 1940, à la résistance française. Sous la présidence du général de Gaulle, il est nommé ministre de l'Information (en 1945 et en 1946), puis de l'Information et des Affaires culturelles (de 1958 à 1969). Il œuvre sans relâche à la démocratisation de la culture et crée notamment les premières maisons de la culture. Malgré le constat de la désespérante condition humaine, Malraux livre un combat incessant contre la fatalité de cette condition, contre l'absurdité de l'existence.

La condition humaine (1933)

D'abord diffusé sous forme d'extraits dans deux revues (*La Nouvelle Revue française* et *Marianne*), ce roman vaut à Malraux le prix Goncourt en 1933. L'œuvre est inspirée des séjours de l'auteur en Orient pendant les années 1920. Malraux y explore la recherche de la liberté, possible uniquement dans l'expérience ambivalente de l'humiliation et de la dignité. Dans les dernières lignes du roman, l'absurdité de la vie est dévoilée par Gisors, le père de Kyo, que l'échec de ses projets révolutionnaires a contraint au suicide. Cependant, May, la compagne de Kyo à qui s'adresse le père, voit moins sagement les choses et décide de défier le destin en poursuivant le combat.

EXTRAIT

Le regard s'arrêta sur elle :

— N'avez-vous aucun désir d'un enfant ?

Elle ne répondit pas : ce désir toujours
5 passionné lui semblait maintenant une trahison. Mais elle contemplait avec épouvante ce visage serein. Il lui revenait en vérité du fond de la mort, étranger comme l'un des cadavres
10 des fosses communes. Dans la répression abattue sur la Chine épuisée, dans l'angoisse ou l'espoir de la foule, l'action de Kyo demeurait incrustée comme les inscriptions des empires primitifs dans les gorges des fleuves. Mais même la vieille Chine que ces quelques hommes avaient jetée sans retour aux ténèbres avec un grondement d'ava-
15 lanche n'était pas plus effacée du monde que le sens de la vie de Kyo du visage de son père. Il reprit :

— La seule chose que j'aimais m'a été arrachée, n'est-ce pas, et vous voulez que je reste le même. Croyez-vous que mon amour n'ait pas valu le vôtre, à vous dont la vie n'a même pas changé ?

20 — Comme ne change pas le corps d'un vivant qui devient un mort...

Il lui prit la main :

— Vous connaissez la phrase : « Il faut neuf mois pour faire un homme, et un seul jour pour le tuer ». Nous l'avons su autant qu'on peut le savoir l'un et l'autre... May, écoutez : il ne faut pas neuf mois, il faut soixante ans pour faire
25 un homme, soixante ans de sacrifices, de volonté, de... de tant de choses !

Et quand cet homme est fait, quand il n'y a plus en lui rien de l'enfance, ni de l'adolescence, quand, vraiment, il est un homme, il n'est plus bon qu'à mourir.

Elle le regardait, atterrée ; lui regardait de nouveau les nuages :

— J'ai aimé Kyo comme peu d'hommes aiment leurs enfants, vous savez...

30 Il tenait toujours sa main : il l'amena à lui, la prit entre les siennes :

— Écoutez-moi : il faut aimer les vivants et non les morts.

— Je ne vais pas là-bas pour aimer.

Il contemplait la baie magnifique, saturée de soleil. Elle avait retiré sa main.

— Sur le chemin de la vengeance, ma petite May, on rencontre la vie...

35 — Ce n'est pas une raison pour l'appeler.

Elle se leva, lui rendit sa main en signe d'adieu. Mais il lui prit le visage entre les paumes et l'embrassa. Kyo l'avait embrassée ainsi, le dernier jour, exactement ainsi, et jamais depuis des mains n'avaient pris sa tête.

— Je ne pleure plus guère, maintenant, dit-elle, avec un orgueil amer.

Salvador Dali (1904-1989). *Prémonition de la guerre civile* (1936). Philadelphia Museum of Art, Philadelphie, États-Unis.

L'ÉCHO DE LA VOIX INDIVIDUELLE AU QUÉBEC

Hector de Saint-Denys Garneau (1912-1943) est peintre et poète. Sa démarche, à la fois formelle et spirituelle – picturale aussi, l'auteur posant sur la réalité un regard de peintre –, se manifeste dans une poésie considérablement dépouillée. Sans cesse en mouvement, le poète est en quête d'un repos paradoxalement possible uniquement dans ce qui se meut : « c'est là sans appui que je me repose », écrit-il dans un court poème. Son unique recueil, intitulé *Regards et jeux dans l'espace* (1937), contient toute la poésie de celui dont la vie fut prématurément suspendue à l'âge de trente et un ans.

Le poème « Accompagnement » montre ce mouvement, dans la marche, bien sûr, mais aussi et surtout dans la reprise constante de l'action, qu'on précise sans cesse, pour rétablir la réalité qui se transforme. Le propos, par ailleurs, montre l'individu témoin de sa propre vie, qui lui échappe sans cesse.

Accompagnement (1937)

Je marche à côté d'une joie
D'une joie qui n'est pas à moi
D'une joie à moi que je ne puis pas prendre

Je marche à côté de moi en joie
5 J'entends mon pas en joie qui marche à côté de moi
Mais je ne puis changer de place sur le trottoir
Je ne puis pas mettre mes pas dans ces pas-là
     et dire voilà c'est moi

Je me contente pour le moment de cette compagnie
10 Mais je machine en secret des échanges
Par toutes sortes d'opérations, des alchimies,
Par des transfusions de sang
Des déménagements d'atomes
     par des jeux d'équilibre

15 Afin qu'un jour, transposé,
Je sois porté par la danse de ces pas de joie
Avec le bruit décroissant de mon pas à côté de moi
Avec la perte de mon pas perdu s'étiolant à ma gauche
Sous les pieds d'un étranger
20   qui prend une rue transversale.

L'EXISTENTIALISME

D ans son texte intitulé *L'existentialisme est un humanisme*[1], Jean-Paul Sartre tente de clarifier sa philosophie de l'existence. Il y souligne l'entière liberté humaine, les répercussions sociales des choix de chacun, la nécessité pour l'individu de prendre position sur les enjeux sociaux et d'agir en conséquence. Si la philosophie existentialiste acquiert auprès de la jeune génération des années 1940 et 1950 une autorité idéologique et intellectuelle indiscutable, c'est que, pour elle, la littérature doit servir une cause : elle doit être engagée. Les œuvres littéraires de Jean-Paul Sartre et de Simone de Beauvoir servent à démontrer et à mettre en scène leur vision existentialiste du monde. On parlera donc dans leur cas de « romans à thèse » et de « théâtre engagé ».

SAINT-GERMAIN-DES-PRÉS

Le quartier Montparnasse a été le lieu privilégié des rencontres du milieu artistique et littéraire dans les années 1920, mais c'est dans celui de Saint-Germain-des-Prés que choisissent de se donner rendez-vous écrivains, artistes et musiciens des années 1940. La pensée existentialiste y rayonne principalement à partir de deux cafés, *Le Flore* et *Les Deux Magots*, que fréquentent assidûment Jean-Paul Sartre et Simone de Beauvoir, ses principaux instigateurs. Ils y établissent leurs quartiers, et leurs fidèles, dont beaucoup de jeunes, viennent épier leur travail. Albert Camus, qu'on associe parfois à la pensée existentialiste, se joint à eux pendant un certain temps, mais de profondes divergences le séparent bientôt des deux autres. Outre ces trois « écrivains-philosophes », les deux célèbres cafés accueillent d'autres auteurs importants : Jacques Prévert, Raymond Queneau et Boris Vian, dont les talents multiples ne sont pas sans rappeler ceux de Jean Cocteau. Saint-Germain-des-Prés restera longtemps, après la guerre, le quartier des intellectuels, des étudiants et des amoureux du jazz.

Jean-Paul Sartre, Boris Vian, Michelle Vian et Simone de Beauvoir au café Procope, à Saint-Germain-des-Prés.

---

1. Il s'agit avant tout d'une conférence prononcée par Jean-Paul Sartre.

La pensée existentialiste ou l'entière liberté humaine

Selon la pensée existentialiste, l'homme naît entièrement libre et non assujetti à un quelconque déterminisme qui déciderait du cours de sa vie, comme le prétendaient les écrivains réalistes. Poursuivant la démarche des auteurs humanistes qui les ont précédés, les existentialistes voient dans l'homme un être entièrement maître de son présent et de son avenir. Intimement liée à la notion de responsabilité qui en découle, cette liberté doit être pleinement assumée par l'individu, ce qui en fait tout le contraire d'une liberté frivole. Le propos existentialiste parle de l'homme condamné à être libre et, donc, à être responsable du monde et de lui-même.

AUTEURE

Simone de Beauvoir (1908-1986)

Dès l'âge de cinq ans, Simone de Beauvoir décide de devenir une grande écrivaine. La philosophie, toutefois, retient d'abord son attention, et c'est en l'étudiant à la Sorbonne qu'elle fait la rencontre de Jean-Paul Sartre, son « amour nécessaire » (par opposition aux « amours contingentes »), dont elle ne se séparera jamais véritablement.

Sensible à toutes les injustices, à tous les assujettissements, Simone de Beauvoir milite en faveur du communisme (elle rencontrera Fidel Castro, Che Guevara, Mao Zedong), pour l'indépendance de l'Algérie et, avant tout, pour l'émancipation des femmes. Elle défend en leur nom le droit à l'autonomie, à l'entière liberté sexuelle, à l'avortement. Son ouvrage *Le deuxième sexe*, véritable bombe féministe lancée sur un Occident encore très phallocrate, lui vaut quelques appuis, plusieurs reproches et une condamnation du Vatican.

Tamara de Lempicka (1898-1980).
Mon portrait (1929).
Collection privée.

Le deuxième sexe (1949)

EXTRAIT

On ne naît pas femme : on le devient. Aucun destin biologique, psychique, économique ne définit la figure que revêt au sein de la société la femelle
5 humaine ; c'est l'ensemble de la civilisation qui élabore ce produit intermédiaire entre le mâle et le castrat qu'on qualifie de féminin. Seule la médiation d'autrui peut constituer un
10 individu comme un *Autre*. En tant qu'il existe pour soi l'enfant ne saurait se saisir comme sexuellement différencié. Chez les filles et les garçons, le corps est d'abord le rayonnement

Cet essai majeur montre comment, historiquement, dans les différentes civilisations, la femme a été confinée dans des rôles subalternes, une dépendance, qui a fait d'elle un être dominé. Comme, par ailleurs, rien dans la nature humaine ne laisse supposer a priori cette infériorité, on peut en déduire que l'éducation seule emprisonne la femme dans cette condition. Les féministes des années 1970 ont abondamment puisé dans *Le deuxième sexe* les arguments de leur discours revendicateur.

Selon Simone de Beauvoir, la femme, une fois libérée des modèles séculaires de subordination, pourra prendre pleinement part à l'avenir de l'humanité.

15 d'une subjectivité, l'instrument qui effectue la compréhension du monde : c'est à travers les yeux, les mains, non par les parties sexuelles qu'ils appréhendent l'univers. Le drame de la naissance, celui du sevrage se déroulent de la même manière pour les nourrissons des deux sexes ; ils ont les mêmes intérêts et les mêmes plaisirs ; la succion est d'abord la source de leurs sensations les
20 plus agréables ; puis ils passent par une phase anale où ils tirent leurs plus grandes satisfactions des fonctions excrétoires qui leur sont communes ; leur développement génital est analogue ; ils explorent leur corps avec la même curiosité et la même indifférence ; du clitoris et du pénis ils tirent un même plaisir incertain ; dans la mesure où déjà leur sensibilité s'objective, elle se
25 tourne vers la mère : c'est la chair féminine douce, lisse, élastique qui suscite des désirs sexuels et ces désirs sont préhensifs ; c'est d'une manière agressive que la fille, comme le garçon, embrasse sa mère, la palpe, la caresse ; ils ont la même jalousie s'il naît un nouvel enfant ; ils la manifestent par les mêmes conduites : colères, bouderie, troubles urinaires ; ils recourent aux
30 mêmes coquetteries pour capter l'amour des adultes. Jusqu'à douze ans la fillette est aussi robuste que ses frères, elle manifeste les mêmes capacités intellectuelles ; il n'y a aucun domaine où il lui soit interdit de rivaliser avec eux. Si, bien avant la puberté, et parfois même dès sa toute petite enfance, elle nous apparaît déjà comme sexuellement spécifiée, ce n'est pas que de
35 mystérieux instincts immédiatement la vouent à la passivité, à la coquetterie, à la maternité : c'est que l'intervention d'autrui dans la vie de l'enfant est presque originelle et que dès ses premières années sa vocation lui est impérieusement insufflée.

LES LIMITES DE LA LIBERTÉ INDIVIDUELLE

Conscient que la liberté de chaque individu ne peut être entière, sinon elle deviendrait égoïste et unilatérale, Jean-Paul Sartre prend soin de préciser que la liberté de l'un s'arrête là où commence celle de l'autre : « En voulant la liberté, nous découvrons qu'elle dépend entièrement de la liberté des autres, et que la liberté des autres dépend de la nôtre », affirme-t-il dans *L'existentialisme est un humanisme*.

Par ailleurs, ce qu'impose la vie en société, c'est le regard de l'autre, lequel condamne l'individu à percevoir ce qu'il est dans l'image que l'autre lui renvoie de lui-même.

AUTEUR

Jean-Paul Sartre (1905-1980)

L'œuvre immense de celui qui fut philosophe, critique, moraliste, activiste, dramaturge et romancier dépasse de loin le cadre de la théorie philosophique (l'existentialisme) à laquelle on l'associe immanquablement.

En fait, ce penseur dérangeant, hostile à tout dogmatisme, marque son époque de sa présence. On le considère volontiers aujourd'hui comme le dernier représentant de ce que certains appellent l'« intellectuel total ». Participant à tous les combats d'idées, présent sur tous les fronts pour dénoncer l'injustice, profitant de toutes les tribunes, intervenant sans cesse sur la « place publique », il a inévitablement des ennemis, des détracteurs.

Mais Sartre poursuit ses réflexions et écrit sans relâche (d'importants travaux de critique littéraire, notamment sur Flaubert et Baudelaire) ; il dirige la revue *Les temps modernes* et publie des œuvres philosophiques (*L'être et le néant*) ainsi que des romans et des pièces de théâtre. Il est infatigable et, malgré certaines contradictions, il influence son époque comme nul autre. Toute son œuvre est traversée d'une même idée fondamentale, celle que l'existence, par opposition à l'essence, est primordiale. C'est en le voyant agir qu'il est possible d'établir les caractéristiques essentielles chez l'homme. Celui-ci doit donc exister d'abord, si l'on veut en définir l'essence.

Huis clos (1944)

EXTRAIT

INÈS. — Eh bien, qu'attends-tu ? Fais ce qu'on te dit, Garcin le lâche tient dans ses bras Estelle l'infanticide. Les paris sont ouverts. Garcin le lâche l'embras-
5 sera-t-il ? Je vous vois, je vous vois ;
à moi seule je suis une foule, la foule. Garcin, la foule, l'entends-tu ? (*Murmurant.*) Lâche ! Lâche ! Lâche ! Lâche ! En vain tu me fuis, je ne te lâcherai pas. Que vas-tu chercher sur ses lèvres ? L'oubli ? Mais je ne t'oublierai pas, moi.

La pièce *Huis clos* traite de la notion de responsabilité en même temps qu'elle souligne le poids cruellement lourd du regard de l'autre. Après avoir cherché des indices qui leur montreraient qu'ils sont bel et bien en enfer, les personnages en arrivent au constat que, pour s'y retrouver, il leur suffit d'être ensemble.

C'est moi qu'il faut convaincre. Moi. Viens, viens! Je t'attends. Tu vois, Estelle,
10 il desserre son étreinte, il est docile comme un chien... Tu ne l'auras pas!

GARCIN. — Il ne fera donc jamais nuit?

INÈS. — Jamais.

GARCIN. — Tu me verras toujours?

INÈS. — Toujours.

15 *Garcin abandonne Estelle et fait quelques pas dans la pièce. Il s'approche du*
bronze.

GARCIN. — Le bronze... (*Il le caresse.*) Eh bien, voici le moment. Le bronze est
là, je le contemple et je comprends que je suis en enfer. Je vous dis que tout
était prévu. Ils avaient prévu que je me tiendrais devant cette cheminée, pres-
20 sant ma main sur ce bronze, avec tous ces regards sur moi. Tous ces regards
qui me mangent... (*Il se retourne brusquement.*) Ha! Vous n'êtes que deux?
Je vous croyais beaucoup plus nombreuses. (*Il rit.*) Alors, c'est ça l'enfer. Je
n'aurais jamais cru... Vous vous rappelez: le soufre, le bûcher, le gril... Ah!
quelle plaisanterie. Pas besoin de gril: l'enfer, c'est les Autres.

25 ESTELLE. — Mon amour!

GARCIN, *la repoussant.* — Laisse-moi. Elle est entre nous. Je ne peux pas
t'aimer quand elle me voit.

ESTELLE. — Ha! Eh bien, elle ne nous verra plus.

Elle prend le coupe-papier sur la table, se précipite sur Inès et lui porte plu-
30 *sieurs coups.*

INÈS, *se débattant et riant.* — Qu'est-ce tu fais, qu'est-ce que tu fais, tu es folle?
Tu sais bien que je suis morte.

ESTELLE. — Morte?

Elle laisse tomber le couteau. Un temps. Inès ramasse le couteau et s'en frappe
35 *avec rage.*

INÈS. — Morte! Morte! Morte! Ni le couteau, ni le poison, ni la corde. C'est
déjà fait, comprends-tu? Et nous sommes ensemble pour toujours.

Elle rit.

ESTELLE, *éclatant de rire.* — Pour toujours, mon Dieu que c'est drôle! Pour
40 toujours!

GARCIN, *rit en les regardant toutes deux.* — Pour toujours!

Ils tombent assis, chacun sur son canapé. Un long silence. Ils cessent de rire
et se regardent. Garcin se lève.

GARCIN. — Eh bien, continuons.

Autour de l'existentialisme

Certains écrivains de Saint-Germain-des-Prés, dont Albert Camus, sont associés au couple Sartre et Beauvoir parce qu'ils fréquentent les mêmes cafés. Ils y échangent leurs idées et y confrontent leurs visions du monde. Mais au-delà des affinités partagées, il existe aussi des nuances, qu'il vaut la peine de souligner.

D'aucuns sont parfois surréalistes, parfois existentialistes ou simplement engagés, contre le pouvoir, civique ou religieux, pour la paix. Ils ont joué avec la langue, avec les mots, et ont construit des univers très personnels. Nous pensons à Boris Vian et à Jacques Prévert, qui ont fréquenté Saint-Germain-des-Prés et y ont laissé leur empreinte.

AUTEUR   Albert Camus (1913-1960)

Albert Camus naît en Algérie, où il passe une bonne partie de sa vie. Passionné de soccer, un sport qu'il pratique dans son club universitaire, il songe à une carrière professionnelle dans ce domaine. Mais il est bientôt condamné par les médecins, qui décèlent chez lui une tuberculose. Durement secoué par la nouvelle, il fait alors l'expérience de l'annonce de la mort imminente confrontée au bonheur qu'il ressent à vivre. Sa réflexion sur l'absurde n'est donc pas étrangère à cette réalité personnelle. Pendant la guerre, Camus entre dans la Résistance et collabore à différents journaux clandestins. Il mourra bêtement dans un accident de voiture, en 1960, alors qu'il accompagne son éditeur, Michel Gallimard.

L'idée de l'absurde de la vie, durement ressentie dans la première moitié du XXe siècle par les témoins des deux grandes guerres, est déjà présente dans l'œuvre d'André Malraux. Chez Camus, elle devient le centre de la réflexion sur la condition humaine. Devant le questionnement de l'homme sur sa place dans le monde, sur sa raison d'être, le monde reste muet et laisse l'individu aux prises avec son angoisse. Son essai, intitulé *Le mythe de Sisyphe* (1942), expose clairement l'obstination dont l'humain doit faire preuve pour vivre pleinement, malgré le vide qui entoure sa vie, malgré le vide de sa vie même, malgré la mort comme seul aboutissement.

L'étranger (1942)

EXTRAIT

Nous nous sommes tous les deux carrés dans nos fauteuils. L'interrogatoire a commencé. Il m'a d'abord dit qu'on me dépeignait comme étant d'un caractère taciturne et renfermé et il a voulu savoir ce que j'en pensais. J'ai répondu : « C'est que je n'ai jamais grand-chose à dire. Alors je me tais. »

[...]

5 Sans transition, il m'a demandé si j'aimais maman. J'ai dit : « Oui, comme tout le monde » et le greffier, qui jusqu'ici tapait régulièrement sur sa machine, a dû se tromper de touches, car il s'est embarrassé et a été obligé de reve-
10 nir en arrière. Toujours sans logique apparente, le juge m'a alors demandé si j'avais tiré les cinq coups de revolver à la suite. J'ai réfléchi et précisé que j'avais tiré une seule fois d'abord et, après quelques secondes, les quatre autres
15 coups. « Pourquoi avez-vous attendu entre le premier et le second coup ? » dit-il alors. Une fois de plus, j'ai revu la plage rouge et j'ai senti sur mon front la brûlure du soleil. Mais cette fois, je n'ai rien répondu. Pendant tout le silence
20 qui a suivi le juge a eu l'air de s'agiter. Il s'est assis, a fourragé dans ses cheveux, a mis ses coudes sur son bureau et s'est penché un peu vers moi avec un air étrange : « Pourquoi, pourquoi avez-vous tiré sur un corps à terre ? » Là encore, je n'ai pas su répondre. Le juge a passé ses mains sur son front et a répété sa question d'une voix un peu altérée :
25 « Pourquoi ? Il faut que vous me le disiez. Pourquoi ? » Je me taisais toujours.

Brusquement, il s'est levé, a marché à grands pas vers une extrémité de son bureau et a ouvert un tiroir dans un classeur. Il en a tiré un crucifix d'argent qu'il a brandi en revenant vers moi. Et d'une voix toute changée, presque tremblante, il s'est écrié : « Est-ce que vous le connaissez, celui-là ? » J'ai dit :
30 « Oui, naturellement. » Alors il m'a dit très vite et d'une façon passionnée que lui croyait en Dieu, que sa conviction était qu'aucun homme n'était assez coupable pour que Dieu ne lui pardonnât pas, mais qu'il fallait pour cela que l'homme par son repentir devînt comme un enfant dont l'âme est vide et prête à tout
35 accueillir. Il avait tout son corps penché sur la table. Il agitait son crucifix presque au-dessus de moi. À vrai dire, je l'avais très mal suivi dans son raisonnement, d'abord parce que j'avais chaud et qu'il y avait dans
40 son cabinet de grosses mouches qui se posaient sur ma figure, et aussi parce qu'il me faisait un peu peur. Je reconnaissais en même temps que c'était ridicule parce que, après tout, c'était moi le criminel.

Meursault, le personnage central du roman, est condamné à mort pour le meurtre d'un homme. Ce qui influence le jury dans sa décision est bien moins le meurtre lui-même que l'insensibilité dont semble faire preuve Meursault (il n'a pas pleuré aux funérailles de sa mère). L'incapacité du personnage à faire comprendre aux hommes ce qu'il ressent et ce qu'il pense, son apparente indifférence vis-à-vis de tout font toujours avorter la prise de contact avec autrui, comme c'est le cas lors de sa rencontre avec le juge. On observera le style dépouillé du récit, la brièveté des répliques du personnage, peu enclin à dépenser de l'énergie dans son rapport forcé avec l'autre.

Wassily Kandinsky (1866-1944). *Improvisation avec formes froides* (1914). Musée national russe, Saint-Petersbourg, Russie.

Boris Vian (1920-1959)

Reconnu d'abord pour ses talents de musicien et de chansonnier, Boris Vian est une figure marquante de Saint-Germain-des-Prés, où il s'exécute comme trompettiste de jazz. Très engagé dans le milieu musical, il devient directeur artistique de diverses maisons de disques. Ses chansons, qu'il interprète lui-même, sont souvent empreintes d'humour noir, mais parfois tragiques et sérieuses, comme celle qu'il a intitulée *Le déserteur*.

Le déserteur (1954)

Dans cette célèbre chanson, Boris Vian s'insurge contre la folie de la guerre qui sacrifie les enfants d'une nation aux intérêts de la classe dirigeante, que ses fonctions mêmes protègent des combats.

    Monsieur le Président
    Je vous fais une lettre
    Que vous lirez peut-être
    Si vous avez le temps
5 Je viens de recevoir
    Mes papiers militaires
    Pour partir à la guerre
    Avant mercredi soir
    Monsieur le Président
10 Je ne veux pas la faire
    Je ne suis pas sur terre
    Pour tuer des pauvres gens
    C'est pas pour vous fâcher
    Il faut que je vous dise
15 Ma décision est prise
    Je m'en vais déserter

    Depuis que je suis né
    J'ai vu mourir mon père
    J'ai vu partir mes frères
20 Et pleurer mes enfants
    Ma mère a tant souffert
    Elle est dedans sa tombe
    Et se moque des bombes
    Et se moque des vers
25 Quand j'étais prisonnier
    On m'a volé ma femme

    On m'a volé mon âme
    Et tout mon cher passé
    Demain de bon matin
30 Je fermerai ma porte
    Au nez des années mortes
    J'irai sur les chemins

    Je mendierai ma vie
    Sur les routes de France
35 De Bretagne en Provence
    Et je dirai aux gens:
    Refusez d'obéir
    Refusez de la faire
    N'allez pas à la guerre
40 Refusez de partir
    S'il faut donner son sang
    Allez donner le vôtre
    Vous êtes bon apôtre
    Monsieur le Président
45 Si vous me poursuivez
    Prévenez vos gendarmes
    Que je n'aurai pas d'armes
    Et qu'ils pourront tirer

Dans les années 1960, un lectorat essentiellement composé de jeunes découvre avec enthousiasme les talents littéraires de Boris Vian. *L'écume des jours* (1947) est son roman le plus connu. À la fois drôle et pathétique, il présente au lecteur un monde qui tient du merveilleux, faisant se mouvoir d'eux-mêmes les objets, ou encore prenant les expressions métaphoriques de la langue au pied de la lettre.

L'écume des jours (1947)

EXTRAIT

Entouré de ses amis, de son amoureuse (Chloé) et de son cuisinier (Nicolas), Colin, le personnage central, coule des jours heureux. Vient pourtant un moment où son avenir semble se refermer : Chloé est rongée de l'intérieur par un nénuphar ; les murs de la chambre (qui n'est pas sans rappeler, par sa puissance évocatrice, celle des *Enfants terribles* de Jean Cocteau) rapetissent. Appauvri, Colin ne peut garder avec lui Nicolas.

— Tu vas prendre froid ! dit Alise. Couvre-toi !

— Non, murmura Chloé. Il le faut. C'est le traitement.

5 — Quelles jolies fleurs ! dit Alise. Colin est en train de se ruiner, ajouta-t-elle gaiement pour faire rire Chloé.

— Oui, murmura Chloé. Elle eut un pauvre sourire.

— Il cherche du travail, dit-elle à voix basse. C'est pour cela qu'il n'est pas là.

— Pourquoi parles-tu comme ça ? demanda Alise.

10 — J'ai soif... dit Chloé dans un souffle.

— Tu ne prends réellement que deux cuillerées par jour ? dit Alise.

— Oui... soupira Chloé.

Alise se pencha vers elle et l'embrassa.

— Tu vas bientôt être guérie.

15 — Oui, dit Chloé. Je pars demain avec Nicolas et la voiture.

— Et Colin ? demanda Alise.

— Il reste, dit Chloé. Il faut qu'il travaille. Mon pauvre Colin !... Il n'a plus de doublezons...

— Pourquoi ? demanda Alise.

20 — Les fleurs... dit Chloé.

— Est-ce qu'il grandit ? murmura Alise.

— Le nénuphar ? dit Chloé tout bas. Non, je crois qu'il va partir.

— Alors, tu es contente ?

— Oui, dit Chloé. Mais j'ai si soif.

25 — Pourquoi n'allumes-tu pas ? demanda Alise. Il fait très sombre ici.

— C'est depuis quelque temps, dit Chloé. C'est depuis quelque temps. Il n'y a rien à faire. Essaye.

Alise manœuvra le commutateur et un léger halo se dessina autour de la lampe.

— Les lampes meurent, dit Chloé. Les murs se rétrécissent aussi. Et la fenêtre,
30 ici, aussi.

— C'est vrai? demanda Alise.

— Regarde...

La grande baie vitrée qui courait sur toute la largeur du mur n'occupait plus
que deux rectangles oblongs arrondis aux extrémités. Une sorte de pédon-
35　cule s'était formé au milieu de la baie, reliant les deux bords, et barrant la
route au soleil. Le plafond avait baissé notablement et la plate-forme où repo-
sait le lit de Colin et Chloé n'était plus très loin du sol.

— Comment est-ce que cela peut se faire? demanda Alise.

— Je ne sais pas... dit Chloé. Tiens, voilà un peu de lumière.

40　La souris à moustaches noires venait d'entrer, portant un petit fragment d'un
des carreaux du couloir de la cuisine qui répandait une vive lueur.

— Sitôt qu'il fait trop noir, expliqua Chloé, elle m'en apporte un peu.

Elle caressa la petite bête qui déposa son butin sur la table de chevet.

Jacques Prévert (1900-1977)

AUTEUR

D'abord membre du groupe surréaliste, Jacques Prévert n'a
cessé de s'amuser avec la langue. On lui doit les dialogues
de certains des meilleurs films de Marcel Carné, dont *Les
enfants du paradis* (1945) et *Quai des brumes* (1938). Son
recueil *Paroles*, paru en 1946, et dont plusieurs textes ont
été mis en musique, est le seul recueil de poésie de l'histoire à s'être hissé au palmarès des librairies.

Dans les années 1920, son esprit ludique lui fait inventer le « cadavre exquis »,
un jeu surréaliste. Et si l'on découvre assez tôt en Prévert un moqueur invétéré,
on reconnaît aussi en lui un critique virulent du pouvoir, un antimilitariste convaincu,
éloigné de tout dogme, attaché seulement à son indépendance d'esprit.

Pater noster dans *Paroles* (1946)

La religion est l'une des cibles favorites
de Prévert. La vie jouissive qu'il mène
s'accommode mal de l'austérité cléricale.
Dans *Pater noster*, l'énumération de choses
belles dans un agencement hétéroclite
permet de poser un regard généreuse-
ment naïf et tendre sur le quotidien.

　　Notre Père qui êtes aux cieux
　　　　　　Restez-y
　　Et nous nous resterons sur la terre
　　　　Qui est quelquefois si jolie
5　　Avec ses mystères de New York
　　　　Et puis ses mystères de Paris
　　Qui valent bien celui de la Trinité
　　Avec son petit canal de l'Ourcq
　　　Sa grande muraille de Chine
10　　　　Sa rivière de Morlaix

Ses bêtises de Cambrai
Avec son océan Pacifique
Et ses deux bassins aux Tuileries
Avec ses bons enfants et ses mauvais sujets
15 Avec toutes les merveilles du monde
Qui sont là
Simplement sur la terre
Offertes à tout le monde
Éparpillées
20 Émerveillées elles-mêmes d'être de telles merveilles
Et qui n'osent se l'avouer
Comme une jolie fille nue qui n'ose pas se montrer
Avec les épouvantables malheurs du monde
Qui sont légion
25 Avec leurs légionnaires
Avec leurs tortionnaires
Avec les maîtres de ce monde
Les maîtres avec leurs prêtres leurs traîtres et leurs
reîtres
30 Avec les saisons
Avec les années
Avec les jolies filles et avec les vieux cons
Avec la paille de la misère pourrissant dans l'acier des
canons.

La littérature comme moyen privilégié de retrouver l'humanité en l'homme

Témoin d'un monde qui semble condamné à basculer irrémédiablement dans la barbarie, l'écrivain de la première moitié du XXᵉ siècle tente d'immortaliser le chaos, de le dépasser, ou encore de le sublimer en forgeant un univers d'une humanité exemplaire ou d'une magie débridée. Dans tous les cas, il peut difficilement ignorer la barbarie de sa civilisation, et les années d'après-guerre gardent encore les stigmates de l'incompréhension généralisée. Les créateurs interrogent profondément le sens de la vie, convaincus que des actions d'une telle absurdité restent inconciliables avec une quelconque forme de cohérence universelle.

On assiste au cours des décennies suivantes à un éclatement polymorphe, conséquence de cette mémoire douloureuse. L'Europe ouvre les yeux sur ses colonies, sur une Amérique riche et puissante aussi, quasi intacte et triomphante[1], héroïque. La fascination pour l'autre, que rend de plus en plus possible la proximité médiatique, côtoie le regard tourné vers un soi-même qu'on définit maintenant à partir de différences courageusement assumées.

---

1. On retient l'image légendaire de l'arrivée des G.I. dans les villages de France, annonçant la libération.

Chapitre 4

L'époque contemporaine : incertitudes et mouvances

Victor Vasarely (1908-1997). *Squares Composition* (sans date) — eau-forte. Collection privée.

Au fil du temps

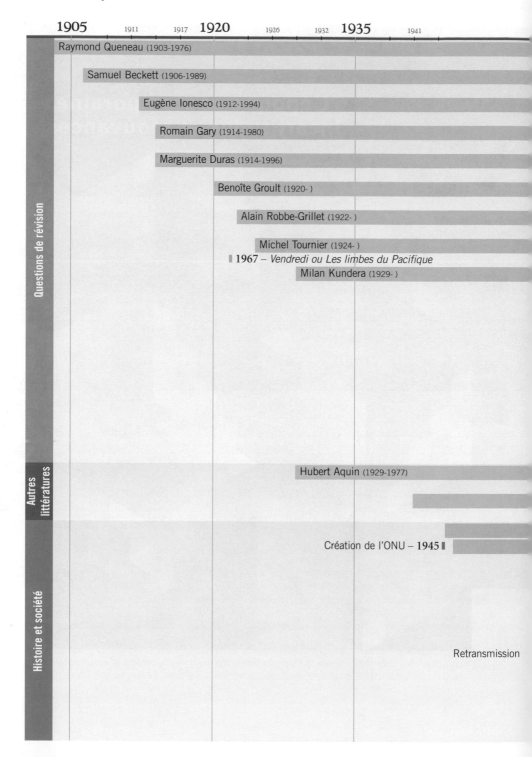

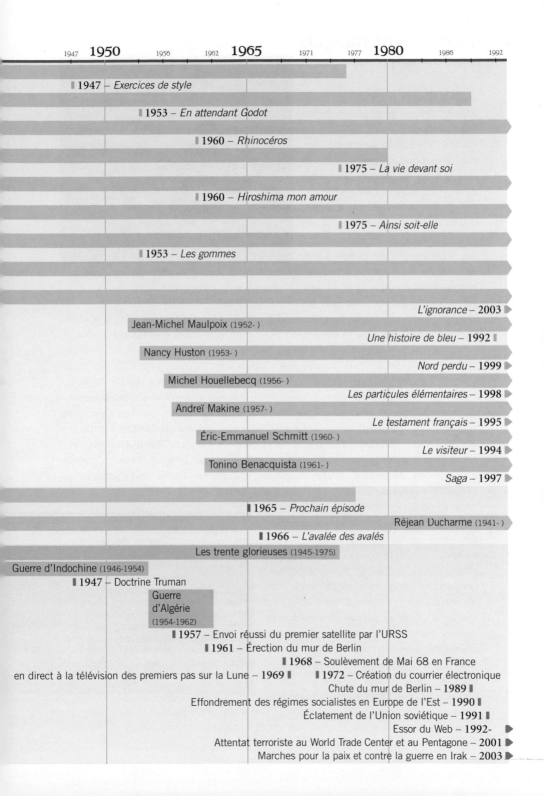

EXTRAIT

Le testament français

D'Andreï Makine

J'allais dans cette petite ville ensommeillée, perdue au milieu des steppes, pour détruire la France. Il fallait en finir avec cette
5 France de Charlotte qui avait fait de moi un étrange mutant, incapable de vivre dans le monde réel.

Alain Jacquet (1939-). *Le déjeuner sur l'herbe* (1964). Musée national d'Art moderne – Centre Georges Pompidou, Paris, France.

Dans mon esprit, cette destruction devait ressembler à un
10 long cri, à un rugissement de colère qui exprimerait le mieux toute ma révolte. Ce hurlement sourdait encore sans paroles. Elles allaient venir, j'en étais sûr, dès que les
15 yeux calmes de Charlotte se poseraient sur moi. Pour l'instant, je criais silencieusement. Seules les images déferlaient dans un flux chaotique et bariolé.

Je voyais le scintillement d'un pince-nez dans la pénombre calfeutrée d'une grosse voiture noire. Béria choisissait un corps féminin pour sa nuit. Et notre voisin d'en face, paisible retraité souriant, arrosait les fleurs sur son balcon, en écou-
20 tant le gazouillis d'un transistor. Et dans notre cuisine, un homme aux bras couverts de tatouages parlait d'un lac gelé rempli de cadavres nus. Et tous ces gens dans le wagon de troisième classe qui m'emportait vers Saranza semblaient ne pas remarquer ces paradoxes déchirants. Ils continuaient à vivre. Tranquillement.

Dans mon cri, je voulais déverser sur Charlotte ces images. J'attendais d'elle
25 une réponse. Je voulais qu'elle s'explique, qu'elle se justifie. Car c'est elle qui m'avait transmis cette sensibilité française – la sienne –, me condamnant à vivre dans un pénible entre-deux-mondes.

Je lui parlerais de mon père avec son « trou » dans le crâne, ce petit cratère
30 où battait sa vie. Et de ma mère dont nous avions hérité la peur de la sonnerie inattendue à la porte, les soirs de fêtes. Tous les deux morts. Inconsciemment, j'en voulais à Charlotte d'avoir survécu à mes
35 parents. Je lui en voulais de son calme durant l'enterrement de ma mère. Et de cette vie très européenne, dans son bon sens et sa propreté, qu'elle menait à Saranza. Je trouvais en elle l'Occident per-
40 sonnifié, cet Occident rationnel et froid contre lequel les Russes gardent une rancune inguérissable. Cette Europe qui, de la forteresse de sa civilisation, observe

Né en Russie en 1957, Andreï Makine a trente ans lorsqu'il s'installe définitivement en France. En 1995, *Le testament français* lui vaut les prix Goncourt, Goncourt des lycéens et Médicis (ex æquo). Dans ce roman, le narrateur, un Russe, raconte sa fascination pour la France, qu'il découvre à travers les récits qu'en fait sa grand-mère, d'origine française. La France apparaît ici comme une Atlantide mythique qui transforme la perception qu'a le narrateur de sa propre identité, à la fois russe et française.

avec condescendance nos misères de barbares – les guerres où nous mourions par millions, les révolutions dont elle a écrit pour nous les scénarios... Dans ma révolte juvénile, il y avait une grande part de cette méfiance innée.

45   La greffe française que je croyais atrophiée était toujours en moi et m'empêchait de voir. Elle scindait la réalité en deux. Comme elle avait fait avec le corps de cette femme que j'espionnais à travers deux hublots différents: il y avait une femme en chemisier blanc, calme et très ordinaire, et l'autre – cette immense croupe rendant presque inutile, par son efficacité charnelle, le reste du corps.

50   Et pourtant je savais que les deux femmes n'en faisaient qu'une. Tout comme la réalité déchirée. C'était mon illusion française qui me brouillait la vue, telle une ivresse, en doublant le monde d'un mirage trompeusement vivant...

Pierre Alechinsky (1927-). *Facture honorée* (1974). Musée national d'Art moderne – Centre Georges Pompidou, Paris, France.

Le texte de Makine reflète de nouvelles réalités sociales en émergence à la fin du XXe siècle: la recherche identitaire, motivée par le déracinement national des individus. Ces deux aspects, ainsi interreliés, confèrent à l'œuvre littéraire un rôle nouveau. Celle-ci sert de point d'ancrage à l'errance des générations pour lesquelles le concept de «frontières» entre États et l'idée même de «nationalité» se révèlent fragiles et mouvants.

LA FIN DE LA SECONDE GUERRE MONDIALE ET LE NOUVEL ORDRE DU MONDE : LA GUERRE FROIDE

À la fin de la Seconde Guerre mondiale, les pays alliés imputent, une fois de plus[1], la responsabilité du conflit à l'Allemagne et décident de désarmer le pays et de morceler sa capitale. Partagée entre la Grande-Bretagne, les États-Unis, la France et l'URSS, Berlin devient alors le symbole de la déchirure de l'Occident qui survient peu après la fin de la guerre.

L'année 1947 est décisive dans l'établissement du nouvel ordre mondial qui se maintiendra pendant les quatre décennies suivantes. Cette année-là, les États-Unis instaurent la doctrine Truman (du nom du président américain d'alors), une politique visant à contrer l'influence communiste. Le gouvernement Truman porte un regard manichéen sur le monde[2] et présente le communisme comme étant essentiellement un régime d'oppression. À l'opposé, la démocratie capitaliste, incarnée par l'Amérique, est le modèle du monde libre. Encouragée par ce constat, l'Amérique offre aux pays dévastés par la guerre un important soutien financier – appelé « plan Marshall » – destiné à la reconstruction de l'Europe. Mais l'URSS voit d'un mauvais œil cette initiative américaine, puisque le plan Marshall s'adresse autant aux pays communistes qu'aux pays capitalistes. En réponse à cette démarche, qu'elle perçoit comme une ingérence de l'adversaire impérialiste, l'URSS crée le *Kominform*[3], une organisation dont l'objectif est de contrôler et de promouvoir l'idéologie communiste.

Les tensions s'accentuent l'année suivante entre les deux superpuissances, au moment où surviennent les premières manifestations de ce qu'on a appelé la « guerre froide », qui va perdurer jusqu'à la fin des années 1980. La guerre froide se caractérise par la surveillance incessante et réciproque entre les deux superpuissances et leurs alliés, ce qui a pour effet de laisser planer sur le monde la menace constante d'une troisième et ultime guerre mondiale. Elle se manifeste surtout dans la course aux armements, notamment nucléaires. Cependant, le 8 novembre 1989, le monde entier assiste au démantèlement du mur de Berlin, surnommé le « mur de la honte ». Érigé par l'URSS en 1961, il sépare la ville en deux parties, dont l'une devient hermétique, afin d'empêcher l'exode des Allemands de l'Est. La chute du mur de Berlin symbolise la fin de la plupart des régimes communistes et, du même coup, celle de la guerre froide. Les pays de l'ancien bloc de l'Est[4] viennent, depuis, frapper à la porte de l'Union européenne.

---

1. On se rappellera que l'Allemagne a été tenue responsable de la Première Guerre mondiale.
2. Le manichéisme (voir le chapitre 2) propose une vision dichotomique de la réalité, qui apparaît sans nuances : d'un côté, le bien ; de l'autre, le mal. À l'instar d'Hollywood avec ses super héros, les Américains ont à quelques reprises présenté le monde à travers la lunette manichéenne.
3. Bureau d'information des partis communistes.
4. Les pays communistes (par opposition au bloc de l'Ouest).

Le contexte français

Même si, au sortir de la guerre, la France n'est plus une grande puissance militaire et financière sur l'échiquier mondial, du moins conserve-t-elle un réel leadership en politique internationale. Elle fait notamment partie des nations qui sont à l'origine de la création de l'ONU[1], dont le rôle consiste à contrer les agressions entre pays libres. La France est aussi l'un des cinq membres permanents[2] de l'ONU, un statut qui s'accompagne d'un droit de veto[3] sur les décisions prises par l'organisation.

Jusqu'en 1958, année de la création de la Ve République, sous la présidence de Charles de Gaulle, la France fait face à des difficultés économiques (pendant un court moment), puis politiques, ces dernières aboutissant à l'indépendance de ses colonies[4]. Malgré des débuts plus lents que d'autres pays, la France amorce un essor économique qui va lui permettre d'accéder à la prospérité que connaissent à cette époque les pays occidentaux capitalistes. Au cours de cette période florissante appelée les «trente glorieuses», qui s'étend de 1945 à 1975, la France met de l'avant des politiques sociales destinées à atténuer les écarts entre les classes, devenant ainsi ce qu'on nomme un «État providence».

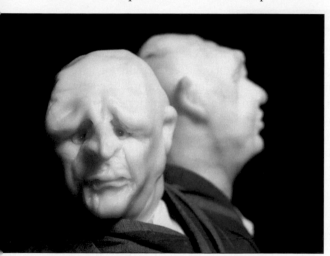

Thomas Schütte (1954-). Sans titre. Titre attribué: *United enemies* (1994). Musée national d'Art moderne – Centre Georges Pompidou, Paris, France.

Dans plusieurs pays, l'année 1968 est marquée par des soulèvements populaires importants, notamment en France, où l'on assiste à la montée des revendications ouvrières et estudiantines. Mai 68 déclenche en effet une transformation sociale majeure et constitue peut-être le dernier moment fort de l'idéologie dite «de gauche», qui cherche à changer la société et l'ordre mondial de l'après-guerre. Une série de manifestations revendicatrices menées par des étudiants[5] culmine dans ce qu'on a appelé la «nuit des barricades[6]». Le mouvement syndical se joint bientôt aux étudiants, et la grève générale est déclarée deux jours plus tard. Plus d'un

---

1. Organisation des Nations Unies.
2. Les quatre autres nations étant la Chine, les États-Unis, la Grande-Bretagne et l'URSS.
3. Droit de bloquer une décision que le reste de l'organisation a prise.
4. On retient entre autres la douloureuse guerre d'Algérie et la décolonisation de l'Indochine.
5. Il s'agit de la génération du baby-boom, c'est-à-dire issue de l'explosion démographique de l'après-guerre, qui s'étend plus ou moins, selon les régions du monde, jusqu'à la moitié des années 1950. Grâce à la force du nombre, la jeunesse de cette époque détient un pouvoir considérable, dont elle profite largement.
6. Dans la nuit du 10 au 11 mai, les affrontements entre étudiants et policiers font plus de mille blessés dans les deux camps.

million de Français défilent calmement dans les rues de Paris. Vers la fin du mois, ce sont six millions de grévistes que le gouvernement doit affronter. Après Mai 68, la contestation s'étend à d'autres aspects de la vie française et les mouvements réformistes se multiplient : réforme du système scolaire, révision du service militaire, sensibilisation à la condition féminine et à la réalité homosexuelle, etc. La France vit alors au rythme des revendications de toutes sortes.

Roy Lichtenstein (1923-1997). *In the car* (1963). Magna sur toile. Scottish National Gallery of Modern Art, Édimbourg, Royaume-Uni.

LES MÉDIAS DE MASSE ET LA MONDIALISATION

Les médias de masse[1], dont l'émergence est liée à l'avènement du journalisme au siècle précédent, connaissent un développement extraordinaire après la Seconde Guerre mondiale. L'Amérique, dans sa volonté de promouvoir son mode de vie, sa culture et ses valeurs à l'échelle mondiale – tant par fierté nationaliste que pour des besoins de propagande publicitaire –, n'hésite pas à faire étalage de sa prospérité. Assurément, les *mass media* constituent des moyens de communication d'une efficacité redoutable lorsqu'il s'agit de gagner rapidement l'adhésion des peuples (surtout les plus démunis) à l'idéologie américaine.

L'autre impact majeur des médias de masse est l'abolition des distances. Dorénavant à la portée de tous, la radio, puis la télévision, et plus encore Internet, permettent l'accès immédiat aux événements qui ont lieu partout dans le monde, de même qu'à la connaissance universelle[2]. Il faut toutefois se rappeler que les médias de masse diffusent principalement des produits engendrés par la culture de masse, même si ce rôle n'est pas le seul qu'ils remplissent. Ces produits se répandent d'ailleurs de plus en plus, comme en témoignent, par exemple, les encyclopédies en ligne rédigées par les internautes, les émissions de téléréalité ou les sondages d'opinion sur des sujets spécialisés menés régulièrement auprès du grand public.

Quoi qu'il en soit, cet accès instantané à la même information, et ce, partout dans le monde, a pour effet d'abolir les distances et les frontières et, par conséquent,

---

1. Marshall McLuhan s'intéresse à l'impact des médias de masse sur la population dès les années 1920.
2. On parle ici de connaissances élémentaires. Malgré la fiabilité incontestable de certains sites, il demeure que la majorité des informations et des connaissances accessibles sur Internet sont d'ordre général, et parfois de qualité très douteuse.

d'amoindrir les différences culturelles. Internet est sans conteste l'un des phénomènes qui contribuent le plus activement à la mondialisation et à l'uniformisation des désirs et des besoins. Doit-on s'en réjouir ?

Par ailleurs, conséquence de la chute du communisme en Europe, les années 1990 incarnent le triomphe du capitalisme. L'hégémonie américaine ne peut dorénavant être contestée que par la force populaire. C'est en effet ce qu'on observe à la fin du XXᵉ siècle et au début du XXIᵉ, dans les mouvements de résistance et de protestation contre l'emprise des multinationales. Au lieu d'atténuer, comme plusieurs l'avaient prédit, les inégalités entre les peuples, la mondialisation les a au contraire accentuées. À l'heure actuelle[1], des groupes populaires (altermondialistes, écologistes, pacifistes, ou issus de quelque mouvement spontané[2]) jouent le rôle du David[3] biblique devant ce Goliath moderne.

Francis Bacon (1909-1992).
Autoportrait (1969). Collection privée.

D'hier à aujourd'hui, les conflits internationaux, la nécessité de conclure des alliances économiques et géopolitiques ainsi que la migration constante des peuples qu'accentue la mondialisation, font en sorte que l'histoire d'une nation, tout comme ses manifestations artistiques et littéraires, s'articule de plus en plus selon une vision englobante du monde. C'est pourquoi il sera question, dans les lignes qui suivent, autant des réalités universelles que des expériences exclusivement françaises. Ainsi, s'il est vrai qu'à une certaine époque, aux États-Unis, on demandait aux immigrants (qui étaient en fait les peuples fondateurs) de se déraciner afin de fonder une nation aussi jeune que nouvelle (ce qu'on a appelé le « *melting pot* » américain), aujourd'hui on semble encourager davantage la cohabitation des cultures dans le respect des différences. Toutefois, cette vision du multiculturalisme semble déjà montrer certaines limites.

---

1. D'autres formes de résistance à la puissance des multinationales commencent à poindre ; par exemple, dans certains pays d'Amérique du Sud, le gouvernement s'oppose de nouveau à l'impérialisme américain.
2. On se rappellera les marches pour la paix et contre la guerre en Irak, organisées dans le monde entier au printemps 2003.
3. Dans la Bible, le jeune berger David tue le géant Goliath. Malgré la force incontestablement supérieure de ce dernier, le courage du premier a raison de la brutalité du géant.

Une littérature de déconstruction et d'éloge de la différence

Les écrivains de l'après-guerre font le même constat que leurs prédécesseurs en s'appliquant à témoigner de l'absurdité de l'existence. La déstructuration du réel et la déconstruction de la langue sont les principaux objets que partagent des écrivains qui, par ailleurs, revendiquent l'exclusivité de leur démarche. Il est ainsi plus difficile de catégoriser les œuvres ou de les insérer dans des courants littéraires, comme on le faisait au siècle précédent. Une nouvelle façon d'aborder la littérature s'impose alors. La théorisation de cette activité humaine précède dorénavant l'œuvre elle-même. Déjà, au début du XXe siècle, certains auteurs s'efforcent d'établir des fondements théoriques à leurs textes de fiction. Des années 1950 aux années 1970, le domaine de la critique littéraire devient un lieu de réflexion privilégié, aussi influent que la littérature elle-même.

Depuis les années 1980, la littérature, dans ses différentes mixités (mixité des genres littéraires, intertextualité[1], fusion entre la littérature et les autres arts), rend compte d'un décloisonnement des frontières. En plus de faire disparaître les frontières artistiques, la littérature abat aussi les frontières géopolitiques. Le territoire littéraire s'avère propice à la reconnaissance des différences – raciales, sexuelles, idéologiques –, contribuant ainsi à l'ouverture sur l'autre, sur la différence, dans un monde qui, paradoxalement, tend à l'homogénéisation.

À l'ère de la mondialisation, l'écrivain est le témoin du déracinement provoqué par l'urbanisation, les cultures étrangères et le flux migratoire. Il évolue dans un univers aux frontières imprécises et perméables. De cet environnement mouvant émerge une forme d'écriture transnationale, une *écriture migrante*.

La notion de postmodernité

On peut supposer que le concept de postmodernité en littérature résulte de la conjonction de divers phénomènes survenus depuis la fin des années 1970, tels que la fin des idéologies[2], la mondialisation ou encore l'engouement pour les nouvelles technologies. Ces facteurs, liés au contexte socioculturel, influent sur la production artistique dite postmoderne. Désormais, toute création s'adresse au Monde, à tous, dans une forme d'expression libre et résolument personnelle. On peut associer un style d'écriture à un auteur, mais on ne peut plus associer ce dernier (en l'absence du recul historique qui fait actuellement défaut) à un groupe ou à un courant.

---

1. La notion d'intertextualité rend compte de la présence d'éléments de textes antérieurs dans un texte nouveau. Ces éléments n'étant pas amenés comme des citations, on peut supposer qu'ils sont là de façon plus ou moins volontaire et qu'ils témoignent des lectures antérieures de l'auteur.
2. Cette idée est développée dans l'ouvrage intitulé *La condition postmoderne*, de Jean-François Lyotard, paru en 1979. L'auteur y fait état de la fin des « grands récits », c'est-à-dire de l'absence de toute idéologie qui s'évertuerait à proposer un monde meilleur. C'est la fin de la croyance dans le progrès, de l'espoir de l'abolition des classes sociales et d'une paix mondiale.

LE NOUVEAU ROMAN

L'expression «nouveau roman» fait son apparition au début des années 1950, au moment où les critiques littéraires se demandent comment appeler les œuvres narratives qui, bien qu'elles comportent certaines des caractéristiques propres au roman réaliste du XIXe siècle, n'en constituent pas moins, à bien des égards, l'exact contrepied. En fait, l'«antiroman» (autre nom utilisé à l'origine pour désigner ce genre) découle directement des événements qui ont marqué la première moitié du XXe siècle, en particulier les deux guerres mondiales et l'adhésion plus ou moins volontaire de l'Europe au mode de consommation à l'américaine, conséquence du plan Marshall. Contrairement aux auteurs existentialistes, qui tentaient de trouver des solutions à ce qu'ils percevaient comme l'absurdité de la vie en prenant appui sur leur raison et sur leur propre univers intérieur, les «nouveaux romanciers», bien qu'ils soient eux aussi conscients de faire partie d'un monde cruel qui est sur le point de s'écrouler, se distinguent de leurs prédécesseurs par le fait qu'ils ne tentent pas d'apporter de solutions à cette situation, se contentant plutôt de la dépeindre.

L'ABOLITION DES RÈGLES DU RÉCIT

La volonté de transgresser les règles du roman classique apparaît dès 1939 dans *Tropismes,* de Nathalie Sarraute; elle se manifeste plus tard, en 1953, dans *Les gommes,* d'Alain Robbe-Grillet. Par exemple, là où un auteur du XIXe siècle se souciait avant tout de créer l'illusion parfaite du réel, le nouveau romancier s'évertue à altérer la lisibilité du texte dans le but de dénoncer le conformisme ambiant. Ainsi en est-il des personnages, que l'auteur a dépouillés de tout statut socioéconomique et qui semblent n'exister qu'au cœur de l'œuvre que le lecteur tient entre ses mains – et encore! Il arrive aussi que les personnages soient désignés uniquement par des pronoms personnels (par exemple, «Lui» ou «Elle», dans *Hiroshima mon amour*; voir p. 150). Dans le même ordre d'idées, certains nouveaux romanciers refusent d'inscrire leur récit dans une quelconque progression chronologique. Ainsi, des événements peuvent se répéter au cours du même récit, sans que les personnages aient l'air de prendre conscience de ces récurrences. Le temps semble plutôt obéir à la logique (ou à l'absence de logique) de la mémoire des personnages, ce qui laisse croire que l'approche des auteurs procède davantage du rêve que du récit organisé.

LA REMISE EN QUESTION DE LA NARRATION

Le rejet du temps chronologique, qui caractérise le nouveau roman, va de pair avec une remise en question de la narration: on est loin, désormais, du narrateur omniscient qui sait tout des personnages et des situations, et qui traduit la chronologie du récit en s'appuyant notamment sur les temps verbaux (le présent pour les événements présents, le passé, simple ou composé pour les événements passés, etc.). Dans le nouveau roman, la narration au présent n'est pas rare, même si l'action est accomplie, et les auteurs utilisent indistinctement le *tu* et le *vous* dans le but d'impliquer davantage le lecteur. Par ailleurs, à l'inexistence de repères temporels s'ajoute l'absence de lieux stables ou facilement identifiables, ce qui a souvent pour effet de dérouter le lecteur. C'est que les nouveaux romanciers cherchent à bousculer le schème de valeurs de leurs lecteurs. Ainsi, au héros du récit réaliste ils vont opposer un «antihéros», car ils considèrent le personnage de roman traditionnel comme un symbole de la société bourgeoise et conformiste, engoncée dans ses traditions. De plus, dans leur volonté de dénoncer le matérialisme triomphant qui caractérise l'Europe de l'après-guerre, les nouveaux romanciers mettent souvent l'accent sur le gaspillage, sur la surabondance des objets du quotidien, leurs récits semblant alors relever davantage d'un décor de cinéma que du roman. Passé les années 1970, toutefois, plusieurs des auteurs qui ont exploré l'univers par l'intermédiaire du nouveau roman reviendront à une conception beaucoup plus classique de l'écriture.

AUTEURE | Marguerite Duras (1914-1996)

Marguerite Duras, qu'on associe au nouveau roman, s'en détache progressivement au profit d'une esthétique plus personnelle et fortement autobiographique. Cet éloignement est dû en partie à son aversion pour toute théorie associée à la création. Ses œuvres ont souvent comme cadre l'ailleurs (elle a passé une partie de sa vie en Indochine), la hantise de la souffrance et les liens amoureux, qui sont souvent l'illustration de l'impossibilité d'un rapport parfait entre deux êtres. Duras a aussi entretenu un rapport privilégié avec le cinéma.

Hiroshima mon amour (1960)

EXTRAIT

LUI. — Tu étais facile à retrouver à Hiroshima.

Elle a un rire heureux.

Un temps. Il la regarde de nouveau.

5 *Entre eux passent deux ou quatre ouvriers qui portent une photographie très agrandie qui représente le plan de la mère morte et de l'enfant qui pleure, dans les ruines fumantes de Hiroshima – du film* Les enfants de Hiroshima. *Ils ne regardent pas la photo*
10 *qui passe. Une autre photographie passe, qui représente Einstein tirant la langue. Elle suit immédiatement celle de l'enfant et de la mère.*

LUI. — C'est un film français?

ELLE. — Non. International. Sur la paix.

LUI. — C'est fini.

En 1960, Marguerite Duras écrit le scénario de *Hiroshima mon amour* pour l'un des plus importants réalisateurs de la nouvelle vague, Alain Resnais. Elle y raconte l'histoire d'amour qui unit une actrice française et un Japonais au cours d'un tournage dans la ville d'Hiroshima. Il s'agit donc d'une mise en abyme[1], c'est-à-dire que le texte est le scénario d'un film qui raconte une histoire d'amour se déroulant au cours du tournage d'un film.

---

1. Cette notion est présentée dans le chapitre 2.

15 ELLE. — Pour moi, oui, c'est fini. On va tourner les scènes de foule... Il y a bien des films publicitaires sur le savon. Alors... à force... peut-être.

Il est très assuré dans sa conception là-dessus.

LUI. — Oui, à force. Ici, à Hiroshima, on ne se moque pas des films sur la paix.

Il se retourne vers elle. Les photographies sont complètement passées.
20   *Ils se rapprochent, instinctivement l'un de l'autre.*
Elle réajuste sa coiffe qui s'est défaite dans le sommeil.

LUI. — Tu es fatiguée ?

Elle le regarde de façon assez provocante et douce à la fois.
Elle dit dans un sourire douloureux, précis :

25 ELLE. — Comme toi.

Il la fixe de façon qui ne trompe pas et lui dit :

LUI. — J'ai pensé à Nevers en France.

Elle sourit. Il ajoute :

LUI. — J'ai pensé à toi.

30   *Il ajoute encore :*

LUI. — C'est toujours demain, ton avion ?

ELLE. — Toujours demain.

LUI. — Demain absolument ?

ELLE. — Oui. Le film a du retard. On m'attend à Paris depuis déjà un mois.

35   *Elle le regarde en face.*

Lentement, il lui enlève sa coiffe d'infirmière. (Ou bien elle est très fardée,
elle a les lèvres si sombres qu'elles paraissent noires.
Ou elle est à peine fardée, presque décolorée sous le soleil.)

Le geste de l'homme est très libre, très concerté.
40   *On devrait éprouver le même choc érotique qu'au début.*
Elle apparaît, les cheveux aussi décoiffés que la veille, dans le lit.

Et elle le laisse lui enlever sa coiffe, elle se laisse faire comme elle a dû se
laisser faire, la veille, l'amour. *(Là, lui laisser un rôle érotiquement fonctionnel.)*

Elle baisse les yeux. Moue incompréhensible.
45   *Elle joue avec quelque chose par terre.*

Elle relève les yeux sur lui. Il dit avec une très grande lenteur.

LUI. — Tu me donnes beaucoup l'envie d'aimer.

Elle ne répond pas tout de suite. Elle a baissé les yeux sous le coup du trouble dans lequel la jettent ses paroles. Le chat de la place de la Paix joue contre
50 *son pied? Elle dit, les yeux baissés, très lentement aussi (même lenteur).*

ELLE. — Toujours... les amours de... rencontre... Moi aussi...

Passe entre eux un extraordinaire objet, de nature imprécise. Je vois un cadre de bois (atomium?) d'une forme très précise mais dont l'utilisation échappe complètement. Ils ne le regardent pas. Il dit:

55 LUI. — Non. Pas toujours aussi fort. Tu le sais.

On entend des cris, au loin. Puis des chants enfantins. Ils ne sont pas distraits pour autant.

Elle fait une grimace incompréhensible (licencieuse serait le mot). Elle lève les yeux encore, mais cette fois vers le ciel. Et elle dit, encore une fois,
60 *incompréhensiblement alors qu'elle essuie son front couvert de sueur.*

ELLE. — On dit qu'il va faire de l'orage avant la nuit.

Alain Robbe-Grillet (1922-)

Agronome de formation, Alain Robbe-Grillet est l'un des instigateurs du nouveau roman. Il tend à rompre avec la veine psychologique que l'on retrouve habituellement dans les romans en proposant une esthétique qui met l'accent sur le regard, privilégiant la description des objets et des gestes.

Les gommes (1953)

EXTRAIT

Le roman *Les gommes* (1953) plonge le lecteur dans une parodie de roman policier où le personnage principal, Wallas, est à la recherche d'un meurtrier qui n'a pas encore commis de crime et qui n'est nul autre que... lui-même.

Dans l'eau trouble de l'aquarium, des ombres passent, furtives – une ondulation, dont l'existence sans contour se dissout d'elle-même... et l'on doute
5   ensuite d'avoir aperçu quelque chose.
Mais la nébuleuse reparaît et vient décrire deux ou trois cercles, en pleine lumière, pour retourner bientôt se fondre, derrière un rideau d'algues, au sein des profondeurs protoplasmiques. Un dernier remous, vite amorti, fait un instant trembler la masse. De nouveau tout est calme... Jusqu'à ce que, soudain, une
10   nouvelle forme émerge et vienne coller contre la vitre son visage de rêve... Pauline, la douce Pauline... qui, à peine entrevue, disparaît à son tour pour laisser la place à d'autres spectres et fantasmes. L'ivrogne compose une devinette. Un homme aux lèvres minces, au pardessus étroitement boutonné jusqu'au col, attend sur sa chaise au milieu d'une pièce nue. Son visage immobile, ses
15   mains gantées croisées sur les genoux, ne trahissent aucune impatience. Il a le temps. Rien ne peut empêcher son plan de s'accomplir. Il s'apprête à recevoir une visite – non pas celle d'un être inquiet, fuyant, sans force de caractère – mais celle au contraire de quelqu'un sur qui l'on peut compter : c'est à lui que l'exécution de ce soir, la seconde, sera confiée. Dans la première on l'avait main-
20   tenu à l'arrière-plan, mais son travail y fut sans bavure ; tandis que Garinati, pour qui tout avait été si méticuleusement préparé, n'a même pas été capable d'éteindre la lumière. Et voilà que, ce matin, il laisse échapper son client :

— Ce matin à quelle heure ?

— Je n'en sais rien, dit le patron.

25   — Vous ne l'avez pas vu sortir ?

— Si je l'avais vu sortir, je saurais à quelle heure !

Appuyé à son comptoir, le patron se demande s'il doit mettre Wallas au courant de cette visite. Non. Ils n'ont qu'à se débrouiller entre eux : on ne l'a chargé d'aucune commission.

30   D'ailleurs Wallas a déjà quitté le petit café pour rentrer en scène...

L'ÉCHO DU NOUVEAU ROMAN AU QUÉBEC

Hubert Aquin (1929-1977) publie en 1965 une œuvre unique: *Prochain épisode*. Ce roman se rapproche de l'esthétique d'Alain Robbe-Grillet et du nouveau roman, principalement en raison de l'enchevêtrement de récits qu'il présente. Ainsi, le personnage principal écrit un roman d'espionnage dans lequel un espion est envoyé en Suisse pour éliminer quelqu'un. Cette étrange mise en abyme fait ressortir les doutes qui pèsent sur l'auteur, tant fictif que réel. Le succès fulgurant remporté par *Prochain épisode* suscite chez Aquin une angoisse paralysante, l'auteur doutant de ne pouvoir jamais plus être à la hauteur de sa première œuvre.

L'extrait qui suit est le début du roman: début réel du livre pour le lecteur, mais aussi début du travail créatif de l'auteur fictif, qui explique au lecteur sa démarche artistique.

Prochain épisode (1965)
Extrait

Cuba coule en flammes au milieu du lac Léman pendant que je descends au fond des choses. Encaissé dans mes phrases, je glisse, fantôme, dans les eaux névrosées du fleuve et je découvre, dans ma dérive, le dessous
5   des surfaces et l'image renversée des Alpes. Entre l'anniversaire de la révolution cubaine et la date de mon procès, j'ai le temps de divaguer en paix, de déplier avec minutie mon livre inédit et d'étaler sur ce papier les mots-clés qui ne me libéreront pas. J'écris
10   sur une table à jeu, près d'une fenêtre qui me découvre un parc cintré par une grille coupante qui marque la frontière entre l'imprévisible et l'enfermé. Je ne sortirai pas d'ici avant échéance. Cela est écrit en plusieurs copies conformes et décrété selon les lois valides et par
15   un magistrat royal irréfutable. Nulle distraction ne peut donc se substituer à l'horlogerie de mon obsession, ni me faire dévier de mon parcours écrit. Au fond, un seul problème me préoccupe vraiment, c'est le suivant: de quelle façon dois-je m'y prendre pour écrire un roman
20   d'espionnage? Cela se complique du fait que je rêve de faire original dans un genre qui comporte un grand nombre de règles et de lois non-écrites. Fort heureusement, une certaine paresse m'incline vite à renoncer d'emblée à renouveler le genre espionnage. J'éprouve
25   une grande sécurité, aussi bien l'avouer, à me pelotonner mollement dans le creuset d'un genre littéraire aussi bien défini. Sans plus tarder, je décide donc d'insérer

le roman qui vient dans le sens majeur de la tradition du roman d'espionnage. Et comme il me plairait, par surcroît, de situer l'action à Lausanne, c'est déjà
30 chose faite. J'élimine à toute allure des procédés qui survalorisent le héros agent secret : ni Sphynx, ni Tarzan extra-lucide, ni Dieu, ni Saint-Esprit, mon espion ne doit pas être logique au point que l'intrigue soit dispensée de l'être, ni tellement lucide que je puisse, en revanche, enchevêtrer tout le reste et fabriquer une histoire sans queue ni tête qui, somme toute, ne serait
35 comprise que par un grand dadais armé qui ne communique ses pensées à personne. Et si j'introduisais un agent secret Wolof… Tout le monde sait que les Wolofs ne sont pas légion en Suisse romande et qu'ils sont assez mal représentés dans les services secrets. Bien sûr, j'ai l'air de forcer un peu la note et de donner à fond dans le bloc afro-asiatique, de céder au
40 lobby de l'Union Africaine et Malgache. Mais quoi ! Si Hamidou Diop me sied, il n'en tient qu'à moi de lui conférer l'investiture d'agent secret, de l'affecter à la MVD section Afrique et de lui confier une mission de contre-espionnage à Lausanne, sans autre raison que de l'éloigner de Genève où l'air est moins salubre. Dès maintenant, je peux réserver pour Hamidou une suite au
45 Lausanne Palace, le munir de chèques de voyageur de la Banque Cantonale Vaudoise et de le constituer Envoyé Spécial (mais faux) de la République du Sénégal auprès des grandes compagnies suisses enclines à faire des placements mobiliers dans le désert. Une fois Hamidou bien protégé par sa fausse identité et installé au Lausanne Palace, je n'ai plus qu'à faire entrer
50 les agents du CIA et du MI5 dans la danse. Et le tour est joué. Moyennant l'addition de quelques espionnes désirables et la facture algébrique du fil de l'intrigue, je tiens mon affaire. Hamidou s'impatiente, je le sens prêt à faire des folies : somme toute, il est déjà lancé. Mon roman futur est déjà en orbite, tellement d'ailleurs, que je ne peux déjà plus le rattraper.
55 Je reste ici figé, bien planté dans mon alphabet qui m'enchaîne ; et je me pose des questions.
Écrire un roman d'espionnage comme on en lit, ce n'est pas loyal : c'est d'ailleurs
60 impossible. Écrire une histoire n'est rien, si cela ne devient pas la ponctuation quotidienne et détaillée de mon immobilité interminable et de ma chute
65 ralentie dans cette fosse liquide.

Jean Dubuffet (1901-1985).
Cinq passagers debout de la série :
Le métro (1943). Musée national
d'Art moderne – Centre Georges
Pompidou, Paris, France.

LE THÉÂTRE DE L'ABSURDE

Des arguments comparables à ceux invoqués par les nouveaux romanciers poussent les dramaturges du théâtre de l'absurde à remettre en question, eux aussi, la lisibilité du texte. Prenant le contrepied de l'existentialisme, qui, rappelons-le, considère que le monde dans lequel nous vivons repose sur un fondement logique – la difficulté étant de le débusquer –, les nouveaux dramaturges ne cherchent pas tant à trouver un sens à l'existence qu'à en montrer les failles. Et pour mieux faire ressortir l'absurde d'un monde dans lequel ils ne trouvent plus de signification, les auteurs dramatiques font appel abondamment à la dérision. L'« antithéâtre » des années 1950, ainsi qu'on l'appelle aussi, s'intéresse particulièrement aux difficultés liées à la communication et à l'impuissance du langage, qui servent à révéler le vide de l'existence. Le terme « absurde », par son étymologie, se rapproche des mots « inaudible », « dissonant » et « sourd », faisant directement référence à cet échec. Deux des plus illustres représentants du théâtre de l'absurde, Eugène Ionesco et Samuel

Richard Hamilton (1922-). *Just what is it that makes today's homes so different, so appealing?* (1959). Collage. Kunsthalle, Tübingen, Allemagne.

Beckett, l'un et l'autre Français d'adoption, présentent des pièces qui s'appuient sur des non-intrigues et mettent en scène des non-personnages campés dans des non-décors… Il convient ici de s'attarder sur ces trois éléments.

L'ABSENCE D'INTRIGUE OU LA NON-INTRIGUE

Comme les nouveaux romanciers, les dramaturges de l'antithéâtre refusent les conventions liées à l'intrigue, à commencer par les ressorts dramatiques, qui disparaissent complètement pour laisser place à une trame qu'on pourrait qualifier d'« a-dramatique ». Par exemple, la pièce *En attendant Godot*, de Samuel Beckett, se déroule essentiellement autour de deux personnages qui en attendent vainement un autre. Ils ne font donc rien d'autre qu'attendre, tuer le temps, car leur vie, tout comme leur attente, n'a aucun sens. En outre, le public (ou le lecteur) ne reçoit aucune information sur ce Godot, qui, par ailleurs, pourrait bien être une référence au mot anglais *God*. D'où l'analogie suivante : comment vivre en l'absence de Dieu, qui semble nous avoir abandonnés ? Dans ce questionnement réside, pour ces dramaturges, l'absurdité de la condition humaine.

L'ABSENCE DE PERSONNAGE OU LE NON-PERSONNAGE

À l'instar des nouveaux romanciers, les dramaturges de l'absurde refusent de doter leurs personnages d'un profil socioéconomique qui faciliterait, pour le spectateur, leur classification et leur incarnation dans une réalité plausible. Pourtant, ceux qu'il convient ici d'appeler « antihéros » – car la plupart du temps ces protagonistes ne remplissent aucune mission, ne tentent rien et ne réussissent évidemment rien non plus – sont souvent des clochards, des fantômes ou des caricatures de bourgeois. Ils possèdent donc une identité, mais celle-ci n'est définie que sommairement. Les traits des personnages sont tellement exagérés que le spectateur comprend bien qu'il ne s'agit pas de s'identifier à eux ou de croire en leur réalité : ces personnages sont en fait des symboles de la sclérose sociale.

L'ABSENCE DE DÉCOR OU LE NON-DÉCOR

Les décors sont tout aussi éloquents par leur absence ou leur aspect fragmentaire. Ils représentent des pièces de maisons bourgeoises ou de châteaux (Ionesco, *Le roi se meurt*, 1962), ou encore des *no man's land* (Beckett, *Fin de partie*, 1957), et sont parfois fort encombrés d'objets (Ionesco, *Les chaises*, 1952). L'objectif est toujours le même : il s'agit de dénoncer par ces moyens la vacuité de la société de consommation et la superficialité de ceux qui y adhèrent, souvent par souci de conformisme, comme dans la pièce *Rhinocéros* (1960), d'Ionesco.

La fin des années 1960 marque le déclin rapide du théâtre de l'absurde, tandis que, paradoxalement, ses principaux représentants accumulent les honneurs (en 1969, Beckett reçoit le prix Nobel de littérature ; en 1970, Ionesco est élu à l'Académie française). Même s'il n'a existé que l'espace d'une décennie, ce genre a eu un impact considérable sur l'évolution du théâtre au cours des années subséquentes, non seulement à cause de son caractère audacieux et novateur, mais également en raison des innombrables études théoriques consacrées à ce phénomène.

Samuel Beckett (1906-1989)

Samuel Beckett est né à Dublin, en Irlande. Il est un proche de James Joyce, qui compte parmi les plus grands auteurs. Après s'être installé à Paris, il commence à écrire son œuvre, à la fois en anglais et en français. Sa pièce intitulée *En attendant Godot* (1953) est inspirée de *The Glittering Gate* (1909), d'un auteur anglais, qui met en scène deux clochards en attente aux portes du paradis.

En attendant Godot (1953)

EXTRAIT

VLADIMIR. — Si tu les essayais ?

ESTRAGON. — J'ai tout essayé.

VLADIMIR. — Je veux dire les chaussures.

5 ESTRAGON. — Tu crois ?

VLADIMIR. — Ça fera passer le temps. (*Estragon hésite.*) Je t'assure, ce sera une diversion.

ESTRAGON. — Un délassement.

10 VLADIMIR. — Une distraction.

ESTRAGON. — Un délassement.

VLADIMIR. — Essaie.

ESTRAGON. — Tu m'aideras ?

VLADIMIR. — Bien sûr.

15 ESTRAGON. — On ne se débrouille pas trop mal, hein, Didi, tous les deux ensemble ?

VLADIMIR. — Mais oui, mais oui. Allez, on va essayer la gauche
20 d'abord.

ESTRAGON. — On trouve toujours quelque chose, hein, Didi, pour nous donner l'impression d'exister ?

VLADIMIR, *impatiemment.* — Mais
25 oui, mais oui, on est des magiciens. Mais ne nous laissons pas détourner de ce que nous avons résolu. (*Il*

Les deux clochards de Beckett, Vladimir et Estragon, établissent un dialogue d'une vacuité désarmante, qui leur permet de supporter cette attente vaine et stérile, à l'image de l'existence. Leurs propos, insignifiants ou dérisoires, trahissent un désespoir total, tandis que l'atmosphère à la fois grotesque et comique qui émane de la situation crée un véritable inconfort chez le spectateur ou le lecteur.

ramasse une chaussure.) Viens, donne ton pied. (*Estragon
30 s'approche de lui, lève le pied.*) L'autre, porc ! (*Estragon lève l'autre pied.*) Plus haut ! (*Les corps emmêlés, ils titubent à travers la scène. Vladimir réussit finalement à lui
35 mettre la chaussure.*) Essaie de marcher. (*Estragon marche.*) Alors ?

ESTRAGON. — Elle me va.

VLADIMIR, *prenant de la ficelle dans sa poche.* — On va la lacer.

40 ESTRAGON, *véhémentement.* — Non, non, pas de lacet, pas de lacet !

VLADIMIR. — Tu as tort. Essayons l'autre. (*Même jeu.*) Alors ?

ESTRAGON. — Elle me va aussi.

45 VLADIMIR. — Elles ne te font pas mal ?

ESTRAGON, *faisant quelques pas appuyés.* — Pas encore.

VLADIMIR. — Alors tu peux les garder.

ESTRAGON. — Elles sont trop
50 grandes.

VLADIMIR. — Tu auras peut-être
des chaussettes un jour.

ESTRAGON. — C'est vrai.

VLADIMIR. — Alors tu les gardes ?

55 ESTRAGON. — Assez parlé de ces
chaussures.

VLADIMIR. — Oui, mais...

ESTRAGON. — Assez ! (*Silence*.)
Je vais quand même m'asseoir.

60 *Il cherche des yeux où s'asseoir,*
puis va là où il était assis
au début du premier acte.

VLADIMIR. — C'est là où tu étais
assis hier soir.

65 *Silence.*

ESTRAGON. — Si je pouvais dormir.

VLADIMIR. — Hier soir tu as dormi.

ESTRAGON. — Je vais essayer.

Il prend une posture utérine,
70 *la tête entre les jambes.*

VLADIMIR. — Attends. (*Il s'approche*
d'Estragon et se met à chanter
d'une voix forte.)

Do do do do

75 ESTRAGON, *levant la tête*.
— Pas si fort.

VLADIMIR, *moins fort*.

Do do do do
Do do do do
80 Do do do do
Do do...

Estragon s'endort. Vladimir enlève
son veston et lui en couvre les
épaules, puis se met à marcher de
85 *long en large en battant des bras*
pour se réchauffer. Estragon se
réveille en sursaut, se lève, fait
quelques pas affolés. Vladimir court
vers lui, l'entoure de son bras.

90 VLADIMIR. — Là... là... je suis là...
n'aie pas peur.

ESTRAGON. — Ah !

VLADIMIR. — Là... là... c'est fini.

ESTRAGON. — Je tombais.

95 VLADIMIR. — C'est fini.
N'y pense plus.

ESTRAGON. — J'étais sur un...

VLADIMIR. — Non non, ne dis rien.
Viens, on va marcher un peu.

100 *Il prend Estragon par le bras et*
le fait marcher de long en large,
jusqu'à ce qu'Estragon refuse
d'aller plus loin.

ESTRAGON. — Assez ! Je suis fatigué.

105 VLADIMIR. — Tu aimes mieux être
planté là à ne rien faire ?

ESTRAGON. — Oui.

VLADIMIR. — Comme tu veux.

Il lâche Estragon, va ramasser
110 *son veston et le met.*

ESTRAGON. — Allons-nous-en.

VLADIMIR. — On ne peut pas.

ESTRAGON. — Pourquoi ?

VLADIMIR. — On attend Godot.

115 ESTRAGON. — C'est vrai.

Eugène Ionesco (1912-1994)

AUTEUR

Né d'un père roumain et d'une mère française, Eugène Ionesco (1912-1994) passe sa jeunesse entre la Roumanie et la France. En 1938, fuyant le fascisme, il s'installe à Paris. Cette expérience lui inspire la pièce *Rhinocéros* (1960), dans laquelle il aborde le thème du régime totalitaire. Le théâtre d'Ionesco s'attaque de front à toutes les conventions théâtrales, qu'il tourne en ridicule. C'est en tentant d'apprendre l'anglais par la méthode Assimil qu'Ionesco est soudain frappé par l'absence persistante de discours, une découverte qu'il va exploiter avec une redoutable efficacité.

Rhinocéros (1960)

EXTRAIT

LE LOGICIEN, *au vieux Monsieur.* —
Voici donc un syllogisme exemplaire.
Le chat a quatre pattes. Isidore et Fricot
ont chacun quatre pattes. Donc Isidore
5 et fricot sont chats.

LE VIEUX MONSIEUR, *au Logicien.*
— Mon chien aussi a quatre pattes.

LE LOGICIEN, *au Vieux Monsieur.*
— Alors, c'est un chat.

10 BÉRENGER, *à Jean.* — Moi, j'ai à peine
la force de vivre. Je n'en ai plus envie
peut-être.

La pièce d'Ionesco prend la forme d'une fable pour dénoncer les dangers du conformisme. Une étrange épidémie transforme les habitants en rhinocéros, mais n'atteint pas Bérenger, qui persiste à revendiquer sa dignité d'être humain alors que tous les autres semblent avoir renoncé. La description de la dérive du réel passe par une désintégration du langage, comme en témoigne l'extrait suivant, où l'on retrouve le Logicien en train d'essayer de démontrer la supériorité de son raisonnement sur celui des autres.

LE VIEUX MONSIEUR, *au Logicien après avoir longuement réfléchi.*
— Donc, logiquement, mon chien serait un chat.

15 LE LOGICIEN, *au Vieux Monsieur.* — Logiquement, oui. Mais le contraire est aussi vrai.

BÉRENGER, *à Jean.* — La solitude me pèse. La société aussi.

JEAN, *à Bérenger.* — Vous vous contredisez. Est-ce la solitude qui pèse, ou est-ce la multitude ? Vous vous prenez pour un penseur et vous n'avez aucune logique.

20 LE VIEUX MONSIEUR, *au Logicien.* — C'est très beau, la logique.

LE LOGICIEN, *au Vieux Monsieur.* — À condition de ne pas en abuser.

BÉRENGER, *à Jean.* — C'est une chose anormale de vivre.

JEAN. — Au contraire. Rien de plus naturel. La preuve : tout le monde vit.

> BÉRENGER. — Les morts sont plus nombreux que les vivants. Leur nombre
> 25 augmente. Les vivants sont rares.
>
> JEAN. — Les morts, ça n'existe pas, c'est le cas de le dire!... Ah! Ah!... (*Gros rire.*) Ceux-là aussi vous pèsent? Comment peuvent peser des choses qui n'existent pas?
>
> BÉRENGER. — Je me demande moi-même si j'existe!
>
> 30 JEAN, *à Bérenger*. — Vous n'existez pas, mon cher, parce que vous ne pensez pas! Pensez, et vous serez.
>
> LE LOGICIEN, *au Vieux Monsieur*. — Autre syllogisme: tous les chats sont mortels. Socrate est mortel. Donc Socrate est un chat.
>
> LE VIEUX MONSIEUR. — Et il a quatre pattes. C'est vrai, j'ai un chat qui s'appelle
> 35 Socrate.
>
> LE LOGICIEN. — Vous voyez...

L'OULIPO

En marge du nouveau roman, il existe un autre mouvement qui, bien que restreint, rassemble des auteurs qui occupent une place importante dans l'histoire de la littérature, dont ils élargissent le champ des possibles. L'Oulipo (OUvroir de LIttérature POtentielle) est tout droit issu du «Collège de Pataphysique[1]», que fréquentent de nombreux auteurs, parmi lesquels Boris Vian et Raymond Queneau. À la mort de Vian, en 1959, Queneau et François Le Lionnais, mathématicien, réunissent un groupe d'intellectuels et proposent de dresser une liste des contraintes à surmonter dans l'exercice de l'écriture. Considérant que toute littérature s'écrit à partir de contraintes formelles, ces virtuoses de la langue vont établir, pour le plaisir, des règles aussi incongrues que peu recommandables. On pourrait retenir ici l'exemple de virtuosité qu'est *La disparition* (1969), œuvre de Georges Perec, dont l'exploit consiste à ne jamais utiliser de mots contenant la lettre «e».

---

1. La «science des solutions imaginaires». Il s'agit d'un terme inventé par Alfred Jarry au début du XXᵉ siècle.

Raymond Queneau (1903-1976)

Raymond Queneau est probablement l'un des auteurs les plus méconnus du XXe siècle. À la fois romancier, essayiste, poète et mathématicien, il participe au mouvement surréaliste, puis devient lecteur pour les éditions Gallimard (Queneau est d'ailleurs le premier à reconnaître la valeur du roman *L'avalée des avalés*, de Réjean Ducharme), il devient ensuite directeur de la collection encyclopédique de la Pléiade, membre du jury de l'Académie Goncourt et, enfin, cofondateur de l'Oulipo.

Exercices de style (1947)

E·X·T·R·A·I·T

> Raymond Queneau, avec ses *Exercices de style* (1947), témoigne d'un grand sens de l'humour et d'une parfaite maîtrise de son art. Au cours de ces exercices inusités, le lecteur est invité à lire quatre-vingt-dix-neuf fois la même histoire, que l'auteur s'amuse à réécrire dans des styles multiples, formant ainsi une œuvre curieuse et ludique.

Notations

Dans l'S, à une heure d'affluence. Un type dans les vingt-six ans, chapeau mou avec cordon remplaçant le ruban,
5 cou trop long comme si on lui avait tiré dessus. Les gens descendent. Le type en question s'irrite contre un voisin. Il lui reproche de le bousculer chaque fois qu'il passe quelqu'un. Ton pleurnichard qui se veut méchant. Comme il voit une place libre, se précipite dessus.

10 Deux heures plus tard, je le rencontre Cour de Rome, devant la gare Saint-Lazare. Il est avec un camarade qui lui dit : «Tu devrais faire mettre un bouton supplémentaire à ton pardessus.» Il lui montre où (à l'échancrure) et pourquoi.

Métaphoriquement

Au centre du jour, jeté dans le tas des sardines voyageuses d'un coléoptère
15 à l'abdomen blanchâtre, un poulet au grand cou déplumé harangua soudain l'une, paisible, d'entre elles et son langage se déploya dans les airs, humide d'une protestation. Puis, attiré par un vide, l'oisillon s'y précipita.

Dans un morne désert urbain, je le revis le jour même se faisant moucher l'arrogance pour un quelconque bouton.

20   #### *Alexandrins*

Un jour, dans l'autobus qui porte la lettre S,
Je vis un foutriquet de je ne sais quelle es-
Pèce qui râlait bien qu'autour de son turban
Il y eût de la tresse en place de ruban.
25 Il râlait ce jeune homme à l'allure insipide,
Au col démesuré, à l'haleine putride,
Parce qu'un citoyen qui paraissait majeur
Le heurtait, disait-il, si quelque voyageur

Se hissait haletant et poursuivi par l'heure
30 Espérant déjeuner en sa chaste demeure.
Il n'y eut point d'esclandre et le triste quidam
Courut vers une place et s'assit sottement.
Comme je retournais direction rive gauche
De nouveau j'aperçus ce personnage moche
35 Accompagné d'un zèbre, imbécile dandy,
Qui disait: «Ce bouton faut pas le mettre icy.»

Injurieux

Après une attente infecte sous un soleil ignoble, je finis par monter dans un autobus immonde où se serrait une bande de cons. Le plus con d'entre ces cons
40 était un boutonneux au sifflet démesuré qui exhibait un galurin grotesque avec un cordonnet au lieu de ruban. Ce prétentiard se mit à râler parce qu'un vieux con lui piétinait les panards avec une fureur sénile; mais il ne tarda pas à se dégonfler et se débina dans la direction d'une place vide encore humide de la sueur des fesses du précédent occupant.

45 Deux heures plus tard, pas de chance, je retombe sur le même con en train de pérorer avec un autre con devant ce monument dégueulasse qu'on appelle la gare Saint-Lazare. Ils bavardochaient à propos d'un bouton. Je me dis: qu'il le fasse monter ou descendre son furoncle, il sera toujours aussi moche, ce sale con.

50 *Géométrique*

Dans un parallélépipède rectangle se déplaçant le long d'une ligne droite d'équation $84x + S = y$, un homoïde A présentant une calotte sphérique entourée de deux sinusoïdes, au-dessus d'une partie cylindrique de longueur $l > n$, présente un point de contact avec un homoïde trivial B. Démontrer que ce point
55 de contact est un point de rebroussement.

Si l'homoïde A rencontre un homoïde homologue C, alors le point de contact est un disque de rayon $r < l$. Déterminer la hauteur h de ce point de contact par rapport à l'axe vertical de l'homoïde A.

La littérature des différences

À partir de 1968, la littérature revendicatrice prend le relais de celle de l'idéologie. La question de l'identité est au cœur des préoccupations sociales: reconnaissance de la pensée juive, affirmation de l'homosexualité, diffusion du discours féministe. Les manifestations étudiantes occupent le devant de la scène, tandis que la population en général déserte les églises. Les valeurs séculaires (famille, religion, école) sont fortement ébranlées. Parmi les nombreux mouvements contestataires de cette époque, il en est un qui vient bouleverser la société traditionnelle dans ses fondements mêmes: la révolution féministe.

Le féminisme

La révolution sexuelle marque les années 1960 et 1970. L'émancipation de la femme, rendue possible grâce à la popularité croissante de la pilule contraceptive (apparue en 1945) et à l'étendue du discours féministe, représente l'événement social majeur de ces décennies. Les femmes revendiquent essentiellement la reconnaissance de l'égalité entière entre les hommes et les femmes ainsi que le plein contrôle de leur corps (droit à la liberté sexuelle, à la pilule contraceptive, à l'avortement) et de leur esprit.

Dans le domaine littéraire, des écrivaines tentent de radicaliser le discours féministe. Certaines avancent même l'idée que la seule vraie littérature est féminine, à cause de la fonction symbolique de l'enfantement, de la gestation et de l'accouchement qu'on retrouve dans l'acte d'écriture.

Benoîte Groult (1920-)

Romancière et journaliste, Benoîte Groult est reconnue comme une pionnière du féminisme. Ses œuvres, souvent écrites en collaboration avec sa sœur Flora, condamnent les comportements misogynes, observables dans tous les aspects de la société.

En 1973, Jean Foyer, alors ministre français de la Justice, déclare: «L'homme tire sa dignité et sa sécurité de son emploi. La femme doit l'une et l'autre au mariage.» Benoîte Groult réplique à cette remarque pour le moins sexiste et méprisante dans *Ainsi soit-elle* (1975), son œuvre la plus marquante.

Ainsi soit-elle (1975)

EXTRAIT

L'extrait qui suit met en évidence l'ironie et l'exaspération de l'auteure. Sa dénonciation des injustices commises à l'endroit des femmes a eu un impact considérable sur l'évolution du discours féministe.

C'est clair, mon petit? Que tu sois entrée première à Polytechnique, Anne-Marie Chopinet, que tu sois sortie major de l'E.N.A., Françoise Chandernagor, que tu aies reçu la Croix de guerre, Jeanne Mathez, que vous
5　ayez gravi à votre tour un plus de 8 000 mètres, petites Japonaises du Manaslu, que vous ayez élevé seules vos enfants dans les difficultés matérielles et la désapprobation morale, vous autres les abandonnées ou les filles mères volontaires, que vous soyez mortes pour vos idées, Flora Tristan, Olympe de Gouges ou Rosa Luxembourg, que tu aies été physicienne accomplie, Marie
10　Curie, alors que tu n'avais pas le droit de vote, tout cela et bien d'autres actes héroïques ou obscurs ne nous vaudra ni dignité ni sécurité. C'est un ministre qui l'a dit. Non, pas au Moyen Age. Pas au XIXe non plus, vous n'y êtes pas. En 1973. Il s'adressait à vous et à moi pour nous redire après tant d'autres que toute valeur pour la femme ne peut procéder que de l'homme. Y com-
15　pris la maternité qui prétendument nous sanctifie, puisque aujourd'hui encore,

malgré quelques exemples illustres, on veut voir dans la fille mère non la mère qui a fait son devoir mais la fille qui n'a pas fait le sien.

Pour être respectable, il ne s'agit donc pas d'être mère, il s'agit d'être mariée.

20 Un certain nombre de pétroleuses, soutenues par quelques utopistes mâles, ont essayé depuis deux siècles de secouer ce joug, de penser et d'agir sans en demander l'autorisation à l'autre sexe. Elles ont péri sous le ridicule et les insultes des hommes, mais aussi, ce qui est plus désolant, sous le mépris hargneux de ces femmes qui constituent ce que Françoise Parturier a appelé la «misogynie d'appoint». Comme tous ceux que la servitude a dégradés, les
25 femmes ont fini par se croire faites pour leurs chaînes et sont devenues antiféministes comme tant d'esclaves du Sud furent esclavagistes et combattirent aux côtés de leurs maîtres contre leur propre libération lors de la guerre de Sécession. Bien des sentiments les poussent à se désolidariser de leur propre cause, l'intérêt, la prudence, la peur, une humilité savamment entretenue, mais
30 aussi l'amour, bien qu'il soit déchirant d'aimer qui vous opprime.

Il est de bon ton d'ignorer ou de dénigrer les féministes. Qui connaît leur histoire? Leurs visages? On préfère les croire laides, hommasses, hystériques, mal aimées, ce qui est faux. Le mouvement féministe, qui compte tant d'émouvantes figures, apparaît encore comme le combat de quelques vieilles filles refou-
35 lées et dévorées du désir de posséder un pénis, cette idée fixe des psychanalystes freudiens. Ce qui n'empêchait pas qu'on les traite simultanément de putains, l'inévitable injure! Encore aujourd'hui, cette appellation reste l'insulte favorite de nos misogynes, il suffit de lire le courrier des lecteurs (non publié parce qu'impubliable) pour s'en convaincre. Leur haine s'exprime toujours avec les mêmes
40 mots: Simone de Beauvoir, pas mariée, pas d'enfants, ne peut être qu'une putain. Françoise Giroud, qui a été mariée et a eu des enfants, en est une aussi. Et Delphine Seyrig et Bernadette Lafont et toutes ces comédiennes qui ne se contentent pas de jouer
45 la comédie et toutes les femmes écrivains qui ne se contentent pas de raconter des histoires d'amour et n'oublions pas bien sûr les 343 femmes qui déclarèrent dans un manifeste fameux qu'elles
50 avaient personnellement avorté. Celleslà n'étaient pas des femmes en lutte pour les droits d'autres femmes mais «343 culs de gauche».

Christophe Vigouroux (1962-). Sans titre.
Titre attribué: *Femme devant un miroir*
(1994-1995). Musée national d'Art moderne
– Centre Georges Pompidou, Paris, France.

LA RECONNAISSANCE DE L'AUTRE

Parmi les autres revendications qui se font entendre au cours de cette période, on retient principalement celles ayant trait à la reconnaissance des peuples colonisés qui ont accédé récemment à l'indépendance. À la suite de ces bouleversements[1], de nouveaux arrivants transforment l'image de la société française. Le choc des cultures qui en résulte trouve un écho dans la littérature, laquelle témoigne abondamment de cette nouvelle société pluraliste. Certains auteurs donnent alors une voix aux « autres », minorités trop souvent silencieuses.

AUTEUR

Michel Tournier (1924-)

Michel Tournier se consacre à la création littéraire après avoir échoué à l'agrégation de philosophie. Ses œuvres sont toujours empreintes d'un arrière-plan philosophique qui conditionne la trame romanesque. Dans *Vendredi ou Les limbes du Pacifique* (1967), Tournier propose d'inverser l'ordre hiérarchique entre les personnages du *Robinson Crusoé* de Defoe. L'accent est mis sur le personnage du sauvage, l'esclave nommé Vendredi.

Vendredi ou Les limbes du Pacifique (1967)

EXTRAIT

Dans l'extrait qui suit, Robinson prend conscience de tout le temps passé à transposer sur son île le mode de vie occidental. Mais il suffit que son esclave réduise tout en cendres pour que Robinson s'ouvre enfin à des pratiques mieux adaptées à sa nouvelle réalité. Il s'agit là d'un exemple d'ouverture sur l'autre, après le deuil de la tradition.

Ainsi Vendredi avait eu raison finalement d'un état de choses qu'il détestait de toutes ses forces. Certes il n'avait pas provoqué
5 *volontairement* la catastrophe. Robinson savait depuis longtemps combien cette notion de volonté s'appliquait mal à la conduite de son compagnon. Moins qu'une volonté libre et lucide prenant ses décisions de propos délibéré, Vendredi était une *nature* dont découlaient des actes, et les conséquences de ceux-ci lui ressemblaient
10 comme des enfants ressemblent à leur mère. Rien apparemment n'avait pu jusqu'ici influencer le cours de cette génération spontanée. Sur ce point particulièrement profond, il se rendait compte que son influence sur l'Araucan avait été nulle. Vendredi avait imperturbablement – et inconsciemment – préparé puis provoqué le cataclysme qui préluderait à l'avènement d'une ère nou-
15 velle. Quant à savoir ce que serait cette ère nouvelle, c'était sans doute dans

---

1. On pense ici à l'indépendance de l'Algérie, entre autres, et aux diverses colonies nouvellement autonomes, qui amènent nombre d'immigrants en France.

la nature même de Vendredi qu'il fallait chercher à en lire l'annonce. Robinson était encore trop prisonnier du vieil homme pour pouvoir prévoir quoi que ce fût. Car ce qui les opposait l'un à l'autre dépassait – et englobait en même temps – l'antagonisme souvent décrit entre l'Anglais méthodique, avare et
20 mélancolique, et le «natif» primesautier, prodigue et rieur. Vendredi répugnait par nature à cet ordre terrestre que Robinson en paysan et en administrateur avait instauré sur l'île, et auquel il avait dû de survivre. Il semblait que l'Araucan appartînt à un autre règne, en opposition avec le règne tellurique de son maître sur lequel il avait des effets dévastateurs pour peu qu'on tentât
25 de l'y emprisonner.

L'explosion n'avait pas tout à fait tué le vieil homme en Robinson, car l'idée l'effleura qu'il pouvait encore assommer son compagnon, endormi à côté de lui – il avait mille fois mérité la mort – et entreprendre de retisser patiemment la toile de son univers dévasté. Or la peur de se retrouver seul à nouveau et
30 l'horreur que lui inspirait cette violence n'étaient pas seules à le retenir. Le cataclysme qui venait d'avoir lieu, il y aspirait secrètement. En vérité l'île administrée lui pesait à la fin presque autant qu'à Vendredi. Vendredi, après l'avoir libéré malgré lui de ses racines terriennes, allait l'entraîner vers *autre chose*. À ce règne tellurique qui lui était odieux, il allait substituer un ordre
35 qui lui était propre, et que Robinson brûlait de découvrir. Un nouveau Robinson se débattait dans sa vieille peau et acceptait à l'avance de laisser crouler l'île administrée pour s'enfoncer à la suite d'un initiateur irresponsable dans une voie inconnue.

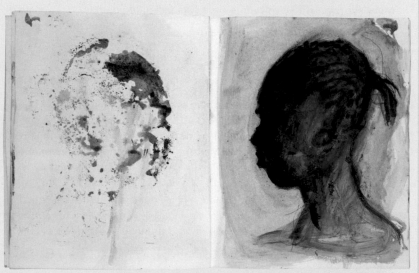

Miquel Barceló (1957-). *BMKO 23.XII.95/GGLY 1.I.96: Bamako/gogoly* (1995-1996). Musée national d'Art moderne – Centre Georges Pompidou, Paris, France.

Romain Gary (1914-1980)

D'origine russe, Romain Gary étudie en France dès l'âge de quatorze ans. Il remporte le prix Goncourt en 1956 pour son roman *Les racines du ciel*. Les romans de Gary s'attachent essentiellement à l'être humain. Il est par ailleurs l'artisan d'une célèbre mystification littéraire : sous le pseudonyme d'Émile Ajar[1], Gary publie quatre romans, dont *La vie devant soi* (1975), qui lui vaudra un second Goncourt, alors que, en principe, un auteur ne peut remporter ce prix qu'une fois.

La vie devant soi (1975)

EXTRAIT

— C'est lui ?

Mais Madame Rosa avait toute sa tête et même davantage. Elle s'est ventilée, en regardant Monsieur
5 Yoûssef Kadir comme si elle savourait d'avance.

La narration du roman est menée par le personnage de Mohammed, dit Momo, qui témoigne d'une lucidité singulière. Le jeune Arabe vit avec Madame Rosa, une vieille femme juive à laquelle il s'est profondément attaché. L'extrait suivant laisse voir la complicité qui s'est établie entre eux : le père vient reprendre son fils, confié à Madame Rosa onze ans plus tôt, mais celle-ci lui présente un autre garçon, lui faisant croire qu'il s'agit du sien.

Elle s'est ventilée encore en silence et puis s'est tournée vers Moïse.

— Moïse, dis bonjour à ton papa.

— B'jour, p'pa, dit Moïse, car il savait bien qu'il n'était pas arabe et n'avait
10 rien à se reprocher.

Monsieur Yoûssef Kadir devint encore plus pâle que possible.

— Pardon ? Qu'est-ce que j'ai entendu ? Vous avez dit Moïse ?

— Oui, j'ai dit Moïse, et alors ?

Le mec se leva. Il se leva comme sous l'effet de quelque chose de très fort.

15 — Moïse est un nom juif, dit-il. J'en suis absolument certain, Madame. Moïse n'est pas un bon nom musulman. Bien sûr, il y en a, mais pas dans ma famille. Je vous ai confié un Mohammed, Madame, je ne vous ai pas confié un Moïse. Je ne peux pas avoir un fils juif, Madame, ma santé ne me le permet pas.

Moïse et moi, on s'est regardé, on a réussi à ne pas nous marrer.

20 Madame Rosa parut étonnée. Ensuite elle a paru plus étonnée encore. Elle s'est ventilée. Il y a eu un immense silence où il se passait toutes sortes de choses. Le mec était toujours debout mais il tremblait des pieds à la tête.

— Tss, tss, fit Madame Rosa, avec sa langue, en hochant de la tête. Vous êtes sûr ?

---

1. Tous les critiques et les journalistes croyaient que l'auteur de cette œuvre était le neveu de Romain Gary, Paul Pavlowitch. Mais le scandale éclate au grand jour en 1981, soit quelques mois après le suicide de Gary, le 2 décembre de l'année précédente.

25 — Sûr de quoi, Madame ? Je ne suis sûr d'absolument rien, nous ne sommes pas mis au monde pour être surs. J'ai le cœur fragile. Je dis seulement une petite chose que je sais, une toute petite chose, mais j'y tiens. Je vous ai confié il y a onze ans un fils musulman âgé de trois ans, prénommé Mohammed. Vous m'avez donné un reçu pour un fils musulman, Mohammed Kadir. Je suis
30 musulman, mon fils était musulman. Sa mère était une musulmane. Je dirais plus que ça : je vous ai donné un fils arabe en bonne et due forme et je veux que vous me rendiez un fils arabe. Je ne veux absolument pas un fils juif, Madame. Je n'en veux pas, un point, c'est tout. Ma santé ne me le permet pas. Il y avait un Mohammed Kadir, pas un Moïse Kadir, Madame, je ne veux
35 pas redevenir fou. Je n'ai rien contre les Juifs, Madame, Dieu leur pardonne. Mais je suis un Arabe, un bon musulman, et j'ai un fils dans le même état. Mohammed, Arabe, musulman. Je vous l'ai confié dans un bon état et je veux que vous me le rendiez dans le même. Je me permets de vous signaler que je ne peux supporter des émotions pareilles. J'ai été objet des persécutions
40 toute ma vie, j'ai des documents médicaux qui le prouvent, qui reconnaissent à toutes fins utiles que je suis un persécuté.

— Mais alors, vous êtes sûr que vous n'êtes pas juif ? demanda Madame Rosa avec espoir.

Monsieur Kadir Yoûssef a eu quelques spasmes nerveux sur la figure, comme
45 s'il avait des vagues.

— Madame, je suis persécuté sans être juif. Vous n'avez pas le monopole. C'est fini, le monopole juif, Madame. Il y a d'autres gens que les Juifs qui ont le droit d'être persécutés aussi. Je veux mon fils Mohammed Kadir dans l'état arabe dans lequel je vous l'ai confié contre reçu. Je ne veux pas de fils juif
50 sous aucun prétexte, j'ai assez d'ennuis comme ça.

— Bon, ne vous émouvez pas, il y a peut-être eu une erreur, dit Madame Rosa, car elle voyait bien que le mec était secoué de l'intérieur et qu'il faisait même pitié, quand on pense à tout ce que les Arabes et les Juifs ont déjà souffert ensemble.

55 — Il y a sûrement eu une erreur, oh mon Dieu, dit Monsieur Yoûssef Kadir, et il dut s'asseoir parce que ses jambes l'exigeaient.

— Momo, fais-moi voir les papiers, dit Madame Rosa.

J'ai sorti la grande valise de famille qui était sous le lit. Comme j'y ai souvent fouillé à la recherche de ma mère, personne ne connaissait le bordel qu'il y avait
60 là-dedans mieux que moi. Madame Rosa mettait les enfants de putes qu'elle prenait en pension sur des petits bouts de papier où il n'y avait rien à comprendre, parce que chez nous c'était la discrétion et les intéressées pouvaient dormir sur leurs deux oreilles. Personne ne pouvait les dénoncer comme mères pour cause de prostitution avec déchéance paternelle. S'il y avait un maquereau
65 qui voulait les faire chanter dans ce but pour les envoyer à Abidjan, il aurait pas retrouvé un môme là-dedans, même s'il avait fait des études spéciales.

L'ÉCHO DE L'ERRANCE INTÉRIEURE AU QUÉBEC

Réjean Ducharme (1941-) est probablement l'auteur le plus secret que le Québec ait compté. Refusant toute entrevue, absent de toutes les remises de prix auxquelles il est convié, Ducharme laisse planer le mystère autour de sa personne. Le manuscrit de son œuvre la plus célèbre, *L'avalée des avalés*, est d'abord refusé au Québec. Ducharme l'envoie par la suite chez Gallimard, à Paris, où il sera retenu et publié, ce qui suscite un certain émoi au Québec. En 1966, Ducharme est en lice pour le prix Goncourt[1]. Craignant d'avoir affaire à un nom d'emprunt – comme dans le cas d'Émile Ajar –, le jury hésite, puis abandonne l'idée de lui accorder le prix.

Le roman met en scène une jeune fille révoltée, Bérénice Einberg, que des rapports difficiles avec son père (d'origine juive), haineux avec sa mère, rendent passionnément brutale et désespérément amoureuse. Son frère devient pour elle le seul point d'ancrage possible dans un univers d'errance physique et intérieure. Par sa vision du monde, à la fois juvénile et cynique, de même que par l'humour noir qui imprègne l'œuvre, Ducharme exprime une sensibilité nouvelle.

L'avalée des avalés (1966)
Extrait

Tout m'avale. Quand j'ai les yeux fermés, c'est par mon ventre que je suis avalée, c'est dans mon ventre que j'étouffe. Quand j'ai les yeux ouverts, c'est par ce que je vois que je suis avalée, c'est dans le ventre de ce que je vois que je suffoque. Je suis avalée par le fleuve trop grand, par le ciel trop
5 haut, par les fleurs trop fragiles, par les papillons trop craintifs, par le visage trop beau de ma mère. Le visage de ma mère est beau pour rien. S'il était laid, il serait laid pour rien. Les visages, beaux et laids, ne servent à rien. On regarde un visage, un papillon, une fleur, et ça nous travaille, puis ça nous irrite. Si on se laisse faire, ça nous désespère. Il ne devrait pas y avoir
10 de visages, de papillons, de fleurs. Que j'aie les yeux ouverts ou fermés, je suis englobée : il n'y a plus assez d'air tout à coup, mon cœur se serre, la peur me saisit.

L'été, les arbres sont habillés. L'hiver, les arbres sont nus comme des vers. Ils disent que les morts mangent les pissenlits par la racine. Le jardinier a
15 trouvé deux vieux tonneaux dans son grenier. Savez-vous ce qu'il en a fait ? Il les a sciés en deux pour en faire quatre seaux. Il en a mis un sur la plage, et trois dans le champ. Quand il pleut, la pluie reste prise dedans. Quand ils ont soif, les oiseaux s'arrêtent de voler et viennent y boire.

Je suis seule et j'ai peur. Quand j'ai faim, je mange des pissenlits par la
20 racine et ça se passe. Quand j'ai soif, je plonge mon visage dans l'un des seaux et j'aspire. Mes cheveux déboulent dans l'eau. J'aspire et ça se passe :

---

1. Il remporte avec cette œuvre en 1967 le prix du Gouverneur général, décerné par le Conseil des Arts du Canada.

je n'ai plus soif, c'est comme si je n'avais jamais eu soif. On aimerait avoir
aussi soif qu'il y a de l'eau dans le fleuve. Mais on boit un verre d'eau et on
n'a plus soif. L'hiver, quand j'ai froid, je rentre et je mets mon gros chandail
25 bleu. Je ressors, je recommence à jouer dans la neige, et je n'ai plus froid.
L'été, quand j'ai chaud, j'enlève ma robe. Ma robe ne me colle plus à la peau
et je suis bien, et je me mets à courir. On court dans le sable. On court, on
court. Puis on a moins envie de courir. On est ennuyé de courir. On s'arrête,
on s'assoit et on s'enterre les jambes. On se couche et on s'enterre tout le
30 corps. Puis on est fatigué de jouer dans le sable. On ne sait plus quoi faire.
On regarde, tout autour, comme si on cherchait. On regarde, on regarde.
On ne voit rien de bon. Si on fait attention quand on regarde comme ça,
on s'aperçoit que ce qu'on regarde nous fait mal, qu'on est seul et qu'on
a peur. On ne peut rien contre la solitude et la peur. Rien ne peut aider.
35 La faim et la soif ont leurs pissenlits et leurs eaux de pluie. La solitude
et la peur n'ont rien. Plus on essaie de les calmer, plus elles se démènent,
plus elles crient, plus elles brûlent. L'azur s'écroule, les continents s'abîment :
on reste dans le vide, seul.

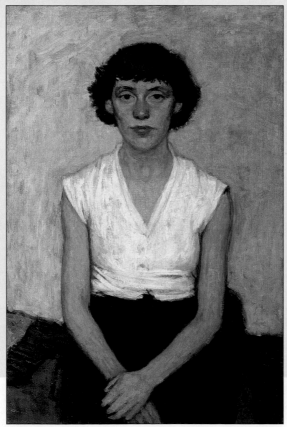

Robert Buhler
(1916-1989). *Portrait
of a Girl* (1950).
Huile sur toile.
Collection privée.

L'ÉCRITURE MIGRANTE

La chute du mur de Berlin, en 1989, constitue un tournant, tant sur le plan social que sur le plan historique. Cet événement majeur va permettre aux pays de l'ex-URSS de redéfinir leur identité et leur culture. Les mouvements migratoires s'accentuent et imposent une nouvelle vision de l'identité nationale des peuples, traditionnellement basée sur la race, la langue, la religion et les valeurs communes. Le défi de la littérature consiste alors à redéfinir la notion de littérature nationale. Ce brassage multiculturel soulève de nouvelles interrogations. On se demande, par exemple : à partir de quel moment un immigrant qui écrit en français est-il considéré comme un écrivain français ? La question identitaire et la façon de se percevoir par rapport aux autres sont désormais au cœur des préoccupations de plusieurs écrivains des multiples diasporas.

Nancy Huston (1953-)

AUTEURE

Nancy Huston est née à Calgary, au Canada, mais elle vit à Paris depuis de nombreuses années. Elle écrit soit en français ou en anglais, selon le sujet, car elle considère que certains sujets se prêtent mieux à une langue qu'à l'autre. Cette problématique est omniprésente dans son livre *Nord perdu* (1999), où il est question notamment de son «faux bilinguisme», qui transparaît dans ses relations avec les autres.

Nord perdu (1999)

EXTRAIT

Notre liberté d'aller ailleurs et d'être autrui dans notre tête est proprement hallucinante. Le roman, qu'on en lise ou qu'on en écrive, nous rappelle cette liberté... et son importance
extrême. Il s'agit de *la* liberté : celle
5   de ne pas se contenter d'une identité (religieuse, nationale, sexuelle, politique) conférée à la naissance.

La vie est un flot ininterrompu d'impressions, d'une diversité re-
10   doutable. Nous les recevons, ces impressions, nous les classifions et les organisons, nous y réagissons

> Nulle part tout à fait chez elle, Nancy Huston fait l'expérience d'un double déracinement, se sentant étrangère tant dans son pays d'accueil que dans son pays natal ; d'où le sentiment d'apatridie qu'elle exprime dans ses œuvres. Elle trouve son identité dans l'écriture, sa seule véritable patrie. *Nord perdu* fait référence à l'expression «perdre le Nord», c'est-à-dire perdre ses repères : on ne saurait mieux traduire ce qu'est le déracinement.

avec une souplesse incroyable, de loin supérieure à celle plus sophistiquée des ordinateurs. Nous savons être, tour à tour, mille personnes différentes, et nous
15   appelons tout cela «moi». Nous employons le même vocable pour évoquer le moi ami, parent, lecteur, promeneur, le moi songeur, admiratif devant un retable ancien, le moi citoyen, indigné à la lecture du journal du soir, le moi voisin, musicien, dormeur, rêveur, le moi buveur, rieur, fumeur, téléspectateur, le moi narcissique, recueilli, vulgaire, le moi alerte et avachi. Incapables

20 d'attraper dans les rets du langage tous les *moi* qui nous échappent, poissons
vif-argent qui scintillent, frétillent et glissent entre les mailles des mots, nous
recouvrons ce flot extravagant qu'est la vie par des banalités: «Oui, j'ai passé
un bon été»; «Ça va, ça va».

S'ouvrir totalement à ce flux, à cette multiplicité, à cette capacité réceptrice en
25 nous, c'est sombrer dans la folie. Pour raison garder, nous nous faisons myopes
et amnésiques. Nous assignons à notre existence des limites assez strictes.
Nous arpentons le même territoire jour après jour, le désignant comme «ma
vie» et définissant le «je», tautologiquement, comme celui qui l'arpente. Nous
décidons, par exemple: «ma vie» est celle d'un critique littéraire, celle d'une
30 prof de maths en banlieue parisienne, celle d'un rappeur, celle d'une prostituée, celle d'un maître bouddhiste enfermé dans un monastère...

La littérature nous autorise à repousser ces limites, aussi imaginaires que
nécessaires, qui dessinent et définissent notre moi. En lisant, nous laissons
d'autres êtres pénétrer en nous, nous leur faisons de la place sans difficulté
35 – car nous les connaissons déjà. Le roman, c'est ce qui célèbre cette reconnaissance des autres en soi, et de soi dans les autres.

C'est le genre humain par excellence.

Majida Khattari (1966-). *Rêve de jeunes filles* (2001). Musée national d'Art moderne
– Centre Georges Pompidou, Paris, France.

AUTEUR

Milan Kundera (1929-)

Kundera est né à Brno, en Tchécoslovaquie (actuelle République tchèque). À la suite de l'invasion de son pays par l'armée russe en 1968, il émigre en France. Les œuvres de Kundera cherchent plus particulièrement à analyser les effets – souvent néfastes – sur les individus d'une Histoire qui s'écrit immanquablement à travers des violences et des bouleversements sans fin. Ainsi, *L'ignorance* (2003) présente en chassé-croisé le récit de deux émigrés tchèques qui retournent dans leur pays après vingt ans d'absence. Immigrants dans leur pays d'adoption, ils découvrent qu'ils sont désormais des étrangers dans leur pays natal.

L'ignorance (2003)

> Josef retrouve un ancien haut placé du Parti communiste qui l'a aidé autrefois à quitter le pays. Le sentiment de trahison de l'expatrié de même que la recherche du pardon de la part de ses compatriotes sont perceptibles dans l'extrait qui suit.

EXTRAIT

Josef se souvint de sa très vieille idée, qu'il avait tenue alors pour blasphé-
matoire: l'adhésion au communisme n'a rien à voir avec Marx et avec ses
théories; l'époque a seulement offert aux gens l'occasion de pouvoir combler
5 leurs besoins psychologiques les plus divers: le besoin de se montrer non-
conformiste; ou le besoin d'obéir; ou le besoin de punir les méchants; ou le
besoin d'être utile; ou le besoin d'avancer vers l'avenir avec les jeunes; ou
le besoin d'avoir autour de soi une grande famille.

De bonne humeur, le chien aboyait et Josef se dit: les gens quittent aujour-
10 d'hui le communisme non pas parce que leur pensée a changé, subi un choc,
mais parce que le communisme ne procure plus l'occasion ni de se montrer
non-conformiste, ni d'obéir, ni de punir les méchants, ni d'être utile, ni d'avancer avec les jeunes, ni d'avoir autour de soi une grande famille. La conviction
communiste ne répond plus à aucun besoin. Elle est devenue à tel point inuti-
15 lisable que tous l'abandonnent facilement, sans même s'en apercevoir.

N'empêche que l'intention première de sa visite restait en lui inassouvie: faire
savoir à N. que, devant un tribunal imaginaire, lui, Josef, le défendrait. Pour
y parvenir il voulait d'abord lui montrer qu'il n'était pas aveuglément enthou-
siasmé par le monde qui s'installait ici après le communisme et il évoqua la
20 grande image publicitaire sur la place de sa ville natale où un sigle incompréhensible offre aux Tchèques des services en leur montrant une main blanche
et une main noire qui se serrent: « Dis-moi, est-ce que c'est encore notre pays? »

Il s'attendait à entendre un sarcasme à l'adresse du capitalisme mondial qui
uniformise la planète, mais N. se taisait. Josef continua: « L'empire soviétique
25 s'est écroulé parce qu'il ne pouvait plus dompter les nations qui voulaient
être souveraines. Mais ces nations, elles sont maintenant moins souveraines

que jamais. Elles ne peuvent choisir ni leur économie, ni leur politique étrangère, ni même les slogans de leur publicité.

— La souveraineté nationale est depuis longtemps une illusion, dit N.

30 — Mais si un pays n'est pas indépendant et ne souhaite même pas l'être, est-ce que quelqu'un sera encore prêt à mourir pour lui ?

— Je ne veux pas que mes enfants soient prêts à mourir.

— Je le dirai autrement : est-ce que quelqu'un aime encore 35 ce pays ? »

N. ralentit le pas : « Josef », dit-il, touché. « Comment as-tu pu émigrer ? Tu es un patriote ! » Puis, très sérieusement : « Mou-40 rir pour son pays, cela n'existe plus. Peut-être que pour toi, pendant ton émigration, le temps s'est arrêté. Mais eux, ils ne pensent plus comme toi.

45 — Qui ? »

N. fit un geste de la tête vers les étages de la maison, comme s'il voulait désigner sa progéniture. « Ils sont ailleurs. »

Jean-Michel Alberola (1953-). Sans titre. Titre attribué : *Étudier le corps du christ* (1992). Musée national d'Art moderne – Centre Georges Pompidou, Paris, France.

LE NOUVEAU RAPPORT AU SAVOIR

Si les affrontements idéologiques ont marqué la première moitié du XXᵉ siècle, la seconde est surtout influencée par l'essor technologique. Après la Seconde Guerre mondiale, et davantage pendant la guerre froide, le monde évolue au rythme du développement de technologies de plus en plus sophistiquées, alors que les professions scientifiques se diversifient rapidement, notamment dans les domaines de la radiodiffusion, de la télévision et de l'informatique. Ces nouvelles technologies, que la recherche dans le secteur militaire fait évoluer à une vitesse foudroyante, transforment aussi de façon notable le domaine culturel et le rôle traditionnel de l'écrivain.

Michel Houellebecq (1956-)

Michel Thomas, alias Michel Houellebecq, est considéré comme un auteur représentatif de la nouvelle génération d'écrivains. Le ton provocateur de ses romans et la virulence de ses propos – il s'en prend à un peu tout le monde – entretiennent la polémique et lui valent un important battage médiatique.

Les particules élémentaires (1998)

E X T R A I T

Au journal de 20 heures, Bruno Masure annonça qu'une sonde américaine venait de détecter des traces de vie fossile sur Mars. Il s'agissait de
5 formes bactériennes, vraisemblablement d'archéo-bactéries méthaniques. Ainsi, sur une planète proche de la Terre, des macromolécules biologiques avaient pu s'organiser, élaborer de
10 vagues structures autoreproductibles composées d'un noyau primitif et d'une membrane mal connue; puis tout s'était arrêté, sans doute sous l'effet d'une variation climatique: la reproduction était devenue de plus en plus difficile, avant de s'interrompre tout à fait. L'histoire de la vie sur Mars se manifestait comme une histoire modeste. Cependant (et Bruno Masure ne semblait pas
15 en avoir nettement conscience), ce mini-récit d'un ratage un peu flasque contredisait avec violence toutes les constructions mythiques et religieuses dont l'humanité fait classiquement ses délices. Il n'y avait pas d'acte unique, grandiose et créateur; il n'y avait pas de peuple élu, ni même d'espèce ou de planète élue. Il n'y avait, un peu partout dans l'univers, que des tentatives
20 incertaines et en général peu convaincantes. Tout cela était en outre d'une éprouvante monotonie. L'ADN des bactéries martiennes semblait exactement identique à l'ADN des bactéries terrestres. Cette constatation surtout le plongea dans une légère tristesse, qui était déjà à soi seule un signe dépressif. Un chercheur dans son état normal, un chercheur en bon état de fonctionnement
25 aurait dû au contraire se réjouir de cette identité, y voir la promesse de synthèses unifiantes. Si l'ADN était partout identique il devait y avoir des raisons, des raisons profondes liées à la structure moléculaire des peptides, ou peut-être aux conditions topologiques de l'autoreproduction. Ces raisons profondes, il devait être possible de les découvrir; plus jeune, il s'en souvenait,
30 une telle perspective l'aurait plongé dans l'enthousiasme.

Dans *Les particules élémentaires* (1998), le lecteur suit le parcours de deux demi-frères: l'un est animé par une soif inaltérable de sexe (Bruno), tandis que l'autre (Michel) mène une quête scientifique qui le place aux antipodes de tout désir. Le roman brosse un portrait très pessimiste de la génération des baby-boomers, qu'il qualifie d'hédoniste, d'individualiste et de profiteuse, une génération totalement soumise à ses désirs.

UN ART HYBRIDE

Il apparaît de plus en plus difficile aujourd'hui de distinguer ce qui est littéraire de ce qui ne l'est pas. Si, à l'époque de la modernité, le concept de « littérarité[1] » s'est imposé pour séparer l'œuvre littéraire du texte divertissant ou savant, cette frontière ne semble plus coller à la réalité d'aujourd'hui. La littérature est devenue éclectique, intégrant librement différents types de discours (scientifique, philosophique, moral) ou genres artistiques (cinéma, télévision, publicité). Elle peut aussi bien se présenter sous la forme d'un amalgame de genres littéraires. En effet, il devient parfois difficile de distinguer entre poésie, roman, nouvelle ou essai. Les textes reflètent de surcroît – tant dans leurs formes que dans leurs contenus – la pluralité d'une production dans laquelle la distinction entre « art majeur » et « art mineur » n'est plus valable. Enfin, les œuvres contemporaines portent les traces de la culture populaire, par exemple lorsqu'elles font référence – de façon implicite ou explicite – à d'autres œuvres (l'« intertextualité » dont il a été question plus haut). S'agirait-il d'un phénomène de démocratisation de la littérature ?

Michèle Lavoie (1953-). *Vague sur la ville* (2005). Collection privée.

---

1. Ce qui caractérise l'œuvre littéraire, tant dans sa forme que dans les idées, et qui nous permet de distinguer un texte littéraire d'autres types de textes.

Tonino Benacquista (1961-)

Écrivain et scénariste, Tonino Benacquista s'inspire beaucoup de l'univers télévisuel. Dans son roman *Saga* (1997), un groupe de scénaristes a pour tâche de remplir le vide de la nuit en réalisant une émission, *Saga*. Celle-ci remporte un tel succès qu'on en parle bientôt comme d'un véritable phénomène de société. Prisonniers de leur création, les scénaristes verront leur vie à jamais transformée. Ce roman multiplie les regards par lesquels le lecteur prend connaissance du récit, chaque chapitre racontant l'histoire telle qu'elle est vécue par chacun des quatre scénaristes.

Saga (1997)

EXTRAIT

— On va bientôt passer à table, il faut coucher les petits.

— Marco, tu veux bien t'en occuper ?

— Pardon ?

— C'est pas tous les soirs qu'on a un
5 scénariste à la maison. Je ne sais plus
quoi leur inventer pour les endormir.

> Dans cet extrait, Marco est invité à souper chez des amis. On lui demande de raconter une histoire aux enfants. Ici, les références à la culture de masse (cinéma, télévision, etc.) remplacent même les traditionnels contes de fées.

— Une toute petite histoire, allez... Pour toi, c'est rien.

Tous les quatre se marrent.

— Je ne sais pas faire ça. Je n'ai pas le chic, avec les mômes.

10 J'ai l'air d'une andouille...

— Mais si, tu vas très bien t'en sortir.

D'autorité, on m'entraîne dans leur chambre. Je me retrouve assis au bord du lit, dans la pénombre, avec deux têtes blondes sur un traversin, les yeux grands ouverts.

15 — On t'attend pour les hors-d'œuvre, chuchote Juliette en fermant la porte.

Le piège. Je cherche dans mes souvenirs de princesses, de petits cochons et de grands méchants loups. Et ne vois rien venir. Les quatre grands yeux attendent. Une forêt ? Un château ? Est-ce que ça parle aux gosses d'aujourd'hui ? Avec leurs petites mèches blondes, ils ont l'air d'anges qui ne demandent qu'à bâiller.
20 En réalité ce sont de cruelles machines à éventrer les peluches, boostées à la cybernétique japonaise, prêtes à mordre dans le troisième millénaire. Les princesses n'intéressent plus ma camarade Mathilde. Mais j'ai peut-être une dernière chance de les bluffer en faisant du neuf avec du vieux. Sans même me griller de précieux fusibles. Je suis à peu près sûr que ces mômes n'ont pas
25 encore vu *Basic Instinct*.

— C'est l'histoire d'une très belle dame blonde qui vit dans un très beau château, au bord de la mer...

Je referme la porte avec une extraordinaire lenteur et descends les marches
sans le moindre bruit. Je crois m'en être assez bien sorti. Le personnage de
30 Sharon Stone est devenu une sorte de sorcière qui rend fous ceux qui l'appro-
chent. Le pic à glace est un poignard magique et le flic joué par Michael
Douglas, un preux chevalier qui va envoûter la sorcière. Dans le salon, ça dis-
cute fort. J'ai bien mérité mon assiette de poulet au curry et mon verre de
rouge. L'escalier craque, j'avance à pas feutrés, manquerait plus qu'un gosse
35 se réveille et que je sois obligé de lui raconter *Orange mécanique*.

Bruno Perramant (1962-). *Révolution 1* (2001). Musée national d'Art moderne
– Centre Georges Pompidou, Paris, France.

AUTEUR

Éric-Emmanuel Schmitt (1960-)

Romancier et dramaturge, Éric-Emmanuel Schmitt est notamment reconnu pour ses récits qui mettent en scène des personnages historiques, réels, plongés dans des contextes fictifs. Depuis 1989, année où l'auteur agnostique vit une expérience mystique qui l'incite à se convertir au catholicisme, ses convictions religieuses se retrouvent au centre de ses œuvres. Par exemple, dans *Le visiteur* (1994), dont la toile de fond est l'annexion de l'Autriche par l'Allemagne à l'aube de la Seconde Guerre mondiale, Sigmund Freud fait la rencontre d'un étrange visiteur qui pourrait bien être Dieu.

Le visiteur (1994)

EXTRAIT

L'extrait présenté ici est un dialogue étrange entre Freud et l'«Inconnu», un nom qui peut s'appliquer aussi bien à l'«étranger» qu'à «ce que l'on ne peut pas connaître».

FREUD. — Lorsque le sujet est trop crispé pour accepter l'échange, rien ne vaut mon vieux pendule. (*Continuant la manœuvre sur un ton persuasif.*) Vos paupières se font de plus en plus lourdes… il faut dormir… vous essayez
5 de lever le bras gauche mais ne le pouvez pas… vous êtes si fatigué, si las. Il faut dormir. Dormir, il le f…

L'Inconnu s'est endormi.
Pendant tout le temps de l'hypnose, une étrange musique, indéfinissable, très douce, va désormais baigner la scène d'irréalité. Le ton de l'Inconnu
10 *va devenir lui-même musical lorsqu'il répondra aux questions de Freud.*

Qui êtes-vous ?

L'INCONNU. — C'est pour ses semblables que l'on possède un nom. Moi, je suis seul de mon espèce.

FREUD. — Qui sont vos parents ?

15 L'INCONNU. — Je n'ai pas de parents.

FREUD. — Sont-ils morts ?

L'INCONNU. — Je suis orphelin de naissance.

FREUD. — Vous n'avez aucun souvenir d'eux ?

L'INCONNU. — Je n'ai aucun souvenir.

20 FREUD. — Pourquoi ne voulez-vous pas avoir de souvenirs ?

L'INCONNU. — Je voudrais avoir des souvenirs. Je n'ai pas de souvenirs.

FREUD. — Pourquoi voulez-vous oublier ?

L'INCONNU. — Je n'oublie jamais rien, mais je n'ai pas de souvenirs.

FREUD. — Quand avez-vous connu Sigmund Freud?

25 L'INCONNU. — La première fois qu'il s'est fait entendre à moi, il a dit: «Je suis Sigmund Freud, j'ai cinq ans, j'existe; il faudra que je me souvienne de ce moment-là.» J'ai écouté cette petite voix frêle et enrhumée de larmes qui montait au milieu des clameurs du monde.

FREUD. — Mais Sigmund Freud est plus vieux que vous. Quel âge avez-vous?

30 L'INCONNU. — Je n'ai pas d'âge.

FREUD. — Vous ne pouviez pas entendre Sigmund Freud, vous n'étiez pas encore né.

L'INCONNU. — C'est vrai: je ne suis pas né.

FREUD. — Où étiez-vous lorsque vous avez entendu sa voix?

35 L'INCONNU. — Nulle part. Ce n'est ni loin, ni près, ni même ailleurs. C'est... inimaginable, car on n'imagine qu'avec des images, or là, il n'y a plus rien, ni prairies, ni nuages, ni étendues d'azur, rien... Où êtes-vous lorsque vous rêvez?

FREUD. — C'est moi qui pose les questions. Où sont les hommes, là où vous êtes?

40 L'INCONNU. — En moi, mais nulle part, comme sont en eux les songes.

FREUD. — Où êtes-vous, ce soir?

L'INCONNU. — À Vienne, en Autriche, le 22 avril 1938, au 19 Bergasse, dans le bureau du docteur Freud.

FREUD. — Qui est le docteur Freud?

45 L'INCONNU. — Un humain qui a brassé beaucoup d'hypothèses, autant de vérités que d'erreurs, un génie en somme.

FREUD. — Pourquoi lui?

L'INCONNU. — Les voyants ont les yeux crevés et les prophètes un cancer à la gorge. Il est très malade.

50 FREUD. — Mourra-t-il bientôt?

L'INCONNU. — Bientôt.

FREUD. — Quand?

L'INCONNU. — Le 23 sept... (*Ouvrant subitement les yeux.*) Désolé, docteur, je ne réponds pas à ce genre de questions.

55   *La musique a brusquement cessé.*

LA POÉSIE CONTEMPORAINE

La poésie contemporaine est beaucoup moins perméable à l'influence médiatique, puisqu'il est essentiel en poésie de faire entendre d'autres voix que celle qui est véhiculée par les médias de masse. C'est ce qui explique en partie le peu de visibilité des poètes sur la scène littéraire. Cantonnés dans des revues marginales et absents des émissions littéraires, la plupart des poètes n'arrivent pas à vivre de leur plume et doivent exercer d'autres métiers (par exemple, dans le domaine de la critique ou le milieu universitaire). Contrairement aux autres genres, la poésie n'est pas en rupture avec son héritage romantique, symboliste ou surréaliste. L'évolution en poésie passe par une recherche personnelle sur le langage, la quotidienneté, le rapport au monde et aux choses.

AUTEUR Jean-Michel Maulpoix (1952-)

Jean-Michel Maulpoix se démarque dès la parution de son premier recueil, intitulé *Un dimanche après-midi dans la tête* (1984). Avec *Une histoire de bleu* (1992), Maulpoix s'intéresse à une poésie qui permet de faire naître des réactions sensorielles multiples à partir d'un stimulus visuel (la couleur bleue), rappelant ainsi le concept de synesthésie élaboré par les poètes symbolistes[1].

Une histoire de bleu (1992)

EXTRAIT

> La poésie de Maulpoix est un regard porté sur les richesses qui s'offrent à nos yeux trop souvent aveugles. Ainsi, le bleu ne peut plus être perçu comme une simple couleur, une fois que le poète s'est appliqué à le décomposer, à en chercher l'essence.

Le bleu ne fait pas de bruit.

C'est une couleur timide, sans arrière-pensée, présage ni projet, qui ne se jette pas brusquement
5 sur le regard comme le jaune ou le rouge, mais qui l'attire à soi, l'apprivoise peu à peu, le laisse venir sans le presser, de sorte qu'en elle il s'enfonce et se noie sans se rendre compte de rien.

Le bleu est une couleur propice à la disparition.

Une couleur où mourir, une couleur qui délivre, la couleur même de l'âme
10 après qu'elle s'est déshabillée du corps, après qu'a giclé tout le sang et que se sont vidés les viscères, les poches de toutes sortes, déménageant une fois pour toutes le mobilier de nos pensées.

Indéfiniment, le bleu s'évade.

Ce n'est pas, à vrai dire, une couleur. Plutôt une tonalité, un climat, une réso-
15 nance spéciale de l'air. Un empilement de clarté, une teinte qui naît du vide ajouté au vide, aussi changeante et transparente dans la tête de l'homme que dans les cieux.

---

1. Voir le chapitre 2.

> L'air que nous respirons, l'apparence de vide sur laquelle remuent nos figures,
> l'espace que nous traversons n'est rien d'autre que ce bleu terrestre, invisible
> 20 tant il est proche et fait corps avec nous, habillant nos gestes et nos voix.
> Présent jusque dans la chambre, tous volets tirés et toutes lampes éteintes,
> insensible vêtement de notre vie.

L'EXPÉRIENCE DU DÉRACINEMENT

Malgré l'annonce sans cesse renouvelée de la « mort » du roman ou de celle de l'auteur, de la « fin de l'histoire », la littérature semble bien loin d'être en péril. S'il n'existe plus de courants littéraires à proprement parler – du moins, sommes-nous tentés de le croire – , des constantes peuvent toujours être observées, tout comme la récurrence de préoccupations éminemment contemporaines. Les nouvelles technologies changent la donne, bien entendu ; c'est la nouvelle réalité. À cela s'ajoute la cohabitation de la littérature reconnue par l'institution et de la littérature de masse, ce qui force l'une à considérer l'autre. Les médias continuent de transformer notre rapport à l'art, à la littérature et aux représentations du monde qui en émanent. Ce qui diffère, enfin, ce sont les repères ou, plutôt, l'absence de repères historiques, qui auparavant permettaient à l'écrivain de se situer soit dans une continuité ou en rupture avec le courant précédent. Puisque la rupture est totale, que l'écrivain n'a plus le choix de l'expérimenter ou non, il lui arrive alors de ressentir le besoin de recréer avec le passé des liens qui permettraient l'adhésion ou la contestation. La littérature, elle-même, fait l'expérience du déracinement.

Ernesto Neto (1964-). *We stopped just here at the time* (2002). Musée national d'Art moderne – Centre Georges Pompidou, Paris, France.

Les courants littéraires du romantisme à aujourd'hui

CARACTÉRISTIQUES	THÈMES	OBSERVATIONS FORMELLES
Romantisme		
– L'écrivain se détourne de la vision rationaliste des XVIIe et XVIIIe siècles pour dorénavant exposer une souffrance qui tire sa source de tourments intérieurs. – Les textes sont empreints de débordements émotifs et d'élans excessifs.	– Aspect autobiographique des textes – Mal de vivre : solitude, ennui, déception, plainte, nostalgie et regret – Trouble intérieur qui mène parfois à la folie, voire au suicide – Besoin d'évasion et proximité avec la nature	– Poésie surtout, mais également roman et théâtre – Opposition avec la forme classique amenant un ton plus personnel : récit au « je » marquant l'unicité de l'être – Procédés fréquents : métaphore, personnification, antithèse
Réalisme		
– Les tenants de ce courant condamnent les valeurs prônées par la révolution industrielle du XIXe siècle et la classe bourgeoise. – On décrit les inégalités sociales.	– Dénonciation des nouvelles valeurs, des nouveaux pouvoirs, critique sociale – Lutte des classes – Objectivité, vie quotidienne	– Roman, nouvelle – Discours anodins et descriptions méticuleuses des comportements humains et des lieux de l'action – Procédés fréquents : énumération et gradation sur un ton à la fois pessimiste et ironique
Symbolisme		
– Premier véritable courant de la modernité, le symbolisme offre, en réaction au réalisme, une vision subjective du monde tout en tentant d'innover. – On ne cherche plus à sensibiliser le lecteur sur les réalités sociales, mais bien à l'amener à dépasser la banalité du quotidien. – Il y a contestation des règles de versification – jusqu'à l'abolition de la forme même du poème avec le poème en prose – et esthétisation du quotidien.	– Ennui, Spleen – Recherche du beau et du sublime, de l'Idéal	– Principalement poésie – Procédés fréquents : certains procédés d'atténuation (euphémisme, litote), métaphore et autres procédés d'analogie, enjambement, assonance et allitération en versification
Surréalisme		
– Assurant la continuité du symbolisme, le surréalisme cherche la réalité sous des dehors familiers (selon Breton : « Il faut débusquer le réel »). – On juxtapose des éléments disparates. – On attaque la raison et les théories esthétiques sur l'art et la littérature. – On privilégie l'écriture automatique. – Le dadaïsme se caractérise par le nihilisme, la rupture avec le passé, la volonté délibérée de choquer et les efforts pour révolutionner l'art.	– Psychanalyse (inconscient), rêve – Amour fou, femme muse – Insolite (paranormal)	– Poésie surtout, mais également roman et essai – Fonction visuelle et rôle spatial du mot (ex. calligrammes), celui-ci devenant objet – Cadavres exquis et contrepèteries – Refus de la structure formelle, des règles grammaticales et, parfois, de l'emploi de la majuscule – Règles de versification désuètes
Nouvel humanisme		
– Les tenants de ce courant sont animés par la conviction profonde que l'humanité peut encore réaliser l'impossible, en se fondant sur la fraternité et la détermination individuelle. – Le héros cherche à trouver en lui assez de force pour affronter son destin (fatalité) afin de le transformer. – Il s'interroge sur le sens profond de la vie.	– Héroïsme, liberté – Lutte contre la fatalité et l'absurdité de l'existence – Conscience de la collectivité	– Roman, essai

CARACTÉRISTIQUES	THÈMES	OBSERVATIONS FORMELLES
Existentialisme		
– Les existentialistes poursuivent la démarche entreprise par les humanistes en considérant l'homme comme entièrement maître de son présent et de son avenir. – L'individu est libre, donc responsable de ce qu'il est; il doit de ce fait s'intéresser aux enjeux sociaux et, prenant position, agir en conséquence. – La littérature se met ainsi au service d'une cause: elle devient «engagée» (roman à thèse, théâtre engagé). – L'émancipation des femmes (féminisme) est marquée: droit à l'autonomie, à la liberté sexuelle, à l'avortement.	– Liberté, identité, individualité/ collectivité, responsabilité, jugement de l'autre, absurdité de la vie	– Roman, théâtre, essai – Style dépouillé du récit, répliques brèves – Chez Vian et Prévert (autour de l'existentialisme): jeux de mots, métaphore, humour noir, relevant parfois du merveilleux
Nouveau roman		
– Ce courant dénonce le conformisme ambiant. – On y met en scène des personnages anonymes (ex.: «Il» ou «Elle»). – Le récit est non linéaire ou non chronologique. – Il n'y a pas de lieux stables. – L'esthétisme met l'accent sur la description des objets et des gestes.	– Ailleurs – Hantise de la souffrance – Impossibilité des rapports amoureux	– Roman – Style descriptif
Théâtre de l'absurde		
– Ce courant remet en question la lisibilité du texte. – On cherche à souligner les failles de l'existence.	– Difficultés de la communication – Réification – Dénonciation de la vacuité de la société de consommation	– Théâtre – Ton ironique et parfois ludique – Non-personnages, non-intrigues, non-décors – Déconstruction du langage
Postmodernité		
– Ce courant marque la fin des idéologies ainsi que l'ère de la mondialisation et des nouvelles technologies. – On y fait l'éloge de la différence et de l'écriture migrante. – L'art est hybride: on peine à distinguer poésie, essai, roman et théâtre; on intègre différents types de discours (scientifique, philosophique, moral) ou de genres artistiques (cinéma, télévision, publicité). – L'art majeur et l'art de masse se côtoient. – L'histoire individuelle est en lien avec l'histoire collective. – On retrouve souvent des récits d'apprentissage. – La voix du narrateur se confond avec celle du protagoniste (mise en abyme).	– Temps: mémoire, oubli, rapidité, lenteur, passé, présent, futur, etc. – Exil: voyage, nostalgie, errance, retour, fuite, etc. – Identité: corps, beauté, image, immortalité, etc. – Réflexion: lucidité, ignorance, etc. – Hédonisme: amour, sexe, érotisme, etc.	– Roman (voire récit autofictionnel) principalement, essai, théâtre et poésie – Excès: phrases courtes ou très longues – Ton secret ou provocation délibérée – Tonalité plutôt pessimiste – Intertextualité – Vocabulaire souvent soutenu (scientifique ou philosophique) teinté d'argot – Discours relevant de la réflexion (description, phrases courtes ou très longues) – Jeux avec la ponctuation (parfois quasi inexistante)

Bibliographie

ARNAUD, Claude. *Jean Cocteau*, Paris, Gallimard, 2003, 864 p.

BARBARANT, Olivier. *Le surréalisme « Nadja » d'André Breton*, « Lire », Paris, Gallimard, 1994, 120 p.

BIET Christian, Jean-Paul BRIGHELLI et Jean-Luc RISPAIL. *Malraux, la création d'un destin*, Paris, Gallimard, 1988, 176 p.

BRÉE, Germaine, et Édouard MOROT-SIR. *Du surréalisme à l'empire de la critique*, « GF », Paris, Flammarion, 1996, 597 p.

CHAVOT, Pierre. *L'ABCdaire du surréalisme*, Paris, Flammarion, 2001, 119 p.

CHAVOT, Pierre, et François de VILLANDRY. *L'ABCdaire de Rimbaud*, Paris, Flammarion, 2001, 119 p.

COHEN-SOLAL, Annie. *Sartre un penseur pour le XXI⁰ siècle*, « Découvertes », Paris, Gallimard, 2005, 159 p.

DE BOISDEFFRE, Pierre. *Les écrivains français d'aujourd'hui*, « Que sais-je ? », Paris, PUF, 1969, 127 p.

DE BOISDEFFRE, Pierre. *Les poètes français d'aujourd'hui*, « Que sais-je ? », Paris, PUF, 1973, 127 p.

DÉCAUDIN, Michel, et Daniel LEUWERS. *De Zola à Apollinaire*, Paris, Flammarion, 1996, 368 p.

DES VALLIÈRES, Nathalie. *Saint-Exupéry : l'archange et l'écrivain*, Paris, Gallimard, 1998, 127 p.

DIZOL, Jean-Marie. *Guy de Maupassant*, « Les essentiels Milan », Paris, Milan, 1997, 63 p.

DUMAS, Marie-Claire. *Desnos œuvres*, « Quarto », Paris, Gallimard, 1999, 1394 p.

FOULQUIÉ, Paul. *L'existentialisme*, Paris, PUF, 1964.

GLEIZE, Jean-Marie. *La poésie, textes critiques, XIVᵉ-XXᵉ siècle*, Paris, Larousse, 1995, 673 p.

KOPP, Robert. *Baudelaire : le soleil noir de la modernité*, « Découvertes », Paris, Gallimard, 2004, 159 p.

LAGET, Thierry. *L'ABCdaire de Proust*, Paris, Flammarion, 1998, 119 p.

LANNES, Roger. *Jean Cocteau*, « Poètes d'aujourd'hui », Paris, Pierre Seghers, 1966, 186 p.

LENZINI, José. *Albert Camus*, « Les essentiels Milan », Paris, Milan, 1995, 63 p.

LOTTMAN, Herbert R. *Gustave Flaubert*, Paris, Fayard, 1989, 579 p.

MARSEILLE, Jacques (sous la direction de). *Les années Hugo,* Paris, Larousse, 2002, 215 p.

MAUROIS, André. *De Gide à Sartre*, Paris, Librairie académique Perrin, 1965, 308 p.

MAY, Georges. *Rousseau par lui-même*, Paris, Seuil, 1964, 189 p.

MILNER, Max, et Claude PICHOIS. *De Chateaubriand à Baudelaire*, Paris, Flammarion, 1996, 448 p.

MITTERAND, Henri (sous la direction de). *Dictionnaire des grandes œuvres de la littérature française*, « Les usuels », Paris, Le Robert, 1995, 706 p.

MOUNIER, Emmanuel. *Introduction aux existentialismes*, Paris, Gallimard, 1968, 189 p.

PERNOT, François. *De Bonaparte à Napoléon*, Paris, Fleurus, 2004, 79 p.

PICHOIS, Claude, et Jean ZIEGLER. *Baudelaire*, « Les Vivants », Paris, Julliard, 1987, 704 p.

QUENEAU, Raymond (sous la direction de). *Histoire des littératures III*, « La Pléiade », Paris, Gallimard, 1978, 2109 p.

SARTRE, Jean-Paul. *L'existentialisme est un humanisme*, Paris, Nagel, 1970, 141 p.

SIRINELLI, Jean-François (sous la direction de). *La France de 1914 à nos jours*, Paris, PUF, 1993, 498 p.

STÉPHANE, Roger. *André Malraux, entretiens et précisions*, Paris, Gallimard, 1984, 169 p.

TAILLANDIER, François. *Balzac*, Paris, Gallimard, 2005, 189 p.

Sources des illustrations et des textes

Sources des illustrations

Chapitre 1 : *Page 1 :* The Art Archive/Corbis. *Page 4 :* akg-images. *Page 5 :* akg-images. *Page 6 :* SuperStock, Inc./SuperStock. *Page 7 :* akg-images. *Page 8 :* akg-images. *Page 9 :* akg-images. *Page 10 :* akg-images. *Page 11 :* akg-images. *Page 12 :* akg-images. *Page 13 :* akg-images. *Page 14 :* akg-images. *Page 16 :* akg-images. *Page 18 :* akg-images. *Page 20 :* Bulloz, Réunion des Musées nationaux/Art Resource, NY. *Page 21 :* Sotheby's/akg-images. *Page 22 (en haut) :* Gérard Blot, Réunion des Musées nationaux/Art Resource, NY ; *(en bas) :* Jean-Gilles Berizzi, Réunion des Musées nationaux/Art Resource, NY. *Page 24 :* akg-images. *Page 25 :* akg-images. *Page 26 :* akg-images. *Page 27 :* akg-images. *Page 30 :* Hulton-Deutsch Collection/Corbis. *Page 32 :* Peter Willi/SuperStock. *Page 33 :* akg-images. *Page 34 :* akg-images. *Page 36 :* The Metropolitan Museum of Art, Don de Louis C. Raegner, 1927 (27.200). Photo : © The Metropolitan Museum of Art. *Page 39 :* Musée de la civilisation, fonds d'archives du Séminaire de Qébec/*Antoine Gérin-Lajoie (1824-1882).* Jules-Isaïe Livernois. 1863. N° Ph1988.1209. *Page 42 :* akg-images/Electa. *Page 43 :* akg-images.

Chapitre 2 : *Page 45 :* akg-images. *Page 48 :* Francis G. Mayer/Corbis. *Page 49 :* Bibliothèque nationale de France (RC-A-51724). *Page 50 :* The Gallery Collection/Corbis. *Page 52 (en haut) :* akg-images ; *(en bas) :* Bibliothèque nationale de France (NB-C-173565). *Page 54 :* akg-images. *Page 55 :* Laurent Lecat/akg-images. *Page 56 :* akg-images. *Page 58 :* akg-images. *Page 59 :* akg-images. *Page 60 :* akg-images. *Page 62 :* akg-images. *Page 65 :* akg-images. *Page 66 :* Photo : Laprès et Lavergne/Bibliothèque et Archives nationales du Québec, Centre d'archives de Québec. *Page 67 :* akg-images. *Page 68 :* akg-images. *Page 69 :* akg-images. *Page 70 :* akg-images. *Page 72 :* akg-images. *Page 73 :* akg-images. *Page 77 :* akg-images. *Page 78 (en haut) :* Stefano Bianchetti/Corbis ; *(en bas) :* Francis G. Mayer/Corbis. *Page 81 :* akg-images. *Page 82 :* akg-images. *Page 83 :* akg-images. *Page 84 :* Bibliothèque et Archives Canada/C-088566. *Page 85 :* Photo : Patrick Altman. *Page 86 :* akg-images. *Page 88 :* Bettmann/Corbis. *Page 89 :* © Succession Max Ernst/SODRAC (2007)/CNAC/MNAM/Réunion des Musées nationaux/Art Resource, NY. *Page 90 :* akg-images. *Page 92 :* akg-images. *Page 93 :* akg-images.

Chapitre 3 : *Page 95 :* © Succession Picasso/SODRAC (2007)/Corbis. *Page 98 :* © Bettmann/Corbis. *Page 100 :* © Succession René Magritte/SODRAC (2007)/Herscovici/ Art Resouce, NY. *Page 102 :* © Succession Otto Dix/SODRAC (2007)/akg-images. *Page 103 :* © Successió Miró/SODRAC (2007)/akg-images. *Page 104 :* Snark/Art Resource, NY. *Page 108 :* Roger Viollet/Topfoto/Ponopresse. *Page 109 :* Explorer Archives/ Keystone-France-Eyedea. *Page 110 (en haut) :* Martinie/Roger Viollet/Topfoto/Ponopresse ; *(en bas) :* © Succession Marcel Duchamp/SODRAC (2007)/akg-images. *Page 111 :* ©Roland Penrose Estate, Angleterre, 2007. Tous droits réservés. www.rolandpenrose. co.uk/Bridgeman Art Library. *Page 113 :* © Succession Marc Chagall/SODRAC (2007)/akg-images. *Page 114 :* Martinie/Roger Viollet/Topfoto/Ponopresse. *Page 115 (en haut) :* Stefano Bianchetti/Corbis ; *(en bas) :* © Man Ray Trust/SODRAC (2007)/Telimage-2007. *Page 116 :* Jean-Yves Létourneau/La Presse. *Page 117 :* © Succession Paul-Émile Borduas/SODRAC (2007)/Photo : Richard-Max Tremblay. *Page 118 :* akg-images. *Page 119 :* akg-images. *Page 120 :* L'Humanité/Keystone-France-Eyedea. *Page 121 :* SuperStock, Inc./

SuperStock. *Page 123:* Bettmann/Corbis. *Page 124:* akg-images. *Page 125:* © Salvador Dali. Fondation Gala-Salvador Dali/SODRAC (2007)/Philadelphia Museum of Art/Corbis. *Page 126:* Bibliothèque et Archives Canada/8389. *Page 127:* Yves Manciet/Rapho-Eyedea. *Page 128 (en haut):* Michel Monticelli/Gamma-Eyedea/Ponopresse; *(en bas):* © Succession Tamara de Lempicka/SODRAC (2007)/akg-images. *Page 130:* Bettmann/Corbis. *Page 132:* akg-images. *Page 133:* akg-images. *Page 134:* Serge de Sazo/Rapho-Eyedea. *Page 136:* Roger Viollet/Topfoto/Ponopresse.

Chapitre 4: *Page 139:* © Succession Victor Vasarely/SODRAC (2007)/Germalde Mensing/The Bridgeman Art Library. *Page 142:* © Alain Jacquet/SODRAC (2007)/CNAC/ MNAM/Dist. Réunion des Musées Nationaux/Art Resource, NY. *Page 143:* © Pierre Alechinsky/SODRAC (2007)/CNAC/MNAM/Dist. Réunion des Musées nationaux/Art Resource, NY. *Page 145:* © Thomas Schütte/SODRAC (2007)/CNAC/MNAM/Dist. Réunion des Musées nationaux/Art Resource, NY. *Page 146:* © Succession Roy Lichtenstein/SODRAC (2007)/ The Bridgeman Art Library. *Page 147:* © Succession Francis Bacon/DACS (Londres)/SODART (Montréal) 2007/akg-images. *Page 150:* Pierre Viallet/Gamma-Eyedea/Ponopresse. *Page 152:* akg-images. *Page 153:* Yves Leroux/ Gamma-Eyedea/Ponopresse. *Page 154:* Paul-Henri Talbot/La Presse. *Page 155:* © Succession Jean Dubuffet/SODRAC (2007)/CNAC/MNAM/Dist. Réunion des Musées nationaux/Art Resource, NY. *Page 156:* DACS (Londres)/SODART (Montréal) 2007/The Bridgeman Art Library. *Page 158:* Roger Viollet/Topfoto/Ponopresse. *Page 160:* akg-images. *Page 162:* Walter Limot/akg-images. *Page 164:* Micheline Pelletier/Gamma-Eyedea/Ponopresse. *Page 165:* © Christophe Vigouroux/CNAC/MNAM/Dist. Réunion des Musées nationaux/Art Resource, NY. *Page 166:* Louis Monier/Gamma-Eyedea/ Ponopresse. *Page 167:* © Miquel Barceló/SODRAC (2007)/CNAC/MNAM/Dist. Réunion des Musées nationaux/Art Resource, NY. *Page 168:* Louis Monier/Gamma-Eyedea/ Ponopresse. *Page 171:* © Robert Buhler/The Bridgeman Art Library. *Page 172:* Frédéric Soulouy/Gamma-Eyedea/Ponopresse. *Page 173:* © Majida Khattari/CNAC/MNAM/Dist. Réunion des Musées nationaux/Art Resource, NY. *Page 174:* François Lochon/Gamma-Eyedea/Ponopresse. *Page 175:* © Jean-Michel Alberola /SODRAC (2007)/CNAC/MNAM/ Dist. Réunion des Musées nationaux/Art Resource, NY. *Page 176:* Frédéric Reglain/ Gamma-Eyedea/Ponopresse. *Page 177:* © tous droits réservés, Michèle Lavoie. *Page 178:* Sergio Gaudenti/Kipa/Corbis. *Page 179:* © Bruno Perramant/CNAC/MNAM/Dist. Réunion des Musées nationaux/Art Resource, NY. *Page 180:* Eric Fougère/Corbis Sygma. *Page 182:* Ulf Andersen/Gamma-Eyedea/Ponopresse. *Page 183:* © Ernesto Neto/CNAC/ MNAM/Dist. Réunion des Musées nationaux/Art Resource, NY.

Sources des textes

Chapitre 2: *Page 66:* Albert Laberge. *La Scouine,* Éditions Typo, *1993.* © 1993 Éditions Typo et succession Albert Laberge.

Chapitre 3: *Page 98:* Louis-Ferdinand Céline. *Voyage au bout de la nuit.* © Éditions Gallimard. *Page 109:* André Breton. *Manifeste du surréalisme.* © Pauvert, département de la Librairie Arthème Fayard 1962 et 1979. *Page 112:* André Breton. *Nadja.* © Éditions Gallimard. *Page 114:* Louis Aragon. « La route de la révolte » in *Le mouvement perpétuel.* © Éditions Gallimard. *Page 116:* Paul Émile Borduas. *Refus global,* Anatole Brochu, 1972. *Page 118:* Jean Cocteau. *Les enfants terribles.* © Éditions Bernard Grasset. *Page 124:* André Malraux. *La condition humaine.* © Éditions Gallimard. *Page 129:* Simone de Beauvoir. *Le deuxième sexe.* © Éditions Gallimard. *Page 130:* Jean-Paul Sartre.

Huis-clos. © Éditions Gallimard. *Page 132 :* Albert Camus. *L'Étranger*. © Éditions Gallimard. *Page 134 :* Boris Vian. « Le déserteur » in *Je ne voudrais pas crever*. © Christian Bourgois Éditeur et cohérie Boris Vian 1984, 1994. © Librairie Arthème Fayard 2001 pour l'édition en Œuvres complètes. *Page 135 :* Boris Vian. *L'écume des jours*. © Société Nouvelle des Éditions Pauvert 1979, 1996 et 1998. © Librairie Arthème Fayard pour l'édition en Œuvres complètes. *Page 136 :* Jacques Prévert. « Pater Noster » in *Paroles*. © Éditions Gallimard.

Chapitre 4 : *Page 142 :* Andreï Makine. *Le testament français*. © Mercure de France, 1995. *Page 150 :* Marguerite Duras. *Hiroshima mon amour*. © Éditions Gallimard. *Page 153 :* Alain Robbe-Grillet. *Les gommes*. © Les Éditions de Minuit, 1953. *Page 154 :* Hubert Aquin. *Prochain épisode*. Le Cercle du Livre de France, 1965. *Page 158 :* Samuel Beckett. *En attendant Godot*. © Les Éditions de Minuit 1952. *Page 160 :* Eugène Ionesco. *Rhinocéros*. © Éditions Gallimard. *Page 162 :* Raymond Queneau. « Notations », « Métaphoriquement », « Alexandrins », « Injurieux », « Géométrique » in *Exercices de style*. ©Éditions Gallimard. *Page 164 :* Benoîte Groult. *Ainsi Soit-elle*. © Éditions Bernard Grasset. *Page 166 :* Michel Tournier. *Vendredi ou les limbes du Pacifique*. © Éditions Gallimard. *Page 168 :* Romain Gary (Emile Ajar). *La vie devant soi*. © Mercure de France, 1975. *Page 170 :* Réjean Ducharme. *L'avalée des avalés*. © Éditions Gallimard. *Page 172 :* Nancy Huston. *Nord perdu*. © Actes Sud 1999. *Page 174 :* Milan Kundera. *L'ignorance*. © Éditions Gallimard. *Page 176 :* Michel Houellebecq. *Les particules élémentaires*. ©Flammarion. *Page 178 :* Tonino Benacquista. *Saga*. © Éditions Gallimard. *Page 180 :* Eric-Emmanuel Schmitt. *Le Visiteur*. © Actes Sud 1994. *Page 182 :* Jean-Michel Maulpoix. *Une histoire de bleu*. Mercure de France, 1992.

Index des notions littéraires

Index des auteurs

Les folios en caractères gras renvoient à un extrait d'une œuvre de l'auteur.

Index des œuvres

Les folios en caractères gras renvoient à un extrait de l'œuvre.